U0831390

山西省首届中小学教师作业设计大赛

获奖作品选

◎ 初中物理 化学 生物学

山西省教育科学研究院 编著

山西出版传媒集团 山西教育出版社

图书在版编目（CIP）数据

山西省首届中小学教师作业设计大赛获奖作品选．初中物理 化学 生物学 / 山西省教育科学研究院编著．—太原：山西教育出版社，2022.8
ISBN 978-7-5703-2764-5

Ⅰ．①山… Ⅱ．①山… Ⅲ．①中学物理课—学生作业—教学设计—初中②中学化学课—学生作业—教学设计—初中③生物课—学生作业—教学设计—初中 Ⅳ．①G633

中国版本图书馆 CIP 数据核字（2022）第 144824 号

山西省首届中小学教师作业设计大赛获奖作品选·初中物理　化学　生物学
SHANXI SHENG SHOU JIE ZHONGXIAOXUE JIAOSHI ZUOYE SHEJI DASAI HUOJIANG ZUOPINXUAN · CHUZHONG WULI HUAXUE SHENGWUXUE

选题策划 马　宏　韩德平
责任编辑 张沛琦　姚吉祥
复　　审 韩德平
终　　审 彭琼梅
装帧设计 王靖越
印装监制 蔡　洁

出版发行 山西出版传媒集团·山西教育出版社
（太原市水西门街馒头巷 7 号　电话：0351-4729801　邮编：030002）
印　　装 山西基因包装印刷科技股份有限公司
开　　本 890 mm×1240 mm　1/16
印　　张 17.75
字　　数 420 千字
版　　次 2022 年 8 月第 1 版　2022 年 8 月山西第 1 次印刷
书　　号 ISBN　978-7-5703-2764-5
定　　价 54.00 元

前　言

网上流传着诸多关于学生写作业的段子，传播甚广的一句话是："不写作业，母慈子孝；一写作业，连喊带叫。"这句话道出了许多学生、家长苦于"低质量作业"的现状。按理说，作业是学生应该完成的学习任务，是学生学习的内在要求，教师设计并让学生在规定时间内完成一定的学习任务，具有教育的正当性，因此教师布置作业是常态的教学行为，相应地，学生完成作业也是常态的学习行为。但问题是，教师设计并布置作业是否符合课程标准的要求，是否围绕着学习目标，是否根据学生原有的学习经验和水平，是否进行了合理分层，是否具有系统性的思考，这是作业设计的核心要义。而这几点恰是作业设计常常不尽如人意的地方，也是破解作业提质这一难题的关键所在。

教育领域有个共识："无用即有害。"倘若学生做的作业低效甚至无效，那这种行为必然有害，因为占用了学生的时间，浪费了学生的精力，更严重的是影响了学生对学习的兴趣。因此，提高作业设计质量势在必行，这也正是"双减"政策传达出的"减轻义务教育阶段学生学业负担""提高作业设计质量"的意旨所在。

那么，"双减"政策所要求的"体现素质教育导向的基础性作业"以及"分层、弹性和个性化作业"是什么样子？怎样才能设计出符合当前育人理念的好作业？一时间成为教师急需解答的疑问。

虽然从理论上说，学校、教师、学生及课程资源的状况是千差万别的，难以有符合所有学生的作业样式，但并不等于作业设计无规律可循。事实上，我们应当根据课程标准中的重点内容、主干知识或核心知识，设计在真实情境下的学科任务，引导学生自主合作探究，掌握必备知识，提升关键能力和综合素养。

这套《山西省首届中小学教师作业设计大赛获奖作品选》便应一线教学、教研的实际需求而产生。本丛书共9册，分为小学和初中两个系列。书中作品选自山西省义务教育阶段中小学教师作业设计大赛参赛作品，是由评审组从33 935件参赛作品中遴选出的特等奖和部分一等奖作品。为进一步方便教师阅读，使大家读有所思、读有所获，我们特别组织强有力的专业团队为每个作品配以针对性点评，以期充分发挥大赛作用，推广典型案例和先进经验，助力教师作业设计水平的提高。

当然，虽然我们期待“观千剑而后识器”，但并不意味着单凭观摩优秀案例、研读专家点评就能够掌握作业设计的精髓，最终还是要靠教师在日常工作中用智慧和情感设计好每一次作业，谨慎对待布置给孩子们的每一个任务。有人说，教师每天布置有质量的作业，就是在对孩子们“日行一善”，这确实是中肯之语。

最后，结合本次大赛所发现的优秀作品的共性，以及不太理想的作品的问题，我们特别提醒以下几点：

好的作业设计通常表现出先进的教育理念，最重要的是秉持落实立德树人根本任务的教育目标，时刻不忘因材施教与全面育人的有机融合，在此基础上尽可能追求作业的精准度、创新度和生长度。

简而言之，精准度意味着作业有梯度分级，即尊重学生的能力差异、需求差异、个性差异，找到不同层次学生的最近发展区，根据学生的知识、能力、素养的阶段变化，实行动态升级。布置作业要杜绝随意性，以什么形式，达成什么目标，教师自己要心中有数。例如可以设计积累识记类作业，训练搜索信息、存储信息的能力；设计理解探究、实践体验类作业，训练自主探究、客观思辨的能力；设计知识重建、成果表达类作业，训练高阶思维能力。要让不同层次的学生愿意做并有所收获，在“跳一跳”的努力中挖掘他们的内在潜能。

创新度意味着作业设计的广度延伸，即创新作业类型、方式，科学设计探究性作业和实践性作业，探索跨学科综合性作业，引导学生走出“书斋”，走向广阔的生活，真正实现“做中学”。此类作业强调情境性、开放性、综合性，更注重帮助学生在实践中逐渐形成正确的价值观，提高问题解决能力、高阶思维能力等。要补充说明的是，无论是跨学科作业，还是学科内的综合实践类作业，都需要考虑科学性、可行性和必要性，要真正有价值、有意义，而不能流于形式。

生长度则意味着对作业的深度开发。学生不喜欢的是那些缺少情境创设、缺少实践体验感的大量机械甚至重复的作业，喜欢的是带有挑战性，重体验实践，重思维培养、能力提升，不断引导他们走向深度学习的作业。因此教师在设计作业时要精准瞄向学生的兴趣点、能力点、生长点。当然，深度不等于难度，深度学习并不是学究式、“书橱式”学习，而是学以致用、活学活用。

总之，作业虽小，关乎育人。“双减”政策背景下的作业设计，要尊重学生身心发展规律和教育教学规律，聚焦培养胸怀家国、心有天地的“大写”的人，提升作业设计质量，切实减轻学生过重的作业负担，从而增强学生学习的内驱力，促进学生德智体美劳全面发展。这是本次大赛组委会的期待，是所有参与编写的编者们的愿景，更是我们基础教育工作者们共同努力的目标！

丛书编委会

目录

MULU

物理部分

第一类　课时作业设计

第二类　综合与实践（项目化学习）作业设计

第三类　单元作业设计

化学部分

第一类　课时作业设计

第二类　综合与实践（项目化学习）作业设计

第三类　单元作业设计

生物学部分

第一类　模型制作

第二类　实践作业设计

物理部分

WULI BUFEN

第一类　课时作业设计

1. 摩擦力

太原市成成中学　李金仙　任青燕　余　梅

电子作品扫码下载

特等奖作品

作品信息

作业类型	课时作业
适用章节	人教版八年级下册　第八章第3节
设计理念	“学生做最少的题，学会解决问题的方法”是本课时作业的设计理念。教师应以发展学生核心素养为方向，以《义务教育物理课程标准（2022年版）》（本书简称《课程标准》）为路标，以贴近学生生活、符合学生认知特点为始，整合以真实情境为载体的题，形成突出“物理学习是为了解决实际问题”这一基本理念的作业，培养学生终身学习和面向未来解决实际问题的能力。
设计目标	围绕着具有挑战性的物理学习主题，全身心参与以生活实际情境和物理实验为主的多种探究活动及情境互动，从形成物理观念的视角，运用模型建构与推理论证等科学思维方式，解决现实问题。把握物理学科的本质和思想方法，形成积极的内在学习动机、高级的社会情感、积极的态度、正确的价值观，在物理学科核心素养方面，培养创新精神和实践能力。题目构架要做到： 重情境：习题场景化、生活化、可视化和趣味化，从而激发学生学习兴趣。 重实践：使学生体会物理来自生活，再将物理知识更好地应用到生活中。 重方法：通过一题多问，引领学生进行解题方法策略总结，使学生学会举一反三，能把方法应用到同一类型题中。 重思维：物理学习的不只是图表和数据，它能带给学生很多理性的思维方式和人生的哲学。可以利用物理思维中的模型建构等思维方式学习物理知识。 本课时主要围绕“滑动摩擦力大小的影响因素”探究活动和“水平推动沙发”“擦竖直黑板”等生活情境，引领学生学以致用，利用物理思维——模型建构学习摩擦力。
预计时长	必做题：课前作业10分钟左右；课中作业15分钟左右；课后作业15分钟左右。 选做题：视学生个人能力和小组合作情况选做。

作业内容

【课前作业】

1. 感受摩擦力

（1）手平放在桌面上，用力向前推，使手在桌面上滑动，试感受有没有一个阻碍手相对运动的力；

（2）手平放在桌面上，保持手部姿势不动，慢慢向前推，试感受有没有一个阻碍手运动的力；

（3）手平放在桌面上，保持手不动也不推拉，试感受有没有一个阻碍手的力。

实践出真知 1：

在以上活动中，能感受到手掌受到有阻碍作用的是________。

（4）如图 1，把刷子压在木板上，用力向左拉，使刷子在木板上滑动，观察刷毛是否弯曲，若弯曲，在图中记录弯曲方向；

图 1

图 2

（5）如图 2，把刷子压在木板上，使刷子相对地面不动，用力向右拉动木板，要求同（4）。

（6）如图 3，鞋刷 1 固定在水平面上，向右缓慢拉动鞋刷 2，要求同（4）。

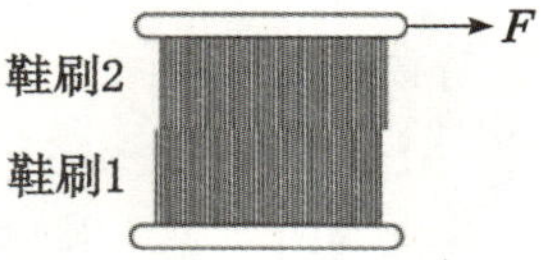

图 3

（7）如图 4，使鞋刷 2 相对地面不动，向左缓慢拉动鞋刷 1，要求同（4）。

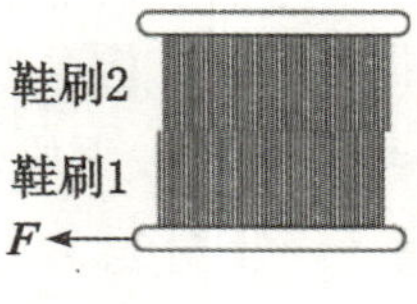

图 4

实践出真知 2：

A. 刷毛的弯曲方向有无规律？

B. 摩擦力的作用点在哪里？摩擦力的作用方向如何？

C.（选做题）利用以上器材还可以进行哪些操作，有什么发现呢？

D.（选做题）两个相互________的物体，当它们发生________（或有________趋势）时，在________会产生一种阻碍________的力，这种力叫做摩擦力。

★ 作业分析

感知什么是摩擦力。

涉及的学科素养：物理观念、科学探究。

★ 举一反三

对于一些问题，可结合生活实际进行体验、观察。

【课中作业】

2.（实验+应用）为了“研究影响滑动摩擦力大小的因素”，小磊和实验小组的同学用如图5所示的装置和器材进行实验。请回答下列问题：

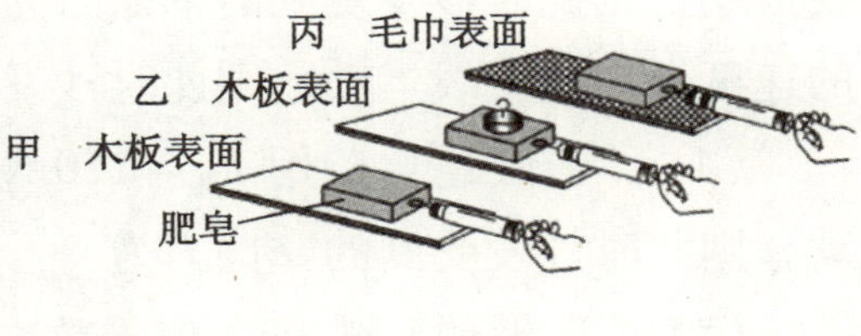

图5

（1）测量滑动摩擦力大小的原理是________。实验中，用弹簧测力计沿________方向拉动肥皂做________运动，其目的是使滑动摩擦力的大小________弹簧测力计的示数。

（2）请你为该小组设计一个实验数据记录表格。

（3）比较实验甲、丙，得出的结论是：当________相同时，接触面越________，滑动摩擦力越大。

（4）要探究“滑动摩擦力大小是否与压力大小有关”，应比较实验________和________，得出的结论是：________________________________。

（5）在拔河比赛中，队员要穿鞋底有________（填“较深”或“较浅”）花纹的鞋子参赛，这是应用了实验________和________得出的结论。在打扫卫生时，小磊的桌子里装有太多书，小阳拉不动桌子，小磊用所学知识轻松解决了此问题，小磊的做法是________________。

★ 作业分析

（1）考查实验原理和实验方法；

（2）考查设计实验数据记录表格；

（3）（4）考查分析现象得出结论；

（5）考查知识应用、图象信息加工、设计实验。

涉及的学科素养：科学探究与实践。

★ 举一反三

方法迁移：设计实验的方法，设计实验数据记录表格的方法可迁移到其他实验。

3.（情境）小磊在做家务时，用平行于水平地面的力向右推沙发，但沙发没有被推动。在上述过程中：

（1）地面对沙发________（填“没有”或“有”）摩擦力的作用。

（2）若作用在沙发上的水平推力 $F_{推}=50\ N$ 时，沙发静止不动，则此时沙发受到的摩擦力为________N，方向________。

（3）若用 $F_{推}=100\ N$ 的水平力推动沙发使其恰好以 0.1 m/s 的速度向右做匀速直线运动，则此时沙发受到的摩擦力为________N，方向________；若沙发以 0.5 m/s 的速度做匀速直线运动，则此时沙发受到的摩擦力为________N。

（4）（选做题）若用 $F_{推}=150\ N$ 的水平力推动沙发使其恰好向右做加速直线运动，则此时沙发受到的摩擦力为________N。

（5）（选做题）若将书包平放在沙发上，当沙发在推力作用下和书包在水平地面上做匀速直线运动时，沙发所受的摩擦力将________（填“大于”“小于”或“等于”）100 N，沙发对书包________（填“没有”或“有”）摩擦力的作用。

★ 作业分析

在水平推动沙发情境基础上，设置5层问题，逐层递进。

涉及的学科素养：物理观念、科学思维。

★ 举一反三

情境迁移：此情境也可迁移到水平推动或拉动其他实物，比如行李箱、行李箱上加放旅行包等。

4.（情境）课间小红用黑板擦甲擦竖直黑板，已知黑板擦甲重 0.5 N。

（1）在 $F_{压}=2\ N$ 的水平压力作用下黑板擦甲处于静止状态，则此时黑板擦甲受到的摩擦力为________N，方向________。

（2）若增大手对黑板擦甲的压力，则此时黑板擦甲受到的摩擦力________（填“增大”“减小”或“不变”）。

（3）若减小手对黑板擦甲的压力，则当黑板擦甲恰好沿黑板匀速下滑时，黑板擦甲受到的摩擦力大小为________N，方向________。

（4）（选做题）若继续减小水平压力，此时黑板擦甲受到的摩擦力________

（填“增大”“减小”或“不变”）。

（5）（选做题）若小红换用黑板擦乙擦黑板，已知黑板擦乙重 1 N，则（1）（2）（3）（4）问的答案又有哪些不同？

★ 作业分析

在学生用黑板擦擦竖直墙面黑板情境基础上，设置 5 层问题，逐层递进。

涉及的学科素养：物理观念、科学思维。

★ 举一反三

情境迁移：此情境也可迁移到手握水瓶问题的探究等。

【课后作业】

5.（综合）如图 6 所示，放在粗糙程度不变的水平地面上的物体，用方向不变的力 F 向右推物体，推力 F 的大小随时间的变化关系如图 7 所示，物体的运动速度随时间的变化关系如图 8 所示。

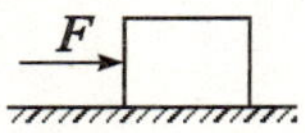

图 6

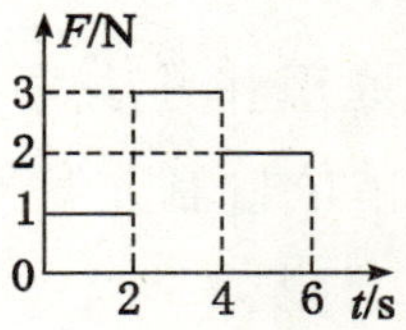

图 7

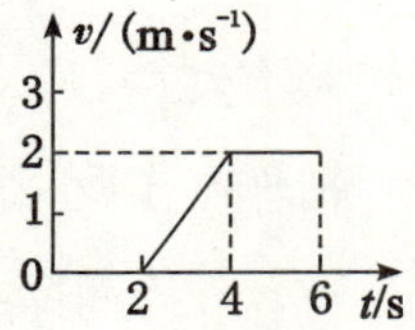

图 8

（1）在 $t=1$ s 时，物体受到的摩擦力为________N；在 $t=3$ s 时，物体受到的摩擦力为________N，此时物体的运动状态________（填“不变”或“改变”）。

（2）如何确定不同状态时摩擦力的大小？判断摩擦力的大小是否变化的依据是什么？

★ 作业分析

1. 此题把力与运动的关系、力与图象相结合进行考查。

2. 物体在不同时刻的不同运动状态为：

0~2 s，物体静止；2~4 s，物体做加速直线运动；4~6 s，物体做匀速直线运动。

涉及的学科素养：物理观念、科学思维。

★ 举一反三

图象迁移：也可利用此图象考查机械功、功率等相关知识。

6.（设计实验）小梦买了如图 9 所示的 A，B 两款防滑运动鞋，她想穿其中一双运动鞋参加拔河比赛，如何判断哪款运动鞋的鞋底更粗糙呢？她说，只要给她一只弹簧测力计就能判断出来。两双鞋后面都有鞋环如图 10 所示，请你替她完成操作。

图 9

图 10

（1）实验步骤：________________________________；

（2）得出结论：________________________________。

★ 作业分析

设计实验比较鞋底的粗糙程度，会测量滑动摩擦力的大小是关键。

涉及的学科素养：科学思维、科学探究。

★ 举一反三

方法迁移：可迁移第 2 题的实验原理和方法。

7.（选做题）（制作）以小组为单位自制光盘气垫船

制作步骤：

（1）把饮料瓶瓶盖的正中间用壁纸刀扎一个 2~3 毫米的小孔，将瓶盖粘在光盘的正中心位置。

（2）把气球吹成圆形，用手捏住不让它跑气，然后把气球嘴套在瓶盖上。

（3）把光盘放在平整的桌面上，松开手，气球里的空气从瓶盖中央的小孔喷出，在光盘和桌面之间形成一层薄薄的气垫。由于气垫的存在，使得我们这个气垫船模型与桌面之间的摩擦力很小，轻轻一推就能很顺畅地滑动。

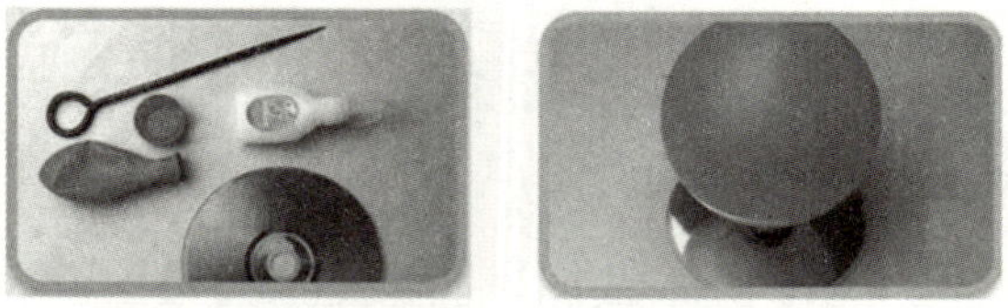

图 11

* 制作成功的同学，带着自己的作品在物理课前进行展示。
* 也可以做与摩擦力有关的其他小制作。

★ 作业分析

动手自制光盘气垫船，学以致用，提高学生思维能力、动手实践能力以及创新能力。

涉及的学科素养：科学思维、科学探究。

8.（选做题）（小报告）冬奥我来说

以小组为单位利用各种资源搜集资料，围绕“冬奥会中某一场景或某一比赛项目涉及的摩擦力知识”做个小报告，可以是小报形式，也可以是 PPT 形式，之后在物理课前进行展示。

★ 作业分析

培养学生搜集和运用资料的能力，提高学生的沟通能力、合作意识和团队精神，强化学生的个性发展与主动发展。

涉及的学科素养：物理观念、科学思维、科学探究、科学态度与责任。

参考答案

1. 实践出真知 1：（1）（2）

实践出真知 2：A. 刷毛的弯曲方向总是与刷子的相对运动方向相反。

B. 摩擦力的作用点在接触面上；摩擦力的方向与物体相对运动或相对运动趋势的方向相反。

C. 略

D. 接触　相对运动　相对运动　接触面　相对运动

2.（1）二力平衡　水平　匀速直线　等于

（2）

实验	接触面情况	压力大小/N	弹簧测力计示数/N	滑动摩擦力大小/N
甲	木板表面			
乙	木板表面			
丙	毛巾表面			

（3）压力　粗糙

（4）甲　乙　接触面的粗糙程度相同时，接触面受到的压力越大，滑动摩擦力越大

（5）较深　甲　丙　取出一部分书后，再拉动桌子（合理即可）

3.（1）有

（2）50　水平向左

（3）100　水平向左　100

（4）100

（5）大于　没有

4.（1）0.5　竖直向上

（2）不变

（3）0.5　竖直向上

（4）减小

（5）摩擦力变为 1 N，其余答案不变。

5.（1）1　2　改变

（2）找出物体所处的平衡状态，用二力平衡知识判断物体是否受到摩擦力，判断摩擦力的方向及确定不同状态时摩擦力的大小。

判断滑动摩擦力大小是否变化的依据是压力和粗糙程度是否改变。

6.（1）两双鞋各取一只，将 B 款鞋放到 A 款鞋的上方，用弹簧测力计拉着 A 款鞋的鞋环在水平面上做匀速直线运动，读出弹簧测力计的示数 F_A；

将 A 款鞋放到 B 款鞋的上方，用弹簧测力计拉着 B 款鞋的鞋环在同一水平面上做匀速直线运动，读出弹簧测力计的示数 F_B；

比较 F_A 和 F_B 的大小。

（2）若 $F_A>F_B$，则 A 款运动鞋的鞋底更粗糙；若 $F_A<F_B$，则 B 款运动鞋的鞋底更粗糙。

作品点评

本作品分课前作业、课中作业、课后作业三个类型，并在课中和课后作业中，采取分层设计（选做题），适应了学生的认知特点，丰富的作业类型提高了学生完成物理作业的兴趣。作品设计情境大部分来源于生活，能有效利用学生对摩擦力有较为丰富的认识这一特点，符合学生的认知规律，从体验到测量，加深了对实验测量滑动摩擦力方法的认识。最后又设计了比较两款防滑运动鞋哪双鞋底更加粗糙的探究类实验，使学生感受到摩擦在生产和生活中有很重要的意义。

作品亮点：习题符合学生身心发展特点，贴近学生生活实际，有助于学生深刻感受到物理就在身边，符合“从生活走向物理、从物理走向社会”的课程理念。设计的习题目标明确、方式多样，关注学生的个体差异，有效激发学生学习物理的兴趣和动机。

专家点评：参赛作品的设计目标和理念不够明确，第 7 题和第 8 题本是很好的题目，但是在最后没有学生成果展示和报告，感觉略有遗憾。

2. 物体的浮沉条件及应用

电子作品扫码下载

太原市第三十九中学校　蒋美蓉

特等奖作品

作品信息

作业类型	课时作业
适用章节	人教版八年级下册　第十章第3节
设计理念	根据学生的不同能力水平设计了分层作业、弹性或个性化作业，注重了作业的实践性和探究性，突出了对学生核心素养的培养和情感价值观的渗透。能基于观察和实验，提出与浮力现象有关的科学探究问题，并作出有依据的猜想或假设。
设计目标	1. 通过生活现象和实验认识浮力的存在，能发现生活中的物理知识，培养运用理性思维观察生活的能力。 2. 通过力和运动的关系或受力分析知道浮力的方向和浮力产生的原因，培养科学推理能力和运用数学公式模型分析问题的能力。 3. 会用弹簧测力计测量在液体中下沉的物体受到的浮力，并运用控制变量法探究浮力大小的影响因素，培养科学探究的能力和科学素养，以及严谨求实的科学精神。 4. 能根据一定的实验现象猜想浮力和排开液体重力的关系，并设计合理的实验方案进行科学探究，培养包括设计实验方案在内的科学探究能力和运用数学公式表示实验结论的能力。 5. 在一定的具体情境中会运用数学公式模型分析和解决有关浮力大小的问题，培养逻辑思维能力。 6. 在前两节的知识储备以及运动和力的关系的基础上推理并归纳不同浮沉情况下 $F_{浮}$ 和 $G_{物}$，$\rho_{液}$ 和 $\rho_{物}$ 的关系，按照合理的梯度训练运用科学思维解释简单现象和解决简单问题的能力。 7. 通过作业加深对知识的理解和应用能力的提升，通过分层训练最终提高不同程度学生的逻辑思维能力和物理学科素养。
预计时长	15~25分钟。

作业内容

一、基础类

1. 将下表补充完整：

<table>
<tr><td>上浮</td><td>下沉</td><td>悬浮</td><td>漂浮</td><td>沉底</td></tr>
<tr><td>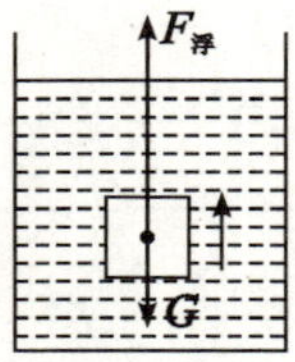</td><td>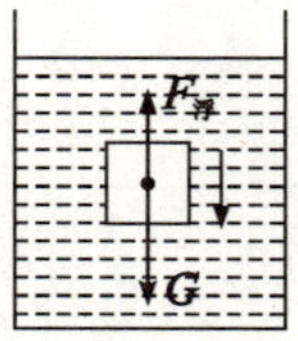</td><td>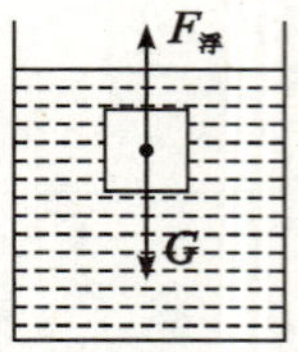</td><td>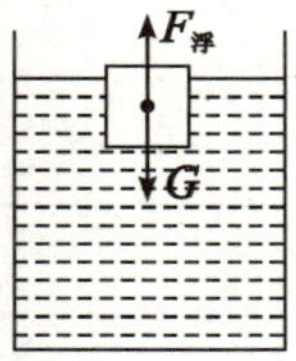</td><td>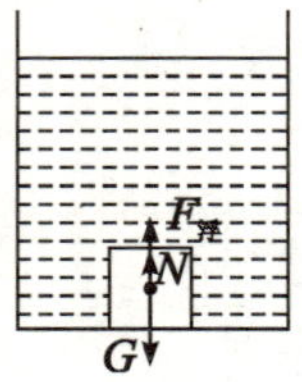</td></tr>
<tr><td>$F_{浮}$______G</td><td>$F_{浮}$______G</td><td>$F_{浮}$______G</td><td>$F_{浮}$______G</td><td>$F_{浮}$______G</td></tr>
<tr><td>$\rho_{液}$______$\rho_{物}$</td><td>$\rho_{液}$______$\rho_{物}$</td><td>$\rho_{液}$______$\rho_{物}$</td><td>$\rho_{液}$______$\rho_{物}$</td><td>$\rho_{液}$______$\rho_{物}$</td></tr>
<tr><td colspan="2" rowspan="2">处于动态（运动状态不断改变），受非平衡力作用</td><td>可以停留在液体的任何深度</td><td>是“上浮”过程的最终状态</td><td>是“下沉”过程的最终状态</td></tr>
<tr><td colspan="3">处于平衡状态，受平衡力作用</td></tr>
</table>

2. 排水量为 1 000 t 的轮船在河水中航行，满载时受到河水的浮力是________N，该轮船从河里驶入海里，它受到的浮力________（填“变大”“变小”或“不变”）。(g = 10 N/kg)

3. 核潜艇在海水中悬浮时，受到的浮力________（填“大于”“等于”或“小于”）自身的重力；核潜艇下潜得越深，海水对它的压强越________（填“大”或“小”）。

4. 某旅游景区的热气球吸引了众多游客前来游玩，热气球是利用了热空气密度比空气________（填“大”或“小”），热气球从地面升起时，浮力________（填“大于”“等于”或“小于”）重力。

设计意图

1. 梳理基础知识，为后续有难度的训练打开思维。

2. 通过简单的浮沉条件的应用熟悉解决浮力问题的一般方法。

二、能力类

1. 如图所示，甲、乙、丙三个实心球的体积相等，在同种液体中静止，由图中三个球的位置可知　　　　　（　　）

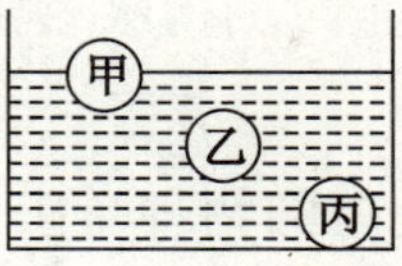

A．甲球受到的浮力最小

B．甲球受到的浮力最大

C．丙球受到的浮力最小

D．三个球受到的浮力大小相等

2．小亮同学利用气球和量杯做了一个小实验。在气球内灌入一定量的水封口制成水球（如图甲），先将水球放入冷水中，水球漂浮（如图乙）。把杯中冷水换成热水，再次把水球放入热水中，发现水球沉在水底（如图丙）。下列分析正确的是（　　）

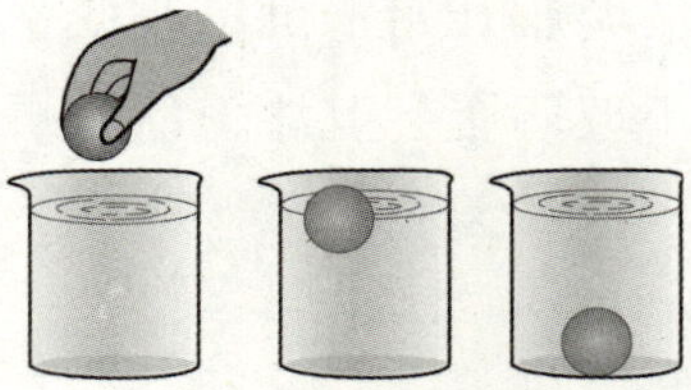

A．水球在冷水中所受浮力小于在热水中所受浮力

B．水球在冷水中排开水的重力等于水球的重力

C．冷水的密度小于热水的密度

D．水球在冷水和热水同一深度处压强相等

设计意图

能够运用浮沉条件和阿基米德原理的基本知识进行分析判断、推理和论证。对训练学生的科学思维能起到很强的推动作用。

三、探究类

饮料吸管下端加适当的配重并用石蜡封口制成一个简易密度计，如图所示。将此密度计置于被测液体中，测量液体密度。

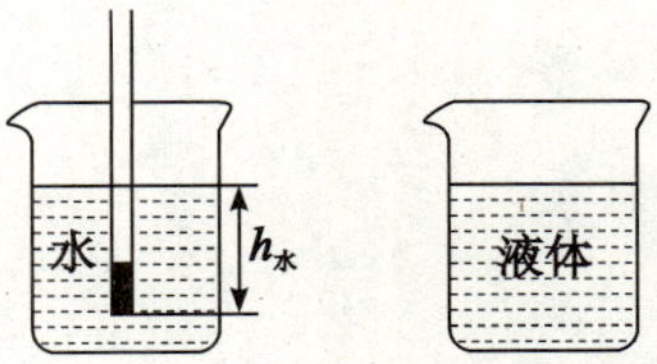

请把下列实验步骤补充完整：

（1）将吸管竖直放入水中，静止时测得吸管浸入水中的深度为$h_{水}$；

（2）____；

（3）$\rho_{液}=$__________（用$\rho_{水}$及测得的物理量表示）。

★ 设计意图

能够运用浮沉条件和阿基米德原理的基本知识进行较为复杂的分析判断、推理和论证，并建立相关物理公式模型解决实验探究问题，适合成绩中等偏上的学生完成。

四、实践类

（选做题）如图所示，将装有适量水的小玻璃瓶瓶口朝下，使其漂浮在矿泉水瓶内的水面上。矿泉水瓶内留有少量空气，拧紧瓶盖使其密封。用力挤压矿泉水瓶侧面时，小玻璃瓶开始下沉，改变手的用力情况，小玻璃瓶也会悬浮在水中。松手后小玻璃瓶会上浮，请分析小玻璃瓶上浮、下沉的原因。

★ 设计意图

能够运用浮沉条件和阿基米德原理的基本知识进行较为复杂的分析判断、推理和论证，并组织思路和语言进行合理的解释和说明，适合成绩中等偏上的学生完成。

五、学后反思类

1. 这节课学到了什么呢？请你画出这节课的知识结构图，和同学、老师的对照一下，看看有什么不同。

2. 你完成作业总共用时__________。

3. 你今天有做错题吗？出错的原因是什么？如果全部做对，也想想自己值得骄傲的地方。

4. 你可以在以下几个方面给自己今天的学习进行自我评价（请你根据实际情况，结合以下标准为自己打分，画出笑脸符号即可，如☺）。

课堂满意度：☺☺☺☺☺

作业愉悦度：☺☺☺☺☺

时间掌控度：☺☺☺☺☺

注意力集中度：☺☺☺☺☺

通过今天的学习，你想对自己说什么，想对老师说什么？

★设计意图

1. 梳理知识，找到知识的内在联系，形成知识网络。
2. 通过知识提炼方法、技巧，提升思维。
3. 了解自己的成长点和成长的收获，激发学习的信心。

特等奖作品

参考答案

一、基础类

1.

<table>
<tr><td>上浮</td><td>下沉</td><td>悬浮</td><td>漂浮</td><td>沉底</td></tr>
<tr><td>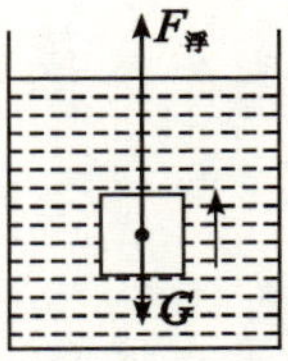</td><td>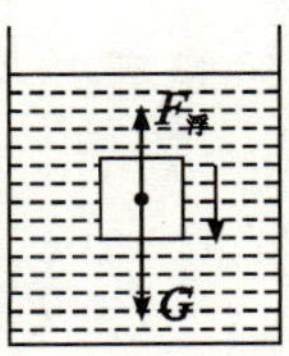</td><td>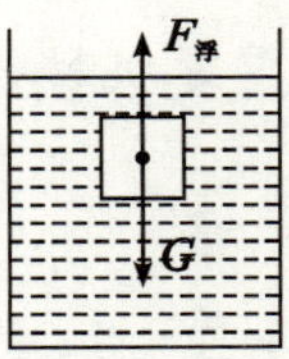</td><td>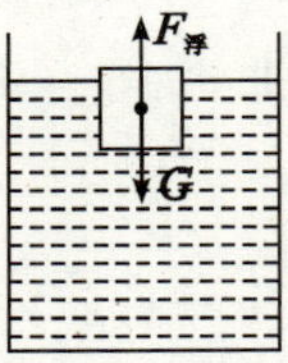</td><td>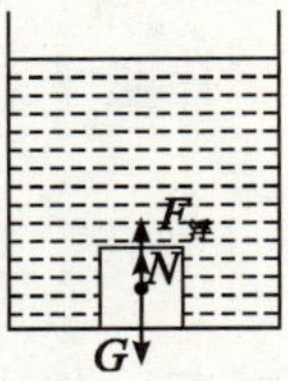</td></tr>
<tr><td>$F_{浮}>G$</td><td>$F_{浮}<G$</td><td>$F_{浮}=G$</td><td>$F_{浮}=G$</td><td>$F_{浮}+N=G$</td></tr>
<tr><td>$\rho_{液}>\rho_{物}$</td><td>$\rho_{液}<\rho_{物}$</td><td>$\rho_{液}=\rho_{物}$</td><td>$\rho_{液}>\rho_{物}$</td><td>$\rho_{液}<\rho_{物}$</td></tr>
<tr><td colspan="2" rowspan="2">处于动态（运动状态不断改变），受非平衡力作用</td><td>可以停留在液体的任何深度</td><td>是“上浮”过程的最终状态</td><td>是“下沉”过程的最终状态</td></tr>
<tr><td colspan="3">处于平衡状态，受平衡力作用</td></tr>
</table>

2. 10^7　不变
3. 等于　大
4. 小　大于

二、能力类

1. A
2. B

三、探究类

（2）将吸管竖直放入液体中，静止时测得吸管浸入液体中的深度为 $h_{液}$

（3）$\dfrac{h_{水}\cdot\rho_{水}}{h_{液}}$

四、实践类

未挤压矿泉水瓶时，小玻璃瓶漂浮，小玻璃瓶和瓶中的水的重力与其所受的浮力平衡。当用力挤压矿泉水瓶侧壁时，矿泉水瓶内水面上方空气被压缩，气压增大，大于小玻璃瓶内气体压强，水被压入小玻璃瓶内。小玻璃瓶整体所受的重力大于它受到的浮力。小玻璃瓶下沉，同时小玻璃瓶内的空气也被压缩。松手后，矿泉水内水面气压减小，小玻璃瓶内部的水被压出，当小玻璃瓶整体所受的重力小于它受到的浮力时，小玻璃瓶上浮。

作品点评

本作品为课时作业设计，作者基于《课程标准》设计课时作业目标，且具有较先进的教学理念，在大单元教学的框架下进行整体设计；能以学生为本，充分关注学生个体差异，设计有基础类、能力类、探究类、实践类、学后反思类作业，以及选做作业，层次分明、内容丰富、形式多样。这样的作业既可以夯实学生基础知识，还可以深化学生对知识的理解，提升学生实验操作能力，提高学习兴趣；本作品严格控制作业量和作业时间，避免重复机械训练，能有效减轻学生负担，培养学生素养。

作品亮点：作者能从发展学生核心素养的宽广视角看待物理学科独特的育人价值，在发展学生核心素养的大背景下设计物理作业，创新作业类型，设计了反思性作业。能指导学生学会反思，提高学习能力。又通过画知识结构图或思维导图，授人以渔，进行学法指导，引导学生从学会到会学。

专家点评：实践类作业与探究类作业应有明显的区别。实践类作业情境创设要贴近学生实际生活，立足于解决实际生活中的问题，架起物理知识与实际生活的桥梁。

3. 质量

阳泉市第十二中学校　成肖生

电子作品扫码下载

作品信息

作业类型	课时作业
适用章节	人教版八年级上册　第六章第 1 节
设计理念	本节作业设计从学生熟悉的当地产品例如阳泉市郊区西南舁乡苹果、盂县核桃来感知物理学中物体的质量，体现了“从生活走向物理”的思想，激发学生对物理学习的兴趣，认识生活中常见的质量测量工具，掌握天平的使用，知道天平在使用中的注意事项，介绍冬奥会火炬“飞扬”及神舟十三号载人飞船顺利将翟志刚、王亚平、叶光富三名航天员送入太空，体现了国家高科技的飞速发展和日益强大，让学生更加热爱祖国，有更强烈的爱国心和民族自豪感，提升了学生的幸福感。学会特殊的质量测量方法，立足学科素养，加大了开发探究，关注了交流共享。能够根据所学知识解决实际生活中遇到的问题，体现了“从物理走向社会”的课程理念，进一步体现了物理的学科素养。
设计目标	本节作业设计依据物理《课程标准》，结合教学目标制订出适合学生的学习目标。针对学生学习水平层次进行分类，根据分类布置难度不一样的作业，可以使不同层次学生的学习水平在一定程度得到提高。合理、科学地进行作业分层设计，能够实际解决学生日常写作业时存在的诸多问题，使学生能体验到成功的喜悦；能够尽量满足学生的求知欲望，提高学生学习的积极性，使每位学生都能从自己比较喜欢、擅长的角度完成作业，提高他们的学习质量和效率。最终有利于教师教学有的放矢，因材施教，有利于教育教学质量的整体提高。
预计时长	基础作业：10 分钟；拓展作业：5 分钟；主题综合实践作业：15 分钟。

作业内容

一、课前作业

将学案提前一天发给学生，让学生预习学案中合作交流、科学探究等部分即质量的定义及单位、质量的测量、如何正确使用托盘天平称量物体的质量。在学生预习时，结合学生的实际情况和层次能力提出预习要求、学习目标以及本节有哪些问题。由于学生个性差异，预习时有快有慢，对预习过程中的个别学生，特别是基础薄弱的学生进行适当点拨，不过最好让学生自己完成学案。让 50%学生完成学习目标，不会的用双色笔标注；让学生带着这些问题进入第二天课堂中。

二、课后作业

（一）基础作业

1. 2021 年 10 月 23 日阳泉市郊区西南异乡举行第八届苹果采摘节暨丰收节开幕式，庆祝清甜脆爽的苹果丰收，请估测一个苹果的质量约为　　　　（　　）

A. 200 g　　B. 50 g　　C. 2 kg　　D. 15 g

2. 盂县核桃以个大壳薄、仁肥易取、入口香脆而闻名三晋。其仁呈浅黄色，含油率在 70%以上。请估测一个核桃的质量大约是　　　　（　　）

A. 200 g　　B. 12 g　　C. 2 kg　　D. 15 mg

3. 北京冬奥会火炬名为“飞扬”，火炬身呈螺旋状，宛如一条飘舞的彩带。火炬自下而上，图案由祥云纹样过渡到剪纸风格的雪花图案。“飞扬”火炬的外壳是由碳纤维及其复合材料制成的，火炬配套的耐高温材料部件质量为　　　　（　　）

A. 200 t　　B. 200 kg　　C. 200 g　　D. 200 mg

4. 下列现象中，物体的质量将发生改变的是　　　　（　　）

A. 铁块熔化成铁水

B. 一块铜压成铜片

C. 一块木头被宇航员带到太空中

D. 粗糙的铝锭被磨成光滑的圆柱体

5. 2021 年 10 月 16 日 0 时 23 分，搭载神舟十三号载人飞船的长征二号 F 运载火箭，在酒泉卫星发射中心按照预定时间精准点火发射，约 582 秒后，神舟十三号载人飞船与火箭成功分离，进入预定轨道，顺利将翟志刚、王亚平、叶光富 3 名航天员送入太空，飞行乘组状态良好，发射取得圆满成功。火箭发射升空后，神舟十三号飞船相对于火箭是________，相对于地球是________；如果神舟十三号在太空发射很强的超声波，在地球上________（填“能”或“不能”）收到信号，原因是____________________；宇航员翟志刚出发前测得其质量约为 69 kg，在进驻天和核心舱后其质量________（填“大于”“等于”或“小于”）69 kg。

6. 在使用天平测量物体质量时，物体在没有放入天平左盘之前，指针的位置如图甲所示，则应将平衡螺母向________调节。横梁平衡后，把物体放于天平左盘，在右盘加砝码，经过调节，指针的位置仍如图甲所示，则接下来的正确操作是____________（填“向右调节平衡螺母”或“向右移动游码”）。天平平衡后，砝码和游码的位置如图乙所示，被测物体的质量是________g。

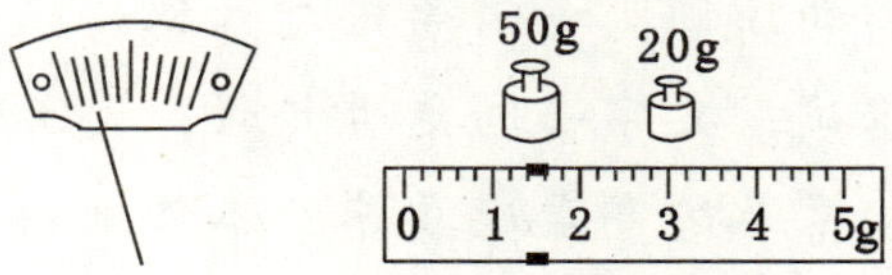

甲 乙

设计意图

作业注重以“立德树人、素养立意、导向教学”为根本任务，立足学科素养，物理知识情境化。物理必须与现实生活相结合，让物理走向生活、社会，从生活中发现问题，回归到物理中。以生活中人们买苹果和核桃等作为出发点，将抽象质量生活化，将知识问题生活化，让学生意识到我们所讲的知识就发生在日常生活中，加强学生对本地农村生态文化的热爱，让学生走进冬奥会和航天领域，感受到祖国科技力量的强大，让学生从内心愿意为祖国的日益强盛贡献自己的力量，激发学生学习的兴趣，提高学生学习的积极性。

通过作业达标反馈，可以检测教师的教学任务和学生的学习目标是否很好地完成。学生可以根据学习目标检查自己学会了多少？理解了多少？同时教师根据学生的答题情况，再一次确定学习目标的完成情况，自己的预设和学生的实际是否一致，教师能及时了解课堂上学生对知识的掌握程度。教师进行学情调查，为下节课检查反馈、学案的编写提供铺垫。作业凸显了能力立意，将知识与人类生活相联系，体现了人文情怀的核心素养。

（二）拓展作业

7. 2021 年 6 月 17 日，搭载神舟十二号载人飞船的长征二号 F 运载火箭在酒泉卫星发射中心点火升空，顺利将聂海胜、刘伯明、汤洪波 3 名航天员送入太空。3 名航天员进入太空后质量不会随位置而改变，爱动脑筋的小明对“物体的质量不随物态的变化而改变”产生怀疑，请你利用冰或其他物品设计一个实验，证明物体的质量与物态无关。各小组之间对实验进行交流、评估。

（1）你选用测量物体质量的工具是________。

（2）简述你的实验方法。

设计意图

将考查的知识融入真实的问题情境中，有效考查了学生的科学探究能力。开放探究题为学生提供广阔的思维空间，从多角度多层次进行开展，条件、过程、方法、途径没有必然的限制，发展了学生的物质观念、科学思维、科学探究设计、科学态度与责任，引导学生将生活中常见的物品用于探究物理学规律。表达、交流、共享题型设计，引领课堂教学走向自主学习，合作构建。作业引导学生进行讨论评估，利用所学的物理方法比如控制变量法等进行开放性设计实验。学生答题能体现物理的探究实验方法是否准确，文字书写是否严谨，是否具有一定质疑创新精神。批判质疑与实践创新是核心素养的高层次要求，本作业通过质疑、自主选择实验器材，设计实验方案，写出实验结论。将真实情境与物理知识相结合，突破了固有的方式，学生在质疑问题中可设计多种实验方案，给学生的答题提供了广阔的空间，学生用所学的知识设计实验，解决了生活中实际的问题。

（三）主题综合实践作业

8. 电子秤是目前各大商店应用较为广泛的称量、计价工具。它最大的优点是能够自动、快速、准确地称量和计价，此外，它还有累计顾客购买的不同货物金额、累计总金额、去皮等多种功能。

如图所示是某次购买苹果时，2 个显示窗口分别显示 0.42，10.00，请试着说出这 2 个数据的单位以及第 3 个显示窗口的数据和单位。

9. 如图甲是一台菜市场常见的案秤，可参照天平的使用方法测量物体的质量，请将下列步骤补充完整。

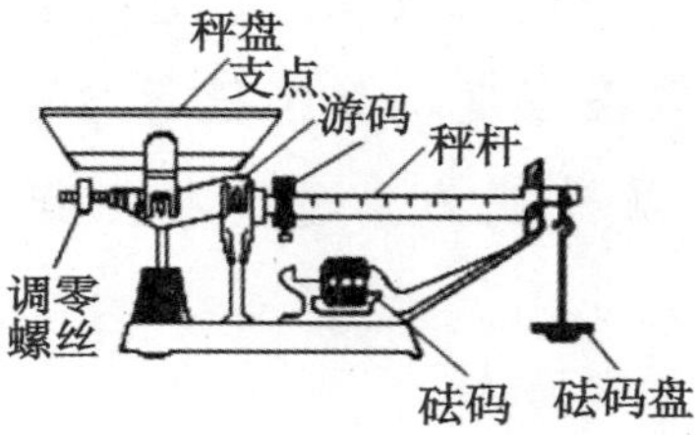

甲

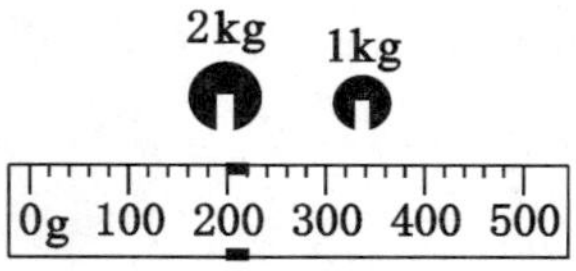

乙

（1）把案秤放到水平台面上。

（2）________，调节调零螺丝，使秤杆水平平衡。

（3）把被称物品放到________中。

（4）从大到小依次把砝码放到________上，如果太大，换取小砝码，不够再加小一级的槽码。

（5）若加上最小的砝码还比较大，则________。

（6）某次测量结果如图乙所示，被测物体的质量为________kg。

（7）若秤盘生锈了，测量结果将 ________（填“偏大”“偏小”或“无影响”）。

✱设计意图

让学生认识案秤，将案秤与天平对比，学会将生活中的现象和问题与物理知识相结合，并解决。本题属于社会调查类试题，是落实活动建议的三大形式之一，引导教学丰富学生学习方式，帮助学生利用所学的用天平测量物体质量的物理知识对日常生活中的测量质量工具进行辨识和再学习。甚至可以让学生以小组合作的形式制作一个类似于天平的测量物体质量的工具。活动建议是学习物理的基础，也是学好物理的起点。该题情境贴近学生生活实际，学生可以利用家里的测量工具进行学习，也可以走进菜市场与经营者沟通、交流、学习了解生活中测量质量的工具如台秤、杆秤、磅秤等，学生经历实际调查和课外学习，会再认识所学知识，体现了“从生活走向物理，从物理走向社会”的课程理念。培养学生终身的探索乐趣、良好的思维习惯和初步的科学实践能力。通过社会调查学习，学生能充满好奇地在课后开展调查活动，考查了学生知识迁移和创新的能力，拓展了学生的思维空间。本题立足于学生的生活实际，以提高全体学生的科学素养为目标，引导物理教学要关注社会实践活动，开展社会调查活动，落实活动建议的课标要求，让学生感受到随着科学技术的发展，测量工具越来越发达、先进、精益，渗透技术应用和家国情怀的相关教育。

参考答案

1. A　　2. B　　3. C　　4. D

5. 静止的　运动的　不能　声音靠介质传播，真空不能传声　等于

6. 右　向右移动游码　71.4

7. （1）天平

（2）取适量的冰放到塑料袋中密封，测出它们的总质量 m_1；在室温环境中等到塑料袋中的冰熔化后，擦掉塑料袋外面的水珠，再测出塑料袋和水的总质量 m_2。比较 m_1 和 m_2 的大小即可证明（其他答案合理即可）。

8. 千克　元每千克　4.2元

9. （2）将游码移到最左端零刻度处　（3）秤盘　（4）砝码盘　（5）取下最小砝码，移动游码　（6）3.2　（7）无影响

作品点评

本作业设计从阳泉市郊区西南舁乡苹果、盂县核桃来感知质量，介绍冬奥会火炬“飞扬”及神舟十三号载人飞船等。学生可以利用家里的测量工具进行学习，也可以走进菜市场与经营者沟通、交流、学习了解生活中测量质量的工具如台秤、杆秤、磅秤等方面来设计作业，体现了“从生活走向物理”的思想。立足学科素养，加大了开发探究，关注了交流共享。能够根据所学知识解决实际生活中遇到的问题，体现了“从物理走向社会”的课程理念。

作品亮点：作业设计能以学生常见的家乡特产作为习题的素材，带入感强，学生做起来亲切自然，让学生对质量大小有初步的感知认识。围绕中考导向能培养学生的估测能力，加深对质量的理解和建构。本节课的重点和难点是天平的使用，作业中让学生走进生活了解可以称量质量的各种工具，加深对天平使用的操作，注重实验操作过程，引导学生在探究中寻找答案，获得知识。

专家建议：对于质量估测试题太多，合理安排课时作业，避免重复做题和机械训练。

4. 磁现象　磁场

大同市第二中学校　冯素涛　李林儒　刘泽宇

电子作品扫码下载

作品信息

作业类型	课时作业
适用章节	人教版九年级全一册　第二十章第1节
设计理念	作业设计是课堂教学的延伸，是促进学生自我知识构建的关键环节，对促进学生学会有效学习，实现自我发展具有重要意义。优质的作业设计，能合理利用教学资源，丰富教学内容，实现作业布置的合理性、有效性。转变传统的教学理念，摒弃以往作业设计理念的弊端，根据实际情况主动优化教学设计。以巩固教学内容、钻研学习方法、促进学生发展为设计依据，使作业的设计具有时效性、针对性以及实用性。以符合学生个体差异性作为设计的出发点，采取分层设计作业，作业内容具有趣味性，作业形式多元化，注重对课堂教学知识的延伸，设计紧密联系实际，使学生能够将知识积极与现实生活相关联。作业设计的优化，对学生的新旧知识进行合理迁移具有重要意义。作业设计的完善，有利于培养学生的合作精神，促进学生实现自身价值。
设计目标	1. 通过课堂探究的磁性特点，能说出磁性和吸铁性的区别。 2. 通过经历探究磁极的过程和方法，会设计、写出磁体的磁极位置方案。 3. 通过探究磁体作用规律，能应用磁体作用规律准确判断磁体极性及磁性有无。 4. 通过体验磁化过程，会辩证地分析解释磁化在实际应用中的利弊。
预计时长	约15分钟。

作业内容

一、基础题

1. 一块磁体，无论被分割得多么小，总存在________极和________极。

2. 下列应用中，用磁来记录信息的是　　(　　)

A. 验钞机　　B. 录音机

C. 发报机　　　　D. VCD 机

3. 在研究磁现象实验时，不小心将铁屑洒在了课桌上，为了收集铁屑，小红想用磁体直接吸引铁屑，同组的小明则建议用塑料袋或白纸包裹住磁体后去吸引铁屑。比较这两种方法，你认为（　　）

A. 小红的方法可行，小明的方法不可行

B. 小明的方法可行，小红的方法不可行

C. 小红和小明的方法都可以，但小红的方法更好些

D. 小红和小明的方法都可以，但小明的方法更好些

4. 在一次课外实验活动中，一枚铁质的小螺丝钉掉入细小狭长的小洞中，如图所示。小科设计了以下四种方案，其中不能取出小螺丝钉的是（　　）

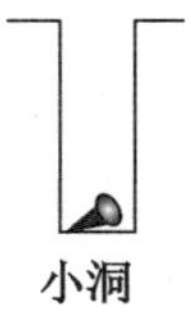

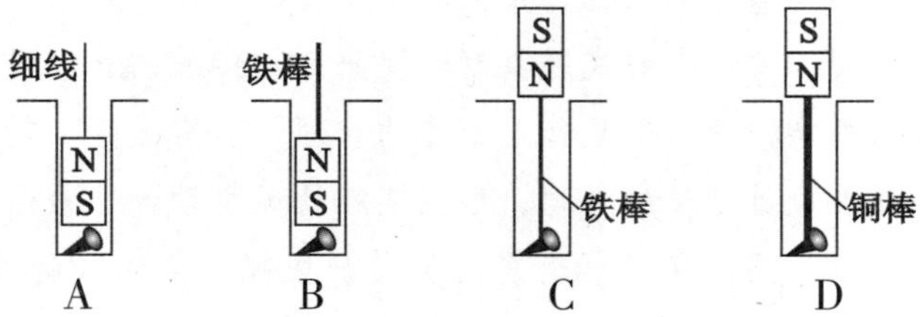

5. 1 元硬币有银白色的金属光泽，同学们认为它可能是由铁制成的。在讨论时，有同学提出我们可以拿磁体来吸一下，就“认为它可能是由铁制成的”这一说法而言，属于科学探究中的（　　）

A. 提出问题

B. 猜想与假设

C. 进行实验与收集证据

D. 交流与合作

6. 有两枚大头针被磁体吸引，悬在磁体下方，如图所示的四幅图中能正确反映实际情况的是（　　）

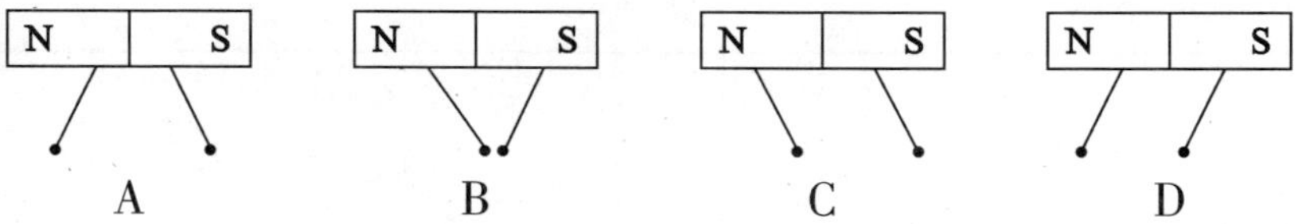

二、能力提升题（选做一道）

7. 实验室里有一个用了很久的条形磁体，磁极的颜色及标记已看不清，请你选用实验器材，判断出这个条形磁体的 S 极和 N 极。简述实验操作步骤及判断方法：

____

______________________________。

8. 我国探月工程（嫦娥工程）正在实施中，“嫦娥二号”卫星已经成功发射升空，探月工程目标之一就是要探测月球的空间环境。目前，对月球探测已掌握的有关材料有：月球上没有空气；月球上没有磁场；月球的表面灰尘中含有铁的颗粒；月球上物体受到的“重力”与其质量成正比。假如有一天，当你成功登上月球后，你能用哪些物理实验或办法验证上述事实？

（1）验证月球上没有空气：______________________________。

（2）验证月球的表面灰尘中含有铁的颗粒：____________________。

三、创新实践题（酌情选做）

9. 通过上网查阅我国在磁学方面的重大突破或贡献，与大家分享交流。

10. 利用生活物品，尝试制作一个指南针，并检验灵敏度。与大家分享做法。

参考答案

1. 南　北
2. B
3. D
4. D
5. B
6. B
7. 用已知磁极的小磁针靠近条形磁体的一端，与小磁针 N 极相吸引（或排斥）的是条形磁体的 S 极（或 N 极）（其他方法合理即可）
8. （1）敲击音叉，是否能听到声音

（2）看这些颗粒能否被磁体吸引

9. 提示：地磁偏角的发现在当时处于领先地位，特别是指南针的发明，对航海、测量、军事以及东西方文化交流和世界经济发展都起到过重要作用。
10. 略，合理即可。

作品点评

本作品以符合学生个体差异性作为设计的出发点，采取基础题、能力提升题、创新实践题3种作业类型，作业内容具有趣味性，作业形式多元化，实现作业布置的合理性、有效性。注重对课堂教学知识的延伸，设计紧密联系实际，使学生能够将所学知识积极地与现实生活相关联。

作品亮点： 作品设计新颖，符合初中生认知特点。使学生认识到物理是有用的，物理就在我们身边，培养了学生的观察力、想象力。亲自制作指南针，不但易于产生成就感，而且有助于学生感受物理知识的应用价值，激发学习兴趣和探索热情。

专家建议： 作为新授课的课时作业，基础题中的选择题过多，不利于学生建构模型来理解磁场。本课的重点是建立磁场的概念，为以后学习“电生磁”“磁场对通电导线的作用”“磁生电”打下基础，让学生感悟到磁场这种看不见、摸不着的物质，可以通过对其他物体的作用来认识，可以通过实验来感知，用磁感线来描述，但是作业中对于这一点体现得不是很明显。

第二类　综合与实践（项目化学习）作业设计

5. “‘星际战车’投石车竞技赛”项目学习

电子作品扫码下载

山西省实验中学　秦娟娟　刘晓宇
太原市令德中学校　董贝贝

特等奖作品

作品信息

作业类型	综合与实践作业
适用章节	人教版八年级下册　第七章第 1 节、第 2 节、第 3 节　第十二章第 1 节
设计理念	在八年级学生刚刚学习了重力、弹力等知识后，设计投石车项目学习的作业，让学生在了解其工作原理的基础上，以小组为单位，利用课余时间，制作出自己的投石车，并通过比赛的方式来进行评价。 投石车中包含了学生已经学过的力学知识，也涉及了他们还未学到的杠杆原理，但学生通过亲自动手实践，对杠杆原理有一个基本的了解，这为之后的学习奠定了基础。此外，学生动手实践，在过程中会不断发现问题并解决问题，这在一定程度上可以锻炼学生自主学习能力、提升小组合作交流能力，还可以极大地激发他们的学习兴趣，真正地实现从课堂到课外。
设计目标	1. 让学生学会力学基本知识及其实际应用，了解重力、弹力、杠杆等在科学技术和社会发展中的重要作用。 2. 培养学生的观察、实验能力，会初步分析遇到的问题，并且能利用物理知识解决实际问题。 3. 培养学生学习物理的兴趣、实事求是的科学态度、良好的学习习惯和创新精神，让学生能真正动手实践，实现学以致用。 4. 注重知识的迁移以及学科之间知识的交叉，让学生所学知识更加广泛，在此过程中结合学科特点融入爱国主义教育、思政教育。 5. 发挥学生想象力，让学生以班级为单位，利用所学物理知识设计出投石车。 6. 通过设计投石车，引导学生不断发现问题并解决问题，培养其实践创新能力。

特等奖作品

作业内容

一、资料搜集

1. 作业内容：

本项作业让学生以小组为单位，利用寒假时间，通过去图书馆查阅相关书籍、上网查找投石车相关资料等方式，对“中国十大投石机”“投石机分类”“弹力投石机和重力投石机发射原理”等有一个基本的了解，并且每个小组将自己搜集到的资料汇总，在开学后利用一节课的时间将各组查阅的资料在课堂上与班级同学分享。

2. 预估时长：课外 20 min。

3. 涉及的学科素养：信息意识、人文情怀、人文积淀。

4. 能力维度：☑了解

5. 评价方式：每组学生将其搜集的资料汇总成册，在开学后，各组组长评价组员搜集的资料，组员通过内省和反思，取长补短，形成每个小组最终的资料册。每组选一个代表，对本组搜集的资料进行分享，其他小组成员进行书面评价，如搜集到新颖的资料就得一个五角星，内容相似的资料则不得五角星。分享完后，教师将学生阐述内容与教材内容相结合进行答疑解惑，各组长再次将资料中的精华部分进行汇总，为后续的实践作业做好准备。

6. 推荐书目：

《达·芬奇笔记的秘密》《纸上谈兵》《墨子·经说下》《论平面图形的平衡》。

设计意图

通过搜集资料，并对资料进行研读，学生的自主学习能力能够有所提升。学生在很多影视作品中都见过投石车，但是对其原理并不了解。现在给学生布置了搜集资料的任务，让其进行自主学习，能激发他们的学习热情，提高他们的信息处理能力、阅读能力和小组合作能力，在开学汇报时也能提升其语言表达能力。这样的作业模式体现了作业育人功能，能进一步促进学生的全面发展。

此外，投石车在古代就有应用，并且是现代化武器的前身，当学生了解了这些内容，就会潜移默化地加强自身的历史观、国家观和民族观，并能进一步感知科技文化的一脉传承，从而增强学生的民族自信心与自豪感。

二、实践制作

1. 作业内容：

（1）以小组为单位，基于前期资料搜集与共享，让每组学生对投石车进行设计，各小组分享设计方案后，确定本班的设计方案，根据设计图，动手制作出投石车。

（2）优选性能良好、外观精美的投石车，以班级为单位进行参赛，参赛计划见附件 1。

2. 预估时长：一周（课内+课外）。

3. 涉及的学科素养：科学精神、学会学习、实践创新、勇于探究、审美情趣、技术应用、模型建构、科学论证、科学态度。

4. 能力维度：☑了解　☑应用

5. 评价方式：

班内小组展示作品；小组间互相评价；老师对各小组进行评价；此过程中可以包含口头语言、书面评语等多载体评价；

各班级展示自己制作的投石车并参与投射比赛，此过程中通过参与程度、制作器材、投射距离、创新意识、外观等方面对学生们制作的投石车进行一个多维度的评价。

小组 评价项目	1 组	2 组	3 组	4 组	5 组	…
参与程度 （A/B/C/D）						
制作器材 （A/B/C/D）						
投射距离 （A/B/C/D）						
创新意识 （A/B/C/D）						
外观 （A/B/C/D）						
总分						

6. 活动过程：

随着比赛的哨声响起，学生们启动发射键，攻城的“石头”一个个呼啸而出，经过对投石车的角度和挡位的精准调校，“石头”应声落入“城池”中，观战的同学们欢呼喝彩声此起彼伏，指导老师则在赛场上随时对“战车”作战提供技术指导，同学和老师共同面对问题，共同应对挑战，共同享受这一竞技盛宴。

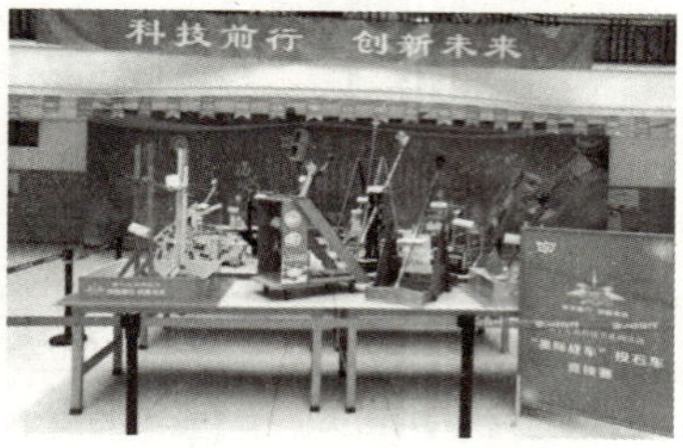

7. 学生作品：见附件2。

设计意图

此项作业需要学生动手画设计图并组装投石车，在这个过程中，可以培养学生的想象能力和动手操作能力。在组装投石车的过程中也可以引导学生废物利用，培养他们的环保意识。投石车的制作需要全班同学共同合作完成，需要每个学生参与进来，提出自己的建议，这样可以培养学生的集体意识，提升整个班级的凝聚力，极大地发挥他们的想象力和创新力，从而让每一个学生能够真正在制作过程中获得更多知识。这样的智慧型作业突破传统的机械抄写、重复训练的作业，将作业模式进行创新，让作业走进生活，提高了作业的灵活性和趣味性，变被动学习为主动学习。此外，还可以调动学生的积极性、激发他们的创作热情，让学生真正体会到学习的乐趣。

三、自我反思

1. 作业内容：

学生制作完投石车，并完成比赛后，要对自己整个制作投石车的过程做一个总结反思，让学生对整个过程当中遇到的困难、怎样解决问题、如何再进行优化进行一个总结。

2. 预估时长：20 min。

3. 涉及的学科素养：勤于反思、批判质疑。

4. 能力维度：☑了解　☑理解

5. 评价方式：教师结合学生的参赛作品和总结报告，与学生面对面进行交流、指导，激发学生内在发展动力，帮助学生认识自我、建立自信，激发潜能。

6. 学生作品：见附件 3。

★设计意图

在这一过程中，学生对自己的整个制作过程进行系统的总结与回顾，将自己的投石车的亮点之处、创新之处以及需要改进之处进行汇总，并与其他班级进行分享、交流，可以提升学生的总结归纳能力和写作表达能力，在反思中也促进了学生的成长，真正体现了作业的育人功能，让学生对未来的学习也充满了信心。

四、习题巩固

分层一：基础巩固（预估时长：12 min）

1. 生活中有很多有用或有趣的物品。下列物品中，利用弹力原理工作的是（　　）

A. 温度计　　B. 不倒翁　　C. 天平　　D. 弹弓

能力维度：☑了解

习题意图：本题以生活中常见的物品为选项，贴近学生生活，符合学生认知特点，考查学生对物品的设计原理的理解。培养学生"从生活走向物理"的理念。

2. 如图所示是我校八年级投石车比赛时"石头"的运行轨迹模拟图。下列有关说法正确的是（　　）

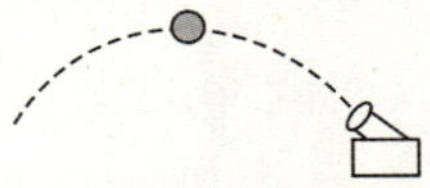

A. 当"石头"运动到最高点时，受到推力和重力

B. 当"石头"运动到最高点时不受力

C. "石头"运动过程中重力大小不变，方向改变

D. "石头"运动过程中运动状态改变

能力维度：☑了解

习题意图：以项目学习中投石车比赛时"石头"的运动为背景，创设真实的任务情境，考查学生对受力分析知识点的掌握程度，培养学生分析问题的能力。

3. 用弹簧测力计测量力时，弹簧受到的拉力越大，伸长就越长，说明力的作用效果与力的________有关。如图所示，物体受到的重力为________N。请在图中画出物体所受重力的示意图。

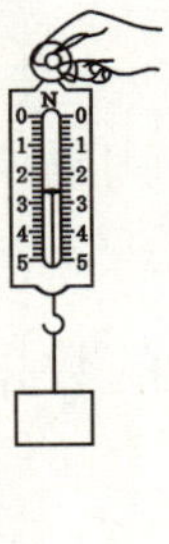

能力维度：☑理解

习题意图：本题旨在巩固学生对力的作用效果和力的三要素的认识，同时考查弹簧测力计的读数，并且要求学生用示意图描述力。

4. 2020 年 12 月，我国首次月球无人自主采样任务完成，嫦娥五号探测器从月球取回质量为 1 731 g 的月壤。月壤在地球上的质量为________kg，所受重力大小为________N，在月球上的重力为________N。（g 取 10 N/kg，物体在月球上的重力约为地球上的$\frac{1}{6}$）

能力维度：☑了解　☑理解

习题意图：我国航空航天领域发展迅速，取得了一系列的成果，本题以嫦娥五号探测器成功登月并取回月壤为背景，在潜移默化中引导学生关心科技的新进展，培养学生的社会责任感和正确的世界观。

5. 某地发生地震，救援队员利用各种器材展开抢险救灾工作。

（1）利用图甲所示的钢丝钳，救援队员把钢筋剪断，钢丝钳是________（填“省力”或“费力”）杠杆。

甲

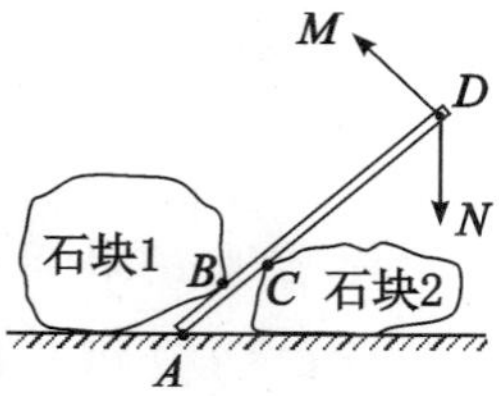

乙

（2）使用撬棒，救援队员把滚落在公路上的石块撬起，如图乙所示，若救援队员在撬棒 D 点沿 DM 方向用力撬起石块 1，撬棒的支点是________点；若救援队员在撬棒 D 点沿 DN 方向用力撬起石块 1，撬棒的支点是________点。

能力维度：☑掌握

习题意图：通过地震灾后救援的场景，体现了中华民族团结友爱的精神和面对困难不懈努力的态度，在潜移默化中培养学生服务他人的意识，热爱祖国、振兴中华的使命感和责任感。

6. 牛顿科学实验小组制作配重式投石机参加比赛。比赛时选用多大的石头呢？石头的重力与石头的质量的关系是什么？他们选用弹簧测力计和钩码探究重力的大小与质量的关系，步骤如下，请补充完成：

（1）将弹簧测力计在________方向上调零，来回拉动几次防止卡壳。

（2）把已知质量的钩码挂在弹簧测力计上，静止时，弹簧测力计的示数________钩码所受的重力大小。

（3）逐次增挂钩码，分别测出它们所受的重力，并记录在表格中。根据表格中的数据画出重力与质量关系的图象。

质量 m/kg	0.05	0.1	0.15	0.2	0.25
重力 G/N	0.5	1	1.5	2	2.5

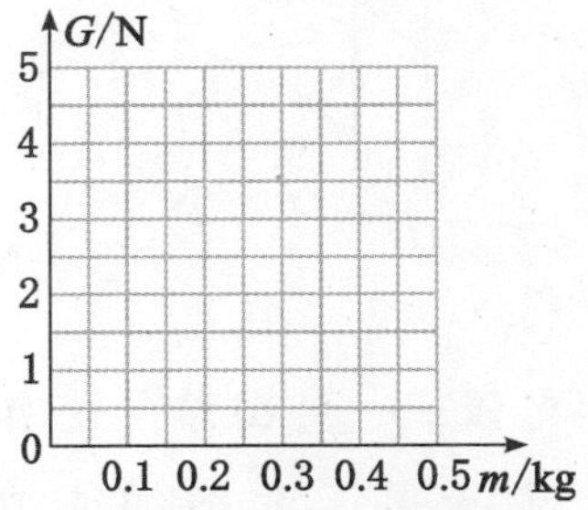

（4）分析图象，得出结论：物体受到的重力大小与它的质量________。

能力维度：☑理解

习题意图：配重式投石机是投石机的重要分类，配重质量是重要的设计数据。通过探究重力大小与质量的关系帮助学生选择更适宜的配重，同时巩固弹簧测力计的使用与数据记录和描点连线的分析处理数据的实验方法，得出正确的实验结论，增强学生的实验能力。

分层二：能力提升（预估时长：12 min）

1. 铅球起源于古代人类用石块猎取禽兽或防御攻击的活动。2021 年 8 月 1 日，在 2020 年东京奥运会田径女子铅球决赛中，我国运动员巩立姣以第六投 20 米 58 创个人最佳成绩的表现夺冠。

（1）运动员用力将铅球投掷出去，说明________________________。

（2）运动员必须将铅球投掷到规定区域内，因此必须注意铅球出手时用力的________。

（3）铅球出手后，运动员通常采用两腿交换并降低身体重心的方法来减缓向前的冲力，以维持身体平衡，防止犯规。请列举降低重心可以增加稳度的应用：________。

（4）铅球出手后在空中飞行的过程中________（填“受到”或“不受”）手的推力，最终落地是因为__________。

能力维度：☑理解

习题意图：体育运动不仅锻炼身体增强体质，而且劳逸结合更有利于学生的全面发展。从实心球运动到铅球运动，我们国家的发展非常迅速，取得了很多突破。本题以女子铅球运动员巩立姣以优秀成绩夺得奥运冠军为背景，考查力的作用效果、力的三要素，以及受力分析情况。真实的任务情境，贴近学生生活，符合学生认知特点，让学生更好地理解知识，学会分析问题并解决问题。

2. 如图是撑竿跳运动员起跳动作示意图，请在图中画出运动员对撑竿 A 点竖直向下的拉力及其力臂。

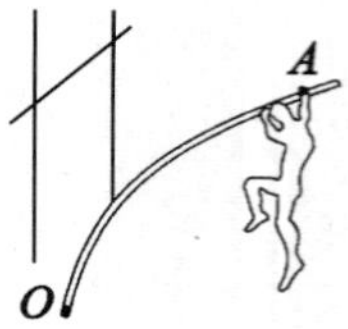

能力维度：☑掌握

习题意图："更快、更高、更强——更团结"是奥林匹克的格言，是人类的共同追求。本题以撑竿跳为背景，考查用示意图描述力和力臂，促进学生提高科学素养。

3. 牛顿科学实验小组的同学对 A，B 两根长度相同粗细不同的橡皮筋测力计进行研究，将橡皮筋的一端固定，另一端悬挂钩码（如图甲所示）。钩码静止时记录橡皮筋受到的拉力大小 F 和橡皮筋的伸长量，根据多组测量数据作出的图线如图乙所示。

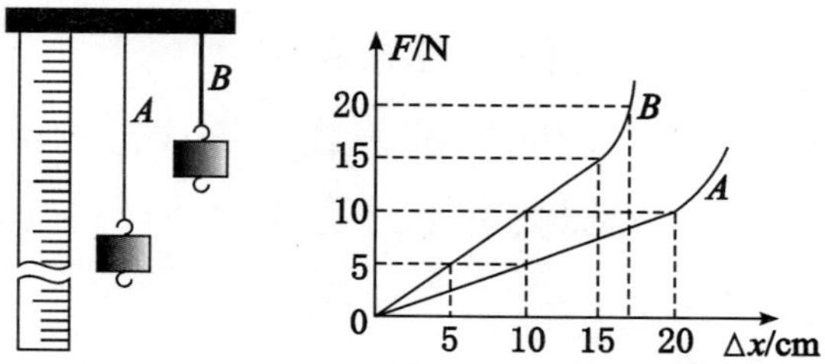

甲　　　　乙

（1）分析图乙图象可以得到结论：________________。

（2）当两根橡皮筋的伸长量均为 5 cm 时，在两根橡皮筋 A，B 上分别悬挂的物体重力为________N 和________N。

（3）分别用这两根橡皮筋制成的测力计代替弹簧测力计，并配合相同的刻度尺标识量程和分度值，则用橡皮筋________制成的测力计量程大，用橡皮筋________制成的测力计测量的分度值可以更小。（填"A"或"B"）

能力维度：☑应用

习题意图：弹力式投石机是投石机的重要分类之一，弹力多大是重要的设计数据，橡皮筋的选择尤为重要。本题以长度相同粗细不同的橡皮筋制作测力计为背景，考查学生通过分析图象得出初步结论，从图象上寻找拉力和伸长量的数量关系，并准确判断量程和分度值。

4. 某小组在制作投石车的过程中，获知投石车是利用杠杆原理工作的。他们想利用刻度均匀的杠杆探究"杠杆平衡条件"（每个钩码重 0.5 N，杠杆上每一小格的间距为 1 cm）。

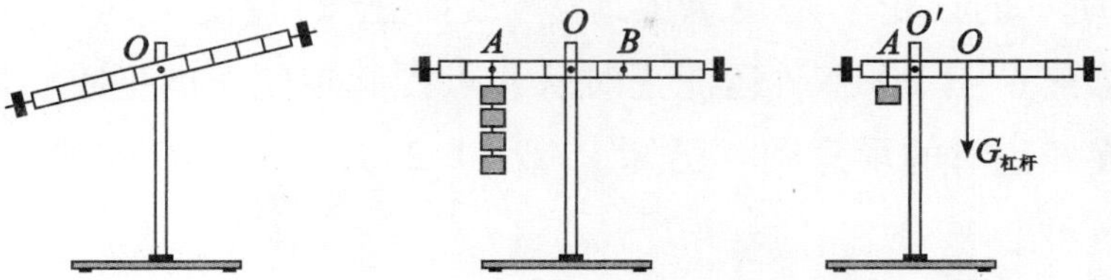

甲　　　　　　　　乙　　　　　　　　丙

（1）实验前，发现杠杆静止时左端下沉，如图甲所示，这时应将平衡螺母向________（填“左”或“右”）端调节，直到杠杆在水平位置平衡，这么做的目的是________________。

（2）请你帮该小组设计记录实验数据的表格。

（3）如图乙所示，在杠杆 A 点处挂 4 个钩码，B 点处应挂________个钩码，使杠杆在水平位置平衡。改变钩码的数量和位置，多次实验的目的是________。

（4）实验时，不再调节平衡螺母，使杠杆的重心位置保持在 O 点不变，将支点换到 O' 点，如图丙所示，发现 A 点处只挂 1 个钩码，杠杆仍然保持平衡。若每个钩码重为 0.5 N，则杠杆自身重力为________N。由此可知，将杠杆支点位置设在________（填“O”或“O'”）点进行实验，能避免杠杆自身重力对实验结论即动力×动力臂=阻力×阻力臂的影响。

能力维度：☑了解　☑应用

习题意图：《课程标准》要求通过实验，探究并了解杠杆的平衡条件。投石车制作时需要利用杠杆原理反复调试，本题以此为背景探究杠杆的平衡条件，综合性高。

首先学生应具有实验前的分析准备能力，明白实验过程中调节杠杆在水平位置平衡的操作和意义，会设计记录实验数据的表格。其次，明白杠杆的平衡条件，并在不同的情境中灵活地分析运用。最后，反向思考支点选择不同带来的问题，更好地理解如何避免杠杆自身重力对实验结论的影响。

分层三：个性化作业（预估时长：10 min）

1. 2021 年 12 月，神舟十三号乘组航天员翟志刚、王亚平、叶光富在中国空间站进行了太空授课。航天员们在太空每天都需要进行一定量的运动训练，锻炼设备必不可少。现有下列运动：举哑铃、跳绳、拉拉力器、单杠做引体向上，你建议他们采取哪项运动锻炼身体呢？理由是什么？

能力维度：☑了解

习题意图：《课程标准》要求培养学生学习物理的兴趣，有对科学的求知欲，有将科学服务于人类的意识，有振兴中华的使命感和责任感等。“天宫课堂”是一次不可多得的爱国主义教育。

2. 如图甲所示的独轮车是建筑工地上搬运泥土的轻便工具，某次搬运泥土时，车体和泥土的总重 $G=1\ 000\ \mathrm{N}$，运泥土时从 A 点提起独轮车的把手。图乙为独轮车被抬起到某一位置静止时的示意图，已知，$AO=1.2\ \mathrm{m}$，C 为 OB 连线上一点，$OC=0.3\ \mathrm{m}$，$OB=1\ \mathrm{m}$。

甲

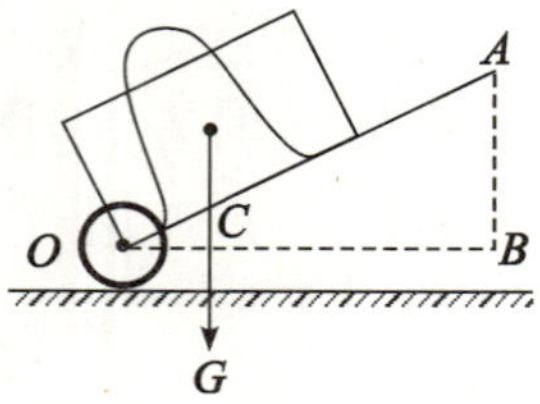

乙

（1）独轮车可看作是一个________（填“省力”或“费力”）杠杆。

（2）图乙所示位置时，手需要提供的最小拉力 F 为________N；若继续向上拉动，所需最小拉力将________（填“变大”“变小”或“不变”）。

（3）为了更轻便，可以把车厢内的泥土适当向________（填“左”或“右”）移。

能力维度：☑理解　☑应用

习题意图：独轮车是自古以来就有的劳动工具，常用于施工建设，通过分析介绍，培养学生的科学思维，利用杠杆的建模和应用，对已有物品进行改进和优化。

★ 设计意图

本项作业是结合投石车中涉及的物理知识而进行设计的。作业目标要明确、内容要合理、难度要适宜、总量要合适，让学生通过习题练习，对投石车中所包含的物理知识有更深刻的理解，让学生再次巩固弹力、重力等知识，并且对还未学习的杠杆知识也有一个初步了解，为后面学习杠杆奠定一定基础。

本项作业是传统的书面作业，又与学生制作的投石车紧密结合，题目有情景、有趣味，就会在一定程度上激发学生的学习兴趣，让学生更加主动地投入学习中去，达到了检验学生学习成果的目的。

涉及的学科素养：问题解决、乐学善学、学会学习、技术应用、国家认同、自我管理

评价方式：教师批阅、学生自改、讲评典型。

参考答案

四、习题巩固

分层一：基础巩固

1. D

2. D

3. 大小　2.6

4. 1.731　17.31　2.885

5. （1）省力

（2）A　C

6. （1）竖直

（2）等于

（3）如图所示。

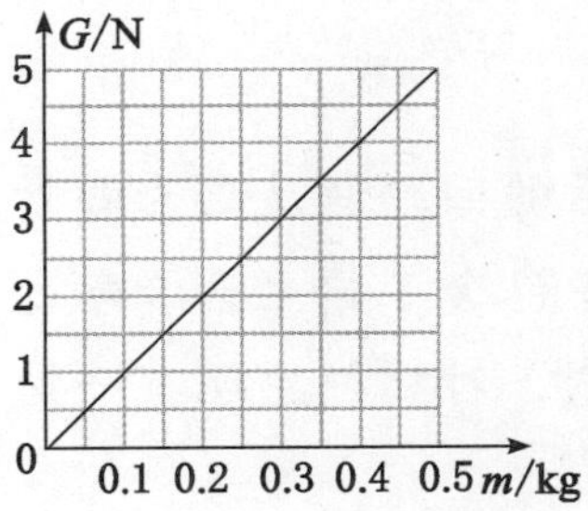

（4）成正比

分层二：能力提升

1. （1）力可以改变物体的运动状态

（2）方向

（3）不倒翁（合理即可）

（4）不受　受重力作用

2. 如图所示。

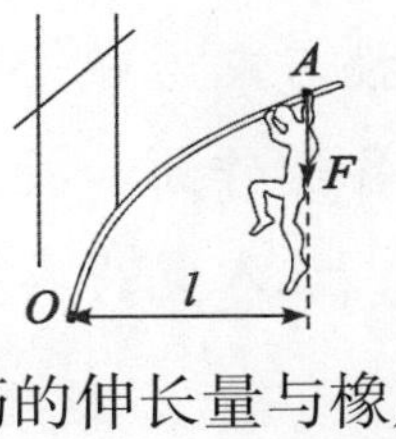

3. （1）在弹性限度内，橡皮筋的伸长量与橡皮筋受到的拉力成正比

（2）2.5　5

(3) B　A

4. (1) 右　便于测量力臂

(2) 如下表所示。

测量序号	动力 F_1/N	动力臂 l_1/cm	阻力 F_2/N	阻力臂 l_2/cm
①				
②				
③				

(3) 6　避免偶然性，得出具有普遍意义的规律

(4) 0.25　O

分层三：个性化作业

1. 采用拉力器锻炼身体。在太空中物体处于失重状态，举哑铃、跳绳和引体向上都是在受重力时才能进行的运动项目。

2. (1) 省力

(2) 250　变小

(3) 左

作品点评

本作品以投石车项目学习后的回顾和反思为背景，设计了基础巩固、能力提升和个性化作业三部分。投石车中包含了学生已经学过的力学知识，也涉及了杠杆原理等，但学生通过亲自动手实践，对杠杆原理有一定了解，这为之后的学习奠定了基础。

作品亮点：作业设计层次性强，从基础巩固到能力提升，以及最后的个性化作业要求学生对知识的掌握程度越来越高。在最后的个性化作业中能紧扣时代脉搏，与航天相结合，很好地体现了物理知识在现实生活中的应用价值。同时提升了学生在动手实践过程中，不断发现问题和解决问题的能力，这在一定程度上可以锻炼学生自主学习能力、提升小组合作交流能力。

专家建议：整个作业设计是以投石车为背景来设计的，但是在作业设计中以投石车为背景的题目较少。如果能把各类作业和投石车很好地融合起来，就能使得以投石车为抓手的作业设计更有意义，让人觉得真实自然，不会让人感觉作业设计的题目是各个章节的拼盘。

附件1：“星际战车”投石车竞技赛

一、活动宗旨

贯彻《国家中长期教育改革和发展规划纲要》关于“着力提高学生服务国家服务人民的社会责任感、勇于探索的创新精神和善于解决问题的实践能力”的战略主题，营造创新实践的氛围，鼓励广大青少年发挥想象、勤于动手、尝试解决实际问题，提升学生的学科素养和创新能力。

二、活动内容

本届活动有两大板块，一是“创造发明方案设计”，这是让学生通过对生活和周边事物的观察与体验，以自身的知识和经验提出对问题的看法、改良意见和对新事物的遐想。二是“创新能力展示活动”，活动鼓励学生用自己特有的表现手法去演绎他们的发明经历。科技是严谨的，表现方式是开放的，活动就是鼓励学生用开放的头脑去思考问题，从中感悟开放的头脑对于创新的意义。

三、活动描述

由参赛队派出代表交流本队的创意设想（针对本届活动列出的问题），然后由其他学生对创意提出见解，相互间进行问辩。活动以头脑风暴的形式，营造一个开放的、无拘束的氛围，促使学生畅所欲言，通过相互间的交流，取长补短，共同提高，培养学生学习表达、学习聆听的学习品质及思辨能力，并感受集体智慧的力量。

四、投石车的设计和制作

（一）项目描述

设计并制作一辆有轮子的投石车，投石车由人来推动，投石的动力为橡皮筋。投石方式采用杠杆原理，必须有一个投射启动装置（每次投射都需要使用）。投石车投射沙袋进目标区，必须击中四个目标区才能到达终点，到达终点所用的时间越短越好。活动最后的竞技目标是时间，学生通过设计和竞技比赛，从中感悟技术设计的重要性，感悟科技的魅力。

（二）项目规则

1. 投石车采用杠杆原理，利用杆的摆动进行投石。杆摆动的动力来自橡皮筋。

2. 杆的一端必须有一个开放式容器用以盛放沙包。

3. 必须有一个投射启动装置（如一个插销），每次投射必须使用启动装置进行投射，启动装置必须保证安全。

4. 投石架必须固定在车上，车的轮子在行进时必须着地并滚动。

5. 用于投掷的“石头”是在 5 cm×5 cm（内尺寸）的布袋中灌满黄沙，重量为 30 g。由参赛队自备，数量不限，但必须符合规定的要求。

五、投石车投石比赛

（一）比赛场地

比赛场地如图所示。其中目标 A，B，C 放置在地板上，目标 D 放置在离地约 70 cm（课桌高度）的高处。

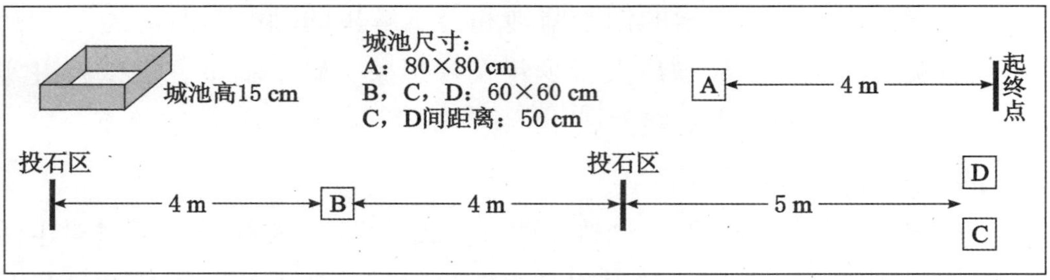

投石比赛场地图

（二）比赛规则

每个参赛队由 3 名学生组成，参赛队携带提前做好的投石车进行比赛，比赛共 2 轮。具体竞技方式为：

1. 在起点线后，投石至前方“城池 A”，击中（石头进入城池）后迅速移动投石车到达最前端的发射线后再进行投石，目标为“城池 B”。击中后进入第三发射线后再进行投石，目标为“城池 C 和 D”，击中后回到终点（即起点）区域。具体见投石比赛场地图。

2. 在一个发射区域可以连续投石，直至击中目标。如果前方目标无法击中，那么投石车就不能继续前进。

3. 移动投石车时轮子必须着地滚动，车靠人力推动。

4. 如果比赛途中轮子坏了，可以当场进行修理，车子必须在轮子能正常滚动时才能移动，否则将停止比赛。

5. 每次投射必须利用启动装置才能进行，比如拔去插销，否则无效。

6. 投出的“石头”可以回收使用。

7. 一轮比赛的时间为 3 min。

（三）比赛评分

1. 两轮的得分相加为最终的成绩。

2. 如果在规定时间内不能到达终点，则每个未击中的目标折算为 30 s，即在 3 min 基础上加 30 s，依次叠加。如果不能参加第二轮比赛，则此轮得分折算为 5 min。

（四）参赛方法

原则上一个班级派一个参赛队参赛，每组参赛人员限定在 3 人以内。报名截止日期为 2022 年 2 月 10 日。

六、举办时间和地点

本届活动定于 2022 年 3 月 3 日下午 4：30 在解放路校区操场举行。

七、奖励

（一）比赛设一、二、三等奖，由活动组委会颁发证书和奖牌。

（二）对积极组织、参赛面广的班级颁发优秀组织奖。

初二物理组

2022 年 2 月

附件2：2005班投石车报告书

我们班制作的投石车的名字叫做“王者荣耀号”，其主要材料是PVC管和木板，主动力是橡皮筋，而且我们运用的是双动力的发射装置，插销是用两根粗铁丝相互插接而成的。我们的投石车利用了杠杆原理，一端装有橡皮筋，而另一端也装有两根橡皮筋，最后的纸筐子里装有待发射的网球，发射前须先将放置网球的一端拉下，而附有橡皮筋的另一端也在此时上升，准备好后拔出插销，让装有橡皮筋的靠近主杆的一端迅速落下，网球也就顺势抛出。

下面就是古时投石车的图片。

我们班的投石车如下图所示。

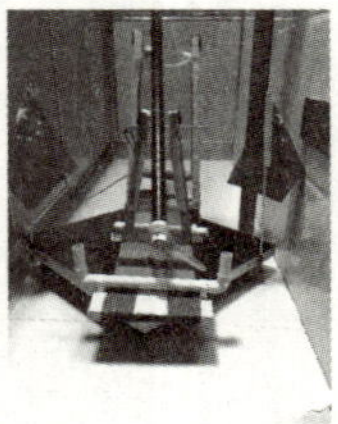

制作步骤：

1. 绘制图纸，初步设计出投石车的结构和尺寸。

2. 收集木头（最好是松木，质地偏软容易加工又价廉易得），采购工具和五金。

3. 第一个挑战：按照图纸用钢锯把木龙骨裁成合适的尺寸再用刨子抛光（尽量避开结疤处）。如果刨子使用起来很费劲有三种解决方案：（1）将刨刃收浅，略低于刨口即可；（2）顺着木头的纹理来推；（3）试试斜刨和横刨方法。

4. 在车架的木龙骨中间位置约10 cm处划线，准备开一个约6 mm的浅槽用于固定立柱。投石车后部的两根龙骨结合处各锯去一半使之铆接在一起，再用螺丝固定。另一侧的龙骨也同样操作。

5. 在用钢锯垂直锯开约6 mm的浅槽后改用凿子操作。要注意在开槽时比立柱的宽度略小一点，使之卡紧立柱，如果槽口不平整可用板锉修整。

6. 第二个挑战：制作车轮。先用圆规在木块上画直径约 7 cm 的圆，再用线锯切去多余的部分并用板锉修整，最后用 5 mm 的钻头打孔。这个过程要重复四次，过程中一定要注意安全，务必全神贯注。

7. 第三个挑战：制作投石臂。先把木龙骨分成三等份，然后锯掉两侧的部分，剩下的工作就全凭刻刀了。唯一需要说明的是横梁的尺寸要比车架（20 cm）略宽，以留出空间钻孔用以安装橡皮绳。最后摆放在一起。

8. 第四个挑战：组装。这是最后一个也是难度最大的挑战，因为前期所有不易发觉的偏差和毛病都会在这时一个接一个地跳出来，需要我们不停地动脑筋想办法去解决问题。至于组装过程倒不复杂，先用 5 mm 钻头打孔，然后按照图纸将 5 mm 螺栓穿过车架，再用螺丝将车轮固定。这时的目的只有一个："坚固"。橡皮绳也可用易买到的气门芯替代。

参赛人员：李乐然、张鹿辰浩、郭枭飞
2022 年 3 月 5 日

附件3：2015班“星际战车”投石车竞技赛总结

名称	狮头战车
制作人员	刘致盛、冀熙哲、章慈昊、杜文涛、赵乾宇、田瀚霖
美术设计	汪世杰、殷嘉祺
制作重点	三角形的木质框架以及扳机结构
制作材料	四个万向轮，木质底座，长30、40、50 cm的木条两组，弹弓用的皮筋两条，铝制空心管，螺丝和螺帽，塑料罐等。
制作过程	第一步：准备基本材料与工具。 第二步：在同样规格的木材上分别锯出30、40、50 cm的木条各一组。 第三步：分别在30 cm的木条的边缘5 cm的地方的正中间用电钻打孔。在长的铝制空心管（杠杆）的30 cm处打孔。 第四步：用螺丝穿过两根皮筋中间的皮质连接处的钻孔和杠杆的孔，再用螺帽固定。 第五步：用短的铝制空心管穿过长的铝制空心管，使它们互相垂直。再将短的铝制空心管的两端穿过30 cm木条的打孔处。 第六步：在底部的40 cm的木条的适当位置打孔，同样在配有万向轮的底座上用电钻打出相应的孔，最后用螺丝和螺帽将框架和底座固定。 第七步：将皮筋固定在框架处（木条构成框架），在皮筋另一端的固定处挂上铁钩子，再在底座上的相应处用螺丝和螺帽安装上铝制的扳机结构。 第八步：将塑料罐与杠杆连接。用丙烯颜料装饰并实验测距以及进行调整。

（续表）

优、缺点	整体结构采用木质三角结构，兼具了稳定性和美观性。横梁、杠杆以及扳机采用铝制结构，轻便而且结实，大大延长了使用寿命。美术设计上左右各一头雄狮，塑料罐上也有老虎和龙的纹样，美观而威武。 与此同时，缺点也很明显。由于重心过高，发射时杠杆总是左右摇晃，木质表面过于粗糙，皮筋磨损严重，且皮筋固定主要靠手工打结，使得发射时缺乏稳定。
心得体会	这次项目学习中，全班同学都积极参与，从策划筹备到活动开展再到完美收场。我们不仅通过参与活动学习到了丰富的知识，而且考验了小组乃至班级的协同合作能力。投石车比赛活动后，虽然我们取得了优异的成绩，但是也发现了许多缺点，在此后的学习中，我们会积极解决这些问题，争取得到更好的成绩。

编辑人：刘致盛

2022 年 3 月 5 日

6. 凸透镜成像的规律

电子作品扫码下载

阳泉市盂县第四中学校　侯文雨　王　萍

作品信息

作业类型	综合与实践作业
适用章节	人教版八年级上册　第五章第3节
设计理念	将项目化学习应用于实践性作业，在完成自制照相机的过程中，促进物理概念和学科素养的深化，引导学生在“自制相机”这一真实情境中发现问题并解决问题，体验并深入探究学科知识的外延世界，激发学生对学科及其外延知识的内在兴趣，提高学生的创新精神和实践能力，从而真正落实“双减”政策，让学生在“做中学，学中悟”。
设计目标	以项目化学习为载体，引导学生在“领会——探究”的过程中调动已有知识再学习，使得学生处于“发现——探索——成功，再发现——再探索——再成功”的积极状态中，并通过自制照相机，绘制思维导图，让学生真落实、真实践，达到将知识内化，并能熟练应用凸透镜成像的规律解决生活实际问题的目的。
预计时长	30分钟。

作业内容

作业一：自制照相机/投影仪

时间要求：20分钟。

作业要求：请以小组为单位，自选课题，合理分工，利用生活中常见物品完成制作。简述使用方法及注意事项，并简要描绘你所看到的像的情况及光学原理（画图描述）。

实践任务：

（一）选择课题：________________

（二）小组分工：

查阅资料____________________　设计方案____________________

收集器材____________________　制作人员____________________

（三）设计实验，完成制作

思考：

1. 你所制作的照相机/投影仪，镜筒（安装有凸透镜的纸筒）长________cm，小筒（安装有半透明膜片）长________cm，为了呈现清晰的像，镜筒与像筒的长度有没有要求呢？

2. 用你所制作的器材，观察到的像的情况是____________________的。

3. 如何改进装置，或调节两镜筒的距离，使得自制照相机变为自制投影仪（或从自制投影仪变为自制照相机）？

（四）原理展示

请尝试用光路图来描述成像原理。

★设计意图

通过实践，自制照相机和投影仪，强化凸透镜成像原理在生活中的应用，并培养学生的实践能力和创新思维，提高学生学习物理的兴趣。

★作业评价

等级	C	B	A
实验设计能力	会选择合适的实验器材	能用器材制作照相机模型	能根据实验现象合理调整镜筒距离
实践操作能力	在小组成员的帮助下能够完成实验	能够独立完成实验并指导小组成员设计实验	能够完成实验并提出改进意见
结论分析能力	能准确用语言描述照相机（或投影仪）成像特点	能准确用光路图解释成像原理	能在画出光路图的基础上探究物距改变时的成像特点

特等奖作品

作业二：绘制凸透镜成像思维导图

时间要求：15 分钟。

作业要求：

1. 内容：凸透镜成像规律（包括实验注意事项）。

2. 知识全面，内容无误，重难点突出，格式不限。可借助多种形式，运用多种样式、色彩，采取标记关键词的方式，绘制思维导图。

3. 学业等级为 C 的学生可根据导学方案给出的填空式思维导图进行填空，整理出知识点。

★设计意图

本次作业具有基础性、灵活性和开放性，面向全体学生。学生通过绘制思维导图，整合凸透镜成像的相关知识，加深对凸透镜成像规律的理解与掌握，从而形成清晰的知识网络。

★作业评价

此次评价采取自评、师评、生生互评的方式。对成果的评价，着重从内容、设计和书写三方面进行打分。分数越高，说明作业效果越好。

组别	内容：正确无误，丰富完整（1~4 分）	设计：图文并茂，设计精巧（1~4 分）	书写：整齐美观（2 分）	总分（10 分）
1				
2				
3				
…				

参考答案

作业一：自制照相机/投影仪

实验器材：凸透镜、硬纸板、塑料薄膜、胶带、手电筒。

制作步骤：

1. 用硬纸板做两个粗细相差很小的纸筒，使一个纸筒刚好能够套入另一个纸筒内，并能前后滑动。

2. 在一个纸筒（要求镜筒要长于 20 cm）的一端嵌上一个凸透镜，另一个纸筒

（要求镜筒要长于 15 cm）的一端蒙上一层半透明的塑料薄膜。

实验步骤：

1. 照相机：把小筒倒套在大筒上，物距最大，用手电筒照亮物体，让透镜对着桌面或墙壁，改变透镜与桌面或墙壁的距离找到最清晰的像，观察像的特点以及像距与物距的关系。

现象：倒立、缩小的像，像距小于物距。

结论：像距小于物距，成倒立、缩小的像。

2. 投影仪：把小筒正套在大筒上，减小物距，用手电筒照亮物体，让透镜对着桌面或墙壁，改变透镜与桌面或墙壁的距离找到最清晰的像，观察像的特点以及像距与物距的关系。

现象：倒立、放大的像，像距大于物距。

结论：像距大于物距，成倒立、放大的像。

学生优秀作业展示：

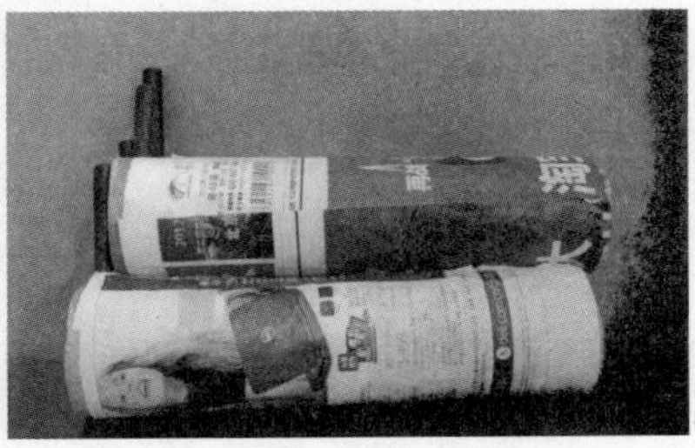

作业二：绘制凸透镜成像思维导图

学生优秀作业展示：

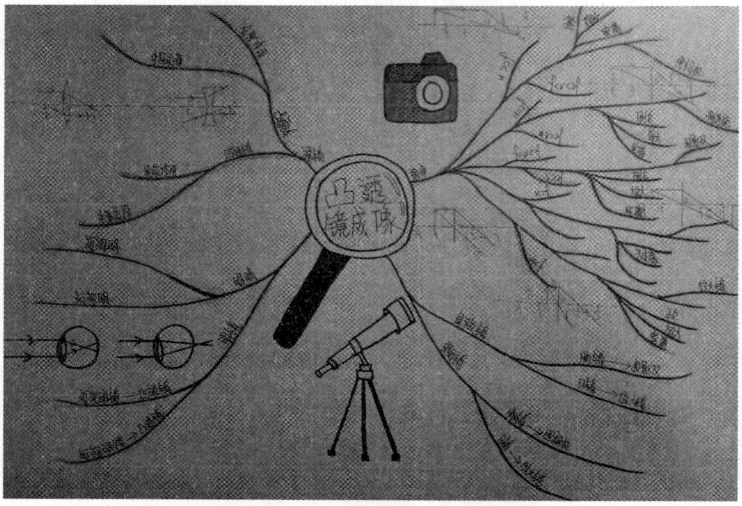

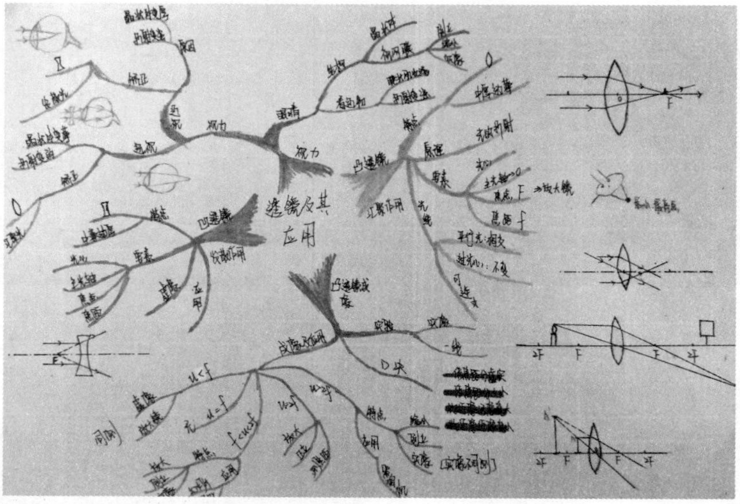

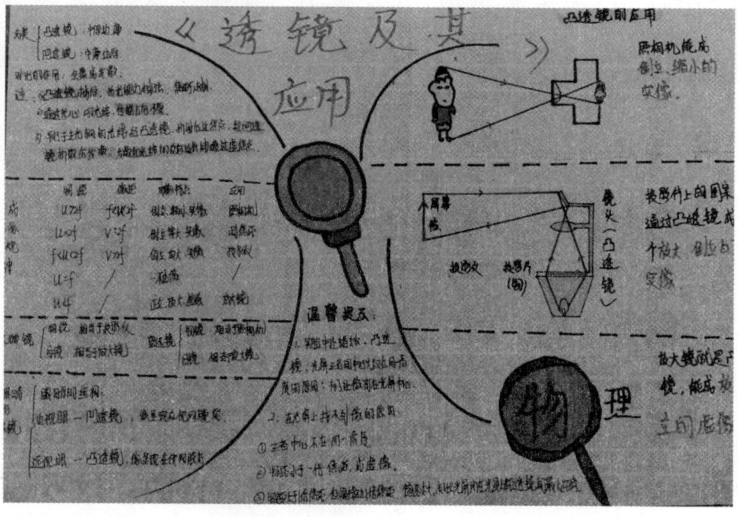

作品点评

本作品通过自制照相机或投影仪，绘制思维导图，让学生真落实、真实践，达到将知识内化，并能熟练应用凸透镜成像规律解决生活实际问题的目的，促进物理概念和学科素养的深化，引导学生在“自制照相机”这一真实情境中发现问题并解决问题，促进学生对学科内在兴趣的提升，提高学生的创新精神和实践能力。

作品亮点：作品以实践任务清单的形式呈现，是一种很好的形式，这样指向明确，不仅让学生知道“照相机”的制作过程，而且还能进一步将知识内化，激发了学生学习的兴趣，同时也让学生体会到了知识在实际生活中的应用价值。学生在绘制思维导图时，把大脑中的知识点筛选、排列，并进行组合、联想，进而理清它们的关系，使学生在这一过程中将复杂模糊的问题简单化和清晰化，将新学的知识能动添加到已有的知识结构中，达到同化或者顺应作用。

专家建议：实践任务清单设计有些简单，如果能把需要的器材、制作步骤、制作原理（图也可以）等全部规划其中，设计成表格的形式也许会更好，这样不仅提升了学生的动手操作能力，同时也提高了学生的表达能力。最后不仅要展示成果，还应把学生完成的清单情况也展示出来。

特等奖作品

7. 八年级上册预习

电子作品扫码下载

太原市成成中学校　任青燕

作品信息

作业类型	实践与综合作业
适用章节	人教版物理八年级上册
设计理念	在2014年教育部印发的《关于全面深化课程改革　落实立德树人根本任务的意见》中，发展学生核心素养被置于深化课程改革，落实立德树人目标的基础地位。核心素养更加注重自主发展、合作参与和创新实践。 学科知识只是形成学科素养的载体，通过实践作业的设计与落实的学科活动才是形成学科素养的渠道。有知识、没能力、缺素养成为我们教学最突出、最致命的问题。学生的社会责任感、创新精神和实践能力也较为薄弱。 八年级学生通过充裕的假期时间自主完成物理实践作业，在“做”中学物理，在交流中“说”物理，不仅了解物理基本概念，接触科学实验方法，更重要的是帮助学生形成良好的科学思维，逐步培养了正确的科学态度与责任感，真正学会学习，具有创新意识，形成一定的实践能力。
设计目标	以发展学生核心素养为核心，以《课程标准》中的活动建议为沃土，以物理实践作业为抓手，引导学生积极参与、主动探究，培养学生科学思维、实践能力和创新精神，进而提高学习物理的兴趣和学习效率。
预计时长	七年级升八年级暑假假期时间，时长约两个月。

作业内容

1. 小制作

利用纸条或雪糕棒制作刻度尺。

实践与研究

要求：

量程：0~10 cm，相邻刻度线的间距：1 mm。

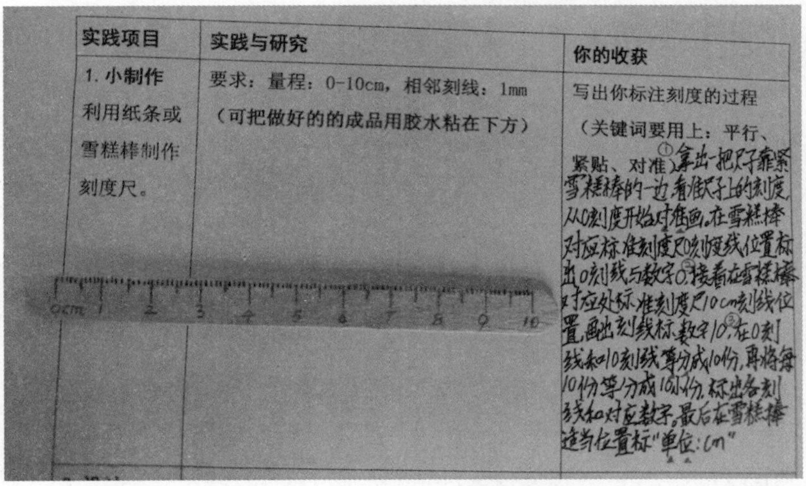

实践项目	实践与研究	你的收获
1. 小制作 利用纸条或雪糕棒制作刻度尺。	要求：量程：0-10cm，相邻刻线：1mm （可把做好的的成品用胶水粘在下方）	写出你标注刻度的过程 （关键词要用上：平行、紧贴、对准）①拿出一把尺子靠紧雪糕棒的一边，看准尺子上的刻度，从0刻度开始对准画。在雪糕棒对应标准刻度尺0刻度线位置标出0刻线与数字0。②接着在雪糕棒对应处标准刻度尺10cm刻线位置，画出刻线标数字10。③在0刻线和10刻线等分成10份，再将每10份等分成10小份，标出各刻线和对应数字。最后在雪糕棒适当位置标"单位：cm"

（样例）

你的收获

写出你标注刻度的过程。（关键词：平行、紧贴、对准）

2. 设计

测定自己正常步行时的平均速度。

实践与研究

（1）选用的长度测量工具是________，其量程是________；测量工具上两相邻刻线之间的长度，即分度值是 ________。

（2）你走路时，一般两脚间距离（步长）约是________cm，精确到 1 cm。从你家到学校所走步数为________。从你家到学校的距离为________ 米。

（3）测出你家到学校所需的时间为________秒。

你的收获

算出自己正常步行的平均速度约是________米/秒（写出计算过程）。

3. 观察

（1）学读汽车上的速度表。

（2）（选做）会看《旅客列车时刻表》。

实践与研究

（1）观察并画出汽车上的速度表。

（2）找到一部分《旅客列车时刻表》并研究。

你的收获

和家长交流从表中获得的路程、速度、时间等信息。

4. 小制作

利用橡皮筋和空纸盒制作简易弦乐器。

实践与研究

方法：将橡皮筋套在空纸盒上当作弦。

（样例：利用电池改变橡皮筋松紧）

（1）拨动橡皮筋，观察它的变化。

（2）用大小不同的力拨动同一根橡皮筋，听声音有何不同。

（3）利用长短不同或松紧不同的橡皮筋发声，听声音有何不同。

你的收获

（1）声音是由橡皮筋________而产生的。

（2）拨动的力度越大，橡皮筋发出的声音就________一些；拨动的力度越小，发出的声音就________一些。（填“高”或“低”）

（3）拨动长或松的橡皮筋时，发出的声音就________一些；拨动短或紧的橡皮筋时，发出的声音就________一些。（填“高”或“低”）

5. 小制作

参考教科书 p37“动手动脑学物理”第 4 题，自制一种玻璃瓶乐器。

实践与研究

（1）击打有水的瓶子时，发声体是________。

（2）它是如何改变音调的？（即如何发“1，2，3，4，5，6，7”的音？）改变发声体的________。

（3）它是如何改变响度的？改变发声体的________。

（4）吹奏不同水量的酒瓶，发声体是________。

（5）（选做）与击打瓶子发“1，2，3，4，5，6，7”的音规律有何不同？

你的收获

通过作业 4，5 的完成，你认为________决定了声音的高低；________决定了声音的强弱。

6. 参观

参观山西省科技馆或晋商博物院——青铜器展区。

实践与研究

找到古代青铜器编钟并使其发声，领略我国古代劳动人民的智慧。

你的收获

为编钟写一份解说词。

7. 调查

生活中噪声污染的情况和已采取的预防措施。

实践与研究

使用手机中声音分贝测量仪可以测试环境内的声音强度，请测试以下环境的声音强度，并将结果记录在下表中。

测试环境	声音强度/dB
正在施工的建筑工地	
交通繁忙的路口	
居民跳广场舞的地方	
家中播放最大音量的电视机旁	
夜深人静时家中的卧室	

你的收获

根据上表的测试结果，请你从实际的角度出发，为如何在城市生活中降噪提一些可操作性较强的建议。

8. 小制作

参考教科书 p47“想想做做”，自制液体温度计。

实践与研究

画出你的自制温度计，并标注各部件名称及材料。

（样例：利用墨水瓶、口服液药瓶自制温度计）

你的收获

（1）液体温度计的工作原理是＿＿＿＿＿＿。

（2）为使你制作的温度计能更灵敏地感知温度，写出制作时在选材上应注意什么。

9. 调查

调查太原市夏天气温

实践与研究

（1）比较寒暑表和体温计在构造和使用方法上有何不同。

（2）利用寒暑表记录每天同一时刻的温度，连续记录一周。

你的收获

时间								
温度/℃								

10. 研究讨论

如何进行防暑降温。

实践与研究

夏天特别热的时候，可采用哪些防暑降温的方法？

你的收获

要求至少写出三个。

11. 观察

观察刚从冷冻室拿出的冻肉等物品。

实践与研究

观察到表面有何变化？

例如，从冰箱冷冻室取出的苹果，放置一段时间后苹果表面出现一层白色物体。

你的收获

（1）试解释形成此现象的原因。

（2）你还发现了哪些有趣的热现象？

12. 设计

尝试显示光路。

实践与研究

（1）写出光在空气中或水中的传播情况。

（2）参考教科书 p73 实验，利用平面镜、纸板能否呈现光的反射光路呢？

你的收获

把你呈现的光的反射光路较准确地记录下来。

13. 设计

证明光现象的存在。

实践与研究

（1）设计一个实验证明光的折射现象的存在。例如，水中筷子弯折。

（2）人眼看到空气中筷子部分属于光的________现象；看到水下弯折的筷子属于光的________现象。（填“反射”或“折射”）

你的收获

你还发现了哪些有趣的光现象？

14. 设计

凸透镜初探

实践与研究

（1）正午时，取一个放大镜正对着太阳光，并在透镜正下方放一张白纸，不断调整放大镜与白纸间的距离，直到白纸上出现一个最小、最亮的光斑，测得这个光斑到透镜中心的距离为________cm，一段时间过后，白纸可能燃烧吗？

（2）太阳光经凸透镜在光屏上出现的最小、最亮的光斑，就是凸透镜（放大镜）的________，光斑到透镜中心的距离为________。（填“焦点”或“焦距”）

（3）通过放大镜看自己的指纹和窗外的物体，有什么不同呢？为什么呢？

你的收获

（1）（2）说明凸透镜对光有________（填“会聚”或“发散”）作用。

15. 调查

实践与研究

（1）1 斤鸡蛋约________个。

1 个鸡蛋约________克。

1 公斤 =________斤 =________克。

1 公斤 =________千克。

1 毫升 =________立方厘米。

（2）你的体重（即质量）约________千克。

16. 设计

实践与研究

测量：

（1）借助体重计分别测量装水 350 mL、550 mL、1 500 mL 时矿泉水瓶的质量（瓶质量忽略不计）并记录在表格中。

（2）计算出不同体积水的质量与体积的比值并记录。

（3）利用矿泉水瓶装小米，再次借助体重计分别测量装小米 350 mL、550 mL、1 500 mL 时小米的质量并记录（瓶的质量忽略不计）。

（4）比较水、小米的比值，对物质质量和体积之比你有什么新认识？

你的收获

水的质量/g	水的体积/mL	水的质量与体积的比值/（g/mL）
	350	
	550	
	1 500	

特等奖作品

17. 阅读

实践与研究

阅读一本你感兴趣的科学类书籍。

你的收获

分享你最感兴趣的内容。

作业评价标准

实践作业类型	实践作业题号	评价建议 （每完成评价建议中一点，可得一星）	星级评价
观看、观察、阅读类	3，6，11，17	＊对观看、观察、阅读内容有照片留存。 ＊有相关文字记录。	
调查类	7，9，15	＊对调查过程有照片留存。 ＊有相关数据记录，有搜集信息和处理信息的意识。 ＊会使用相关测量工具。 ＊将搜集到的资料运用科学思维进行分析和推理，形成一定的观点，得出一定的结论。	
研究、讨论类	10	＊对研究的问题进行描述解释。 ＊能从不同角度作出解释。	
制作	1，4，5，8	＊制作出成品。 ＊成品实用性。 ＊成品美观性。 ＊成品创新性。 ＊对成品有照片或视频留存。	
设计类	2，12，13，14，16	＊对实验过程有照片或视频留存。 ＊知道如何选择合适的测量器材和测量工具。 ＊并能运用语言、文字或数据等方法准确、清晰地描述实验结果。 ＊将实验结果运用科学思维进行分析和推理，得出一定的结论。	

作品点评

本作品是以阅读资料、观察调查、实践体验等课外活动为主题的七年级和八年级衔接作业，物理教学是联系生产、生活的重要方式。在学习物理前能引起学生兴趣，又与现实生活有密切联系，能有效激发学生对看到的一些具体情境提出一些实际问题，对生活中的一些常见现象引发思考。

作品亮点：物理学的发展来源于人类对自然的思考，同时也推动了人类社会的进步。物理教育的重要作用之一在于保持学生对大千世界的好奇心和求知欲。与物理学有关的生活实例有很多，而本作品从日常生活入手，给即将学习物理的孩子们一些综合实践的题目，让孩子们感觉到物理既有趣又有用，既能唤起孩子们学习的欲望，又能有效激发了他们的认知冲突。

专家建议：学生除了完成社会实践作业之外，还可以安排阅读一些物理学发展相关的书籍，让孩子们了解物理学史，学习科学家是如何思维和研究的，激发学生探索未知世界的兴趣。

8. 物体的浮沉条件及应用

太原市第十八中学校　刘丽蓉　顾　炜　肖增英　王凤英　畅建保

电子作品扫码下载

特等奖作品

作品信息

作业类型	实践与综合作业
适用章节	八年级物理下册　第十章第3节
设计理念	布置学生作业是课堂教学的延伸和继续，是保证教学质量稳步提升的措施。实践制作类作业在教学中对学生具有更加全面的教育功能，有利于学生核心素养的全面提升，根据学生所学的浮力知识以及物体的浮沉条件确定学生实践制作主题——制作密度计，设计学生喜爱的实践制作类作业，让作业服务于教学、丰富物理教育形式，激发学生的好奇心和求知欲，弥补纸笔类作业的不足。 通过实践制作类作业，在实践活动中充分调动学生学习的积极性，在学生对自己实践作品的讲解、展示中进一步升华制作作品的教育价值和作用。丰富学生的直接经验，激发学生的学习兴趣，促进学生对知识的建构和应用，培养学生的创新精神和实践能力。
设计理念	实践制作类作业重视外显的、动手的、感性的活动过程，强调生成外显的、成形的、物质性的人造物品。强调让学生参与情境性的实践活动任务，关注学生的主观知识与实践活动中蕴含的实践情境知识之间的交互作用，以此发展学生的实践知识和实践智慧。
设计目标	1. 制作一支简易密度计，比较液体密度。 2. 通过制作简易密度计，理解密度计测量液体密度的原理。 3. 通过制作简易密度计，引发学生思考、探索和解决问题的欲望。 4. 在思考密度计原理的过程中掌握阿基米德原理。 5. 通过对漂浮物体的受力分析，理解同一密度计在不同液体中受到的浮力是相等的。 6. 解决让柱形物体在不同液体中竖直漂浮的问题。 7. 推导密度计浸入各种液体中深度 h 的表达式；结合反比例函数及其图象，理解密度计刻度不均匀的原因；推导密度计两相邻刻度线间距 Δh 的表达式。（拓展性目标，培养学生的发散思维）
预计时长	预估18~35分钟。基础作业：18分钟；弹性选做作业：17分钟。

作业内容

一、实践制作前思考

问题 1：如何制作一支标准的密度计？

问题 2：如何让塑料吸管（或木棍）能竖直地漂浮在水中，利用了什么原理？

问题 3：如何在塑料吸管（或木棍）上标上刻度线？

设计意图

学生在思考中复习课堂中学习的密度计的相关原理，回忆课堂上教师演示的实验室密度计的使用过程。回忆时基础知识薄弱的学生可能存在一定的疑惑，在后面的实践制作密度计的过程中可以突破他们学习密度计的难点，达到豁然开朗的感觉；层次较好的学生在此过程中可以相对有把握地简单书写密度计的漂浮原理，在后续实践过程中，再逐步发散思维。

二、准备材料

一支粗细均匀的木棍（或长吸管或铅笔或玻璃管）、细金属丝（或橡皮泥）、食盐、高水桶（或大塑料瓶）、刻度尺等。

设计意图

教师提供制作密度计应该准备的材料，节约学生的思考时间。本作业的重点是学生在制作密度计的过程中掌握相关原理，而不是在选择材料上浪费时间。

三、制作步骤

1. 在木棍一端缠绕一些细金属丝（或在铅笔、筷子、吸管的一端粘上一些橡皮泥）。

2. 取一桶清水将简易密度计放入清水中，密度计静止时，用记号笔标出液面在密度计上的位置，测出密度计浸入水中的深度。

3. 向水中加入不同量食盐并搅匀，重复步骤 2 的操作。

设计意图

学生根据该制作步骤完成作业，可以保证基础层次较弱的同学能完成简易密度计的制作。

四、实践制作后思考并回答

1. 忽略金属丝或橡皮泥的体积，你发现木棍在哪种液体中浸入液体的部分更长？密度计浸入液体的深度与液体密度有什么关系？

2. 制作的密度计的刻度线有什么特点？

3. 请完善密度计的使用原理。

设计意图

面向全体学生，驱动学生观察现象并思考问题既可以落实全体学生的物理基础，对于基础层次较薄弱的同学可以在一定程度上提升他们学习物理的信心，对于基础层次较好的同学可以更好地将物理和生活结合起来。总的来讲，能培养学生继续学习的兴趣和信心，体验成功的优越感，使不同层次的学生在“可接受”范围内都学有所得。培养学生观察现象、实事求是的科学态度与责任和勤于思考、善于总结的科学精神。

4.（弹性选做）选用完全相同的木棍，并在木棍底端缠绕不同质量的金属丝（或橡皮泥）再做一支简易密度计。仿照上次实验并测量木棍浸入液体的深度，根据两次收集到的密度计浸入深度和液体密度的数据画出图象。

5.（弹性选做）想一想：怎样减小刻度的误差？

6.（弹性选做）能不能写出你所制作的密度计的产品说明书？如何进行产品推广说明？怎样写实验报告？

设计意图

在重视规律的基础上，发展创新，尊重学生在学习中的差异性，促进其个性化发展。

五、请你录制视频上传到家校本，并仔细听老师对你的点评。

参考答案

一、实践制作前思考

提示：密度计是根据漂浮原理制作的，即 $F_{浮}=G$。当 $F_{浮}<G$ 时，密度计就会往下沉。学生们在遇到这样的情形时，往往是所用配重过重造成的。

为了选择合理的配重，且能够很容易地使密度计“浮”起来，有以下两种方法：方法一可以通过快速调节金属丝的多少完成配重的选择，且较容易调节密度计浸入液体中的体积大小；方法二，通过增减橡皮泥实现目标。

四、实践制作思考并回答

1. 液体密度越大，密度计浸入液体中的深度越小。

2. 第一，刻度不均匀；第二，密度较大的区域刻度密集，密度较小的区域刻度变化显著，即“上小下大，上疏下密”。（学生回答出上小下大即可，对于学有余力的同学要求回答完整）

3. 基础答案：

密度计在液体中处于漂浮状态，自身的重力等于液体对密度计的浮力，即 $G=F_{浮}$，根据阿基米德原理有 $F_{浮}=\rho_{液}gV_{排}$。

因为密度计的重力 G 不变，所以密度计所受浮力大小不变。当液体密度 $\rho_{液}$ 越大时，$V_{排}$ 越小。故密度计上边刻度小，下边刻度大。

拓展答案：

（1）给水的密度标记刻度。

将简易密度计放入水中，让吸管竖直漂浮，吸管静止时，用油性记号笔在吸管和水面的交界处作好标记，即为水的密度值 1.0 g/cm^3，用刻度尺测量标记处到管底处的深度，记作 H。

（2）给其他液体的密度标记刻度。

设吸管的横截面积为 S，测出吸管浸入水中的深度为 H，浸入其他液体中的深度为 h，因漂浮时密度计所受的重力和浮力相等。

在水中漂浮时，$F_{浮水}=G=\rho_{水}gV_{排_1}=\rho_{水}gSH$。

在其他液体中漂浮时，$F_{浮液}=G=\rho_{液}gV_{排_2}=\rho_{液}gSh$。

由以上两式可得：$h=\dfrac{\rho_{水}H}{\rho_{液}}$。

根据上式的数量关系，只要将液体的密度值代入上面的式子中，即可求出该密度值所对应的深度 h，从而可以对简易密度计进行标度。

4. 略。

5. 不同的密度计刻度线有差异：粗且轻的密度计刻度线之间的间隔小，相对密集；细且重的密度计刻度线之间的间隔相对较大。因此，要使测量结果更精确，宜选用细且重的密度计。

6. 提示：从原理的阐述、取材的合理性、刻度标注的准确程度、制作的精美度等方面，引导学生自我评价和相互评价，充分肯定学生的学习热情和优点。

作品点评

本作品以学生所学的浮力知识以及物体的浮沉条件为基础，设计了制作密度计的实践制作类作业。实践制作类作业，丰富了物理作业的形式，激发了学生的好奇心和求知欲，作业应服务于教学，有效弥补纸笔类作业的不足。不仅帮助学生深化对物理知识的理解和应用，还可以作为学生自主探究比较液体密度大小的活动器材。《课程标准》中强调物理课程应使学生“有将科学技术应用于日常生活、社会实践的意识”，明确说出了“运用物体的浮沉条件说明生产、生活中的一些现象”，有效搭建了浮力和生产、生活联系的桥梁。

作品亮点：作品设计项目比较完整，从准备到最后的制作成功及反思，任务清单清晰有条理，指向明确，重视了学习能力的提升，关注了全体学生的发展，全面阐释了做和学的不可分割性。

专家建议：对于成果再进行评价会更好，引导学生能够不断改进，实现由遵从命令到自我导向的转变。时间预设较短，在20分钟左右完成的可能性不大。

第三类 单元作业设计

9. 质量与密度

太原市迎泽区朝阳初级中学校 郝兵兵 李 倩 员金霞 任爱梅 曲 毅

电子作品扫码下载

特等奖作品

作品信息

作业类型	单元作业
适用章节	人教版八年级上册 第六章
设计理念	结合《课程标准》、学情、物理学科核心素养的要求和我校大单元教学深度学习等理论，确定了本单元作业目标及分课时作业目标，结合学生学情和最近发展区理论确定作业难度，分基础类、能力类、探究类、实践类、反思类五个类型进行作业，丰富的作业类型提高了学生完成物理作业的兴趣，采取分层设计也适应了学生不同的认知特点。提倡学生自主选择作业内容，能培养学生自主管理时间的能力，反思类作业侧重引导学生在完成作业的过程中学会自我评价和反思改进，形成自我意识。实践类作业学生可以直面生活真实任务情境，解决问题，发展多种能力，促进学生全面发展，为学生未来奠定基础。
设计目标	1. 知道质量的概念、单位及其换算。 2. 会用天平测量固体和液体的质量。 3. 归纳出质量是物体的一种属性。 4. 经历实验探究，能用比值定义法建构密度的概念。 5. 知道密度公式、单位，熟练运用密度公式进行计算。 6. 分析实例，理解密度是物质的一种性质。 7. 会用量筒测量固体和液体的体积，体会理解等量替换法。 8. 会测量固体和液体的密度，能设计方案并评估实验结果，完成实验报告。 9. 知道温度对密度的影响。 10. 在实践活动中，搜集、筛选、整理材料，能利用密度知识解决实际问题，发展物理建模能力。 11. 在实践活动中，对质量、体积、密度的大小有感性认识，有估测意识。 12. 养成严谨的科学态度与协作精神，发展科学探究能力和创新实践能力。
预计时长	必做题：每课时 10~20 分钟。 选做题：依据学生个人能力，两周内阶梯下发。

作业内容

第一部分　单元整体作业

一、基础类

1. 关于质量和密度，下列说法正确的是　　　　　　　　　　　　（　　）

A. 从地球带到太空中的铅笔能“悬浮”于舱内，是由于质量变小了

B. 同种物质的状态发生变化，质量和密度均不变

C. 水从 0 ℃升高到 4 ℃的过程中，密度逐渐变小

D. 氧气罐中的氧气用去一半，密度减小一半

2. 用天平测量一石块的质量，天平平衡时所用砝码及游码如图甲所示，则石块的质量为________g。将该石块放入盛有 30 mL 水的量筒中，液面位置如图乙所示，图中读数时视线正确的是________（填“a”“b”或“c”），石块的密度是________kg/m^3。

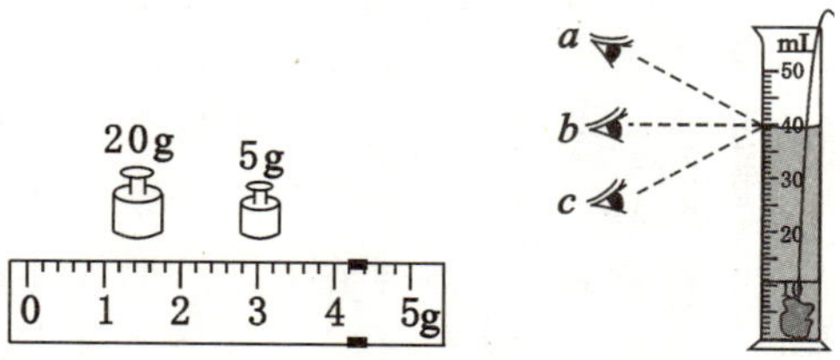

甲　　　　　乙

3. 小亮帮妈妈洗菜时，发现茄子漂在水面上。他想：“茄子的密度是多大呢?”他用天平和量筒测定茄子的密度，请你和他一起完成实验。

（1）将天平放在__________上，把游码放到标尺左端的________处，当横梁稳定时，指针偏向分度盘的右侧，要使横梁平衡，应将平衡螺母向________调。

（2）切取一小块茄子，用调节好的天平测出它的质量 m；在量筒中倒入适量的水，测出水的体积 V_1；用细铁丝将茄子块压入量筒的水中，并使其浸没，测出水和茄子块的总体积 V_2。茄子块密度的表达式为________。

（3）因为茄子具有吸水性，用上述方法测出的茄子块的体积________，茄子块的密度________。（填“偏大”或“偏小”）

设计意图

1. 针对目标 1、目标 3、目标 4、目标 6、目标 9，结合生活情境，有效调动学生的学习兴趣；题目选项由易到难，激发学生的挑战欲望；落实巩固基础知识，为后续的知识应用（测量物体的密度）做准备。

2. 针对目标1、目标5、目标7，利用天平和量筒测量石块的密度，培养学生的实践操作能力；落实运用密度公式进行的简单计算的基础，能熟练应用等效替代法。

3. 针对目标8、目标12，通过创设测茄子密度的真实情境，让学生经历利用天平、量筒测量茄子密度的实验探究过程，提升学生对实验现象和物理规律的理解；通过分析实验误差，提升学生科学推理的思维能力，培养学生科学探究的能力和严谨的科学态度。

二、能力类

在一次家庭聚会中，小明的爷爷制作了三个大小不同、外观镀有相同颜色的实心金属小球，并在球上刻有对晚辈祝福的话，要分别送给小明和他的两个妹妹。爷爷对小明说，三个小球中两个材质相同的送给妹妹，另一个材质不同的送给小明，要小明自己想办法找出。请你设计实验，帮助小明找出这个小球。

（1）实验器材：__________________________。

（2）实验步骤：__________________________。

（3）实验结论：__________________________。

* 设计意图

针对目标10、目标11，创设物质鉴别的真实任务情境，兼顾兴趣性和挑战性，能够有效调动学生的积极性和挑战欲望。学生需要将生活问题进行抽象概括建立物理模型，利用密度知识解决生活实际问题。有效落实密度这一物质概念，还可以强化学生利用密度知识解决生活实际问题的兴趣和意愿，引导学生认识到在生活中解决问题的实际应用。

三、（选做题）探究类

1. 请你去超市购买一瓶矿泉水，观察瓶身并记录你认为有用的数据。
2. 利用身边的器材自主实验，测量瓶中矿泉水的密度，书写实验报告。
3. 在第2题的基础上，设计一个测量家中酱油密度的实验方案。

* 设计意图

针对目标10、目标11、目标12，创设进入社会的实践任务，学生在生活中学会观察体验，搜集整理数据，利用身边的物品，自己设计完成实验，完成实验报告，在做中学，能提高科学实验探究能力。并能深切体会到利用物理知识解决实际问题的乐趣，真正感知学习本身的意义。采用进阶式、梯度式任务设计，有效降低学生思维难度。

四、（选做题）实践类

（一）如何挑选牛奶

1. 自由组成 4 人小组，请你和同伴一起去超市调查市面上不同品牌不同类型牛奶的配料、营养成分等，形成调查表。

2. 利用身边的器材自主实验，测量两款蛋白质含量不同的牛奶的密度。

3. 你认为在生活中如何选择合适的牛奶食用，请提出一些合理化的建议。

（二）矿产总量估算

锂资源素有“白色石油”之称，是一种极其稀有的白色轻金属资源。随着新能源产业的发展，锂资源需求量急剧增加。中国科学院地质与地球物理研究所在喜马拉雅琼嘉岗地区发现了超大型锂矿。该位置地表露头情况很好，可以清楚地看到长度、宽度和地表露头落差。请你们小组为科研人员设计一个方案，估算该矿体中锂矿资源的含量。

* 设计意图

1. 针对目标 10、目标 11、目标 12，通过在课余时间小组实践调查，给予学生充足的思考、合作和探究的时间，从生活中的现象中抽象出物理探究的问题，发展物理建模能力、获取信息、处理信息、解决问题的能力和培养团队合作意识等核心素养，实现全面育人的目标。

2. 针对目标 10、目标 12，通过设置原始物理问题情境，学生经历假设、抽象等手段获取所需变量建构物理模型。发展学生物理建模能力。

五、反思类

1. 梳理本单元知识，画一张思维导图，并寻找与以往所学知识的联系，融入你的知识体系。

2. 汇总本次作业自己表现好的地方和下次需要改进的地方。

3. 有什么问题需要进一步请教教师？

4. 通过学习本单元，从物理学角度与同学交流密度与人类生产生活的关系。

作业评价					
目标达成度					
作业愉悦度					
时间掌控度					
注意力集中度					

★设计意图

1. 通过梳理本单元知识，建立思维导图，将知识结构化，内化嵌入到学生自己的知识体系，形成学生的学科知识结构（物理观念）。

2. 学生在自我纠错、自我评价中，提高自主学习能力及元认知能力。

3. 学生将自己做题的感受真实地反馈给教师，教师可以根据学生不同的学习风格与认知特点设计差异性作业。

4. 帮助学生形成正确的观点和观念。

第二部分　课时作业

第一课时　质量

一、基础类

1. 决定一个物体质量大小的因素是　　（　　）

A. 物体所含物质的多少

B. 物体的形状

C. 物体的状态

D. 物体所在的空间位置

2. 在下列数字后面填上适当的质量单位。

（1）一名中学生的质量约为 50________。

（2）1 瓶酒的质量约为 500________。

（3）1 卡车煤的质量约为 5________。

（4）1 片药的质量约为 500________。

3. 如果把“1.32 kg”转换成用“g”作单位，下列换算过程正确的是　　（　　）

A. 1.32 kg=1.32 kg×1 000=1 320 g

B. 1.32 kg=1.32×1 000 kg=1 320 g

C. 1.32 kg=1.32×1 000 g=1 320 g

D. 1.32 kg=1.32×1 000=1 320 g

4. 小明在用天平测量物体质量的实验中，首先取来托盘天平放在水平桌面上，发现如图甲所示情况。

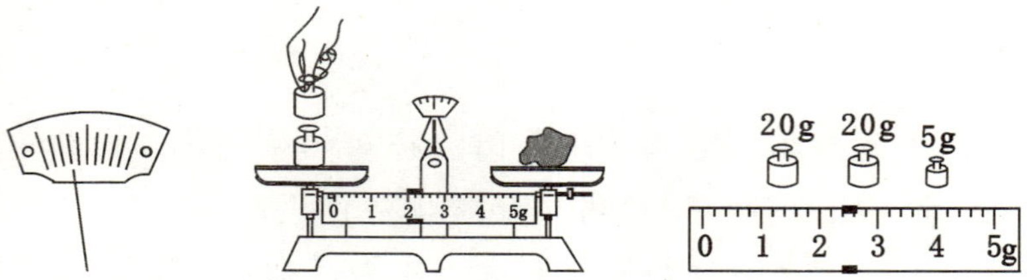

甲　　　　乙　　　　丙

（1）他应采取的措施是：①________；②________。

（2）天平调节平衡后，小明按图乙所示的方法来称量物体的质量，小华立即对小明说："你操作时至少犯了两个错误。"小华所说的两个错误是：①________；②________。

（3）小明虚心地听取了小华的建议，重新进行操作，在称量过程中，又出现了如图甲所示的情况，他接下来的操作是________。

（4）天平再次平衡后，所用砝码和游码的位置如图丙所示，那么小明所称量物体的质量是________g。

设计意图

1. 针对归纳出质量是物体的一种属性的作业目标，结合具体情境培养学生的理解应用能力，落实物体的质量不随物体的形状、温度、位置的变化而变化。

2. 针对知道质量的概念、单位及其换算，通过学生感兴趣的生活情境激发学生的学习欲望，落实对常见物体质量的估测。

3. 通过质量单位的换算，让学生熟悉常用单位间的换算关系。

4. 针对会用天平测量固体和液体的质量的作业目标，通过用天平测量固体质量的练习，培养学生严谨的科学态度和科学探究的能力，为落实测量固体和液体的密度做铺垫。

二、能力类

1. 下面是小明同学用托盘天平称量盐水质量的几个步骤：

A. 调节平衡螺母使横梁平衡

B. 将烧杯内的盐水全部倒出，称得此时空烧杯的质量 m_2

C. 将盛有适量盐水的烧杯放在左盘，称得烧杯和盐水的总质量 m_1

D. 将天平置于水平台上

E. 将游码置于标尺左端零刻度线位置

F. 将天平等器材整理好

①合理的顺序为：________。

②盐水的质量为：________。

③请你分析用这种方法测得的盐水的质量与真实值比较________（填“偏大”“偏小”或“不变”）。

2. 学习质量时，小明同学对“物体的质量不随物态的变化而变化”产生怀疑。请你利用冰设计一个实验，探究物体的质量与物态是否有关。

（1）实验器材：________________________。

（2）实验步骤：________________________。

（3）实验结论：________________________。

★设计意图

1. 针对会用天平测量固体和液体的质量的作业目标，通过用天平测量液体质量的练习，培养学生严谨的科学态度，落实测量液体质量时选择最优方案减小误差的考点。

2. 针对归纳出质量是物体的一种属性的作业目标，通过实验探究培养学生严谨的科学态度与协作精神，发展学生的科学探究能力和创新实践能力，落实物体的质量不随物体的状态的变化而变化。

三、（选做题）探究类

制作小杆秤，写一份实践报告。

（1）准备制作材料。

（2）制作小杆秤。

（3）玩一玩自己制作的小杆秤。（称一称自己喜欢的物体的质量）

★设计意图

通过制作小杆秤，称量常见物体的质量，培养学生严谨的科学态度、协作精神和动手操作能力，落实对质量的感性认识。

四、（选做题）实践类

自选一个大型超市调查至少二十种常用生活用品的质量，进行分类归纳，写一份调查报告。

★设计意图

在实践活动中，对质量有感性认识，有估测意识，通过去超市观察、称量，并收集常见物体的质量，培养学生观察、实践能力和团结协作精神，落实对常见物体的质量的估测。

五、反思类

1. 请你将本次作业中每个题考查的知识点写出来。
2. 收集错题，反思出错的原因，将纠错的过程讲给同学听。
3. 有什么问题需要进一步请教教师？
4.

作业评价					
目标达成度					
作业愉悦度					
时间掌控度					
注意力集中度					

★设计意图

1. 通过写出每个题考查的知识点，培养学生的概括能力，更好地落实本节课的知识点。

2. 通过给同学讲述自己出错的原因，提高表达能力，加深印象。

3. 培养学生自我评价意识，从而提高作业效率。

第二课时　密度

一、基础类

1. 一支粉笔用了一半，剩下的一半与原来的相比　　（　　）

A. 质量减小，体积减小，密度不变

B. 质量不变，体积减小，密度减小

C. 质量不变，体积不变，密度不变

D. 质量减小，体积减小，密度减小

2. 如图是甲、乙两种物质质量和体积的变化图象：

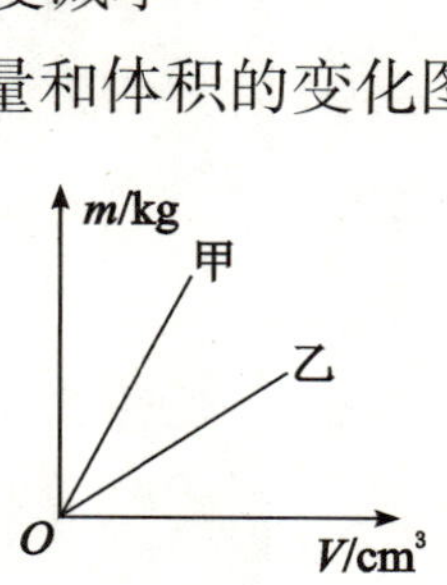

若取相同体积的甲、乙两种物质，则________的质量较大；
若取相同质量的甲、乙两种物质，则________的体积较大。

由图象还可以得出$\rho_{甲}$________（填“>”“<”或“=”）$\rho_{乙}$。

3. 现有一枚纪念币，它的质量为16.1 g，体积为1.8 cm^3。试求这种纪念币的密度。这种纪念币是金制成的吗？

设计意图

1. 针对分析实例，理解密度是物质的一种性质的作业目标，通过分析简单的生活情境，培养学生概念辨析及物理思维能力，落实理解密度的定义及物理意义。

2. 针对经历实验探究，能用比值定义法建构密度的概念的作业目标，根据老师的引导分析简单的图象，培养学生分析图象的能力，学会用正比例图象分析比较物质的密度。

3. 针对知道密度公式、单位，熟练运用密度公式进行计算的作业目标，基于真实的生活情境应用密度公式进行计算，培养学生的分析计算能力，会用密度公式解决简单的实际问题。

二、能力类

1. 一块冰熔化成水后，下列叙述正确的是 （　　）

A. 质量、体积、密度都变大　　B. 质量、体积、密度都变小

C. 质量、体积、密度都不变　　D. 质量不变，体积变小，密度变大

2. 分别由不同物质 a，b，c 组成的三个实心体，它们的质量和体积的关系如图所示，由图可知 （　　）

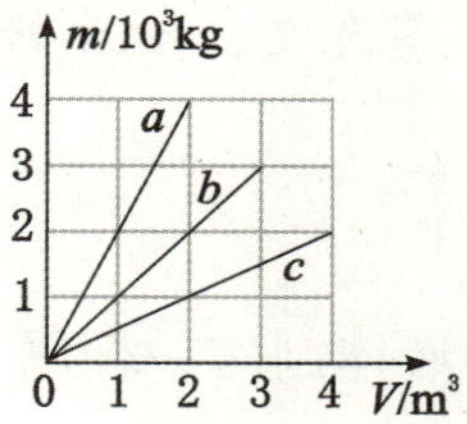

A. a 物质的密度最小

B. c 物质的密度最大

C. b 物质的密度是 1×10^3 kg/m^3

D. 条件不足，无法判断

3. 按照行业规定：白酒的度数是指气温在20 ℃时、100 mL酒中所含酒精的毫升数。请你根据行业规定计算某白酒厂生产的每瓶装“500 mL　39度”的白酒的质量是多少克？是否恰好是“一斤酒”？这种酒的密度是多少？（不考虑勾兑时体积变化，酒精的密度是 0.8×10^3 kg/m^3）

特等奖作品

★ 设计意图

1. 针对分析实例，理解密度是物质的一种性质的作业目标，通过分析复杂的生活情境，培养学生概念辨析及物理思维能力，落实理解密度的定义及物理意义。

2. 针对经历实验探究，能用比值定义法建构密度的概念的作业目标，通过分析复杂的图象，培养学生分析图象的能力，学会分析正比例图象，进一步理解密度的定义。体会图象在物理学中的应用。

3. 针对知道密度公式、单位，熟练运用密度公式进行计算的作业目标，基于较复杂的生活情境，应用密度公式进行计算，培养学生的分析计算能力，体会物理学与社会生活的联系，激发学生学习物理的兴趣。

三、（选做题）探究类

将装满水的瓶子，打开盖子放冰箱冷冻室冷冻一晚上，第二天拿出来后仔细观察有什么变化，描述实验现象，用所学的物理知识进行解释。

现象一：________________。

解释一：________________。

现象二：________________。

解释二：________________。

★ 设计意图

通过实验操作，养成严谨的科学态度，培养科学探究能力，学会观察与思考，学会用密度知识解释生活中的现象。

四、（选做题）实践类

用你家里的材料和密度不同的液体制作一杯属于自己的“鸡尾酒”，可以拍个视频或照片记录分享一下你成功的喜悦！

给你的“鸡尾酒”取个特别的名字：______。

1. 实验原理：__________。
2. 实验材料：__________。
3. 实验过程：__________。
4. 实验成功的经验与体会：__________。

★ 设计意图

通过制作“鸡尾酒”，对密度的大小有估测意识，培养科学探究能力和创新实践能力，体会密度与社会生活的联系。

五、反思类

1. 用自己喜欢的方式梳理本节知识。简单介绍你总结的特点。

2. 从完成作业的态度、解题方法和综合能力三方面总结本次作业中的不足与收获。

3. 有什么问题需要进一步请教教师？

4.

作业评价					
目标达成度					
作业愉悦度					
时间掌控度					
注意力集中度					

设计意图

1. 通过梳理本节知识，构建本节的知识框架。培养学生的总结概括能力，养成及时巩固复习的学习习惯。

2. 通过分析本次作业中的不足与收获，提高学生的自我评价意识，培养自主学习的能力。

第三课时　测量物质的密度

一、基础类

小梦在迎泽公园游玩时，捡到一些形状不规则的鹅卵石。为测量鹅卵石的密度，小梦和小组同学进行了如下实验。

1. 本实验的实验原理是________。把天平放在________。游码移到标尺左端的____________。横梁静止时，观察到指针偏向分度盘的左侧，为使横梁平衡，应将平衡螺母向________（填“左”或“右”）调节，使天平平衡。

2. 天平调节平衡后，用天平测量鹅卵石的质量，当在右盘放入最小的砝码后，指针指在如图甲所示的位置，接下来的操作应该是______________。

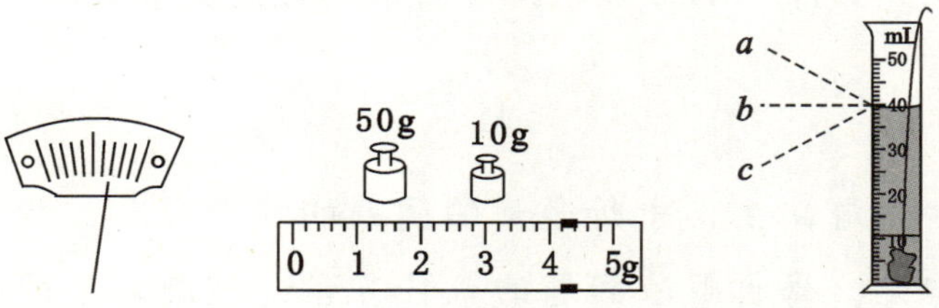

甲　　乙　　丙

3. 天平平衡后，放在盘中的砝码和游码在标尺上的位置如图乙所示，则鹅卵石的质量为________g。把鹅卵石放在装有 20 mL 水的量筒中后，量筒内的水面如图丙所示，则鹅卵石的体积是________m^3，密度是________kg/m^3。

★设计意图

1. 针对从整体到部分的作业目标，先考查本实验的设计原理，学生对测量物质的密度有一个整体的认识。落实测量密度的基础知识。

2. 通过练习，落实托盘天平的使用方法，突出作业的基础性。

3. 针对通过实验，理解密度的作业目标，通过练习，落实量筒的使用方法，培养运用已知条件来测量物质的密度的能力。

二、能力类

1. 该鹅卵石去掉一部分后它的密度将________（填“变大”“变小”或“不变”）。

2. 实验中，使用细线是因为细线的体积可以忽略，若细线的体积不可以忽略，所测鹅卵石的密度将________（填“偏大”或“偏小”）。

3. 实验中发现鹅卵石放在水中时会吸水，用此测量方法测得鹅卵石的密度值与真实值相比会________（填“偏大”或“偏小”）。

★设计意图

学生通过思考知道密度是物质的一种属性。落实取样法来测量物质的密度。

针对问题与实际生活相联系的作业目标，学生通过积极的思考，锻炼自己的思考能力，应用已有的知识来判断物质的密度将会如何变化，进而培养分析问题和解决问题的能力。

三、（选做题）探究类

1. 鹅卵石放在水中时会吸水，针对测量出现的问题，请你提出一条解决问题的办法。

2. 有同学在实验的时候，不小心把量筒打碎了，请大家开动脑筋，利用生活中的物品，设计测量鹅卵石体积的方案，比比看谁的方法更准确。

★设计意图

针对运用所学知识解决生活中所遇到的问题的作业目标，学生积极思考，主动参与、进行分析和归纳，得出解决问题的最佳方案，既培养了学生的实验动手操作能力，同时也培养了学生的小组合作能力。

四、(选做题)实践类

我们每天早晨喝的牛奶密度是多少呢？请大家小组合作，利用我们生活当中简单易得的物品，尝试测量牛奶的密度。(可以采用作图方式呈现，也可以采用录视频的方式呈现)

* 设计意图

针对物理来源于生活，又服务于社会的作业目标，用本节所学的知识，尝试测量生活中液体的密度，落实测量物质密度的基础知识，同时也将知识应用于生活中。

五、反思类

1. 利用思维导图描绘这节课你学到了什么？
2. 通过这节课的学习，你还存在哪些问题？
3. 对自己想说的话：________________。
4. 对老师想说的话：________________。
5.

作业评价					
目标达成度					
作业愉悦度					
时间掌控度					
注意力集中度					

* 设计意图

引导学生反思学习过程，分析学习过程中的优点与缺点，寻找形成障碍与缺点的原因，使学习程序与方法简捷、有效，注重积淀适合自己的良好的学习方式，从学习中学会学习。

第四课时　密度与社会生活

一、基础类

1. 为进一步加强全体师生消防安全意识，全力普及消防安全知识，深入推进校园消防安全工作，每学期学校都会组织开展消防安全应急演练活动。当教室内发生火灾时，受困人员应采取弯腰甚至匍匐的姿势撤离，以尽量减少有害气体吸入人体，

这是因为燃烧产生的有害气体（　　）

A. 温度较低，密度较大

B. 温度较低，密度较小

C. 温度较高，密度较大

D. 温度较高，密度较小

2. 一定质量的水结成冰后，下列说法正确的是（　　）

A. 质量不变，体积变小，密度不变

B. 质量不变，体积变大，密度变小

C. 质量变小，体积变大，密度变小

D. 质量变大，体积变大，密度变小

3. 在生产和生活中，人们常以密度作为所选材料的主要考虑因素，如，用密度较小的铝合金作为飞机外壳的主要材料等。下面属于主要从密度的角度考虑选材的是（　　）

A. 用塑料做电源插座的外壳

B. 用塑料泡沫做成表演场景中滚落的“石头”

C. 用水作为汽车发动机的冷却液

D. 用橡胶做汽车轮胎

设计意图

1. 针对知道温度对密度影响的作业目标，结合具体情境，培养学生读题审题，会提取有用信息的能力。

2. 针对理解密度是物质的一种性质的作业目标，结合密度公式，达到学生能利用密度知识解释水的反常膨胀现象的目的。

3. 针对理解密度是物质的一种性质的作业目标，结合具体情境，提高学生对密度在生产、生活中应用的认识。

二、能力类

1. 水是生命的摇篮，生物体内的水分为65%~95%左右，许多物质必须溶解在水中才能进行化学反应，水还有运输营养和代谢废物的功能等。如图是在标准大气压下、质量为1 g水的“体积—温度”图象，以下说法正确的是（　　）

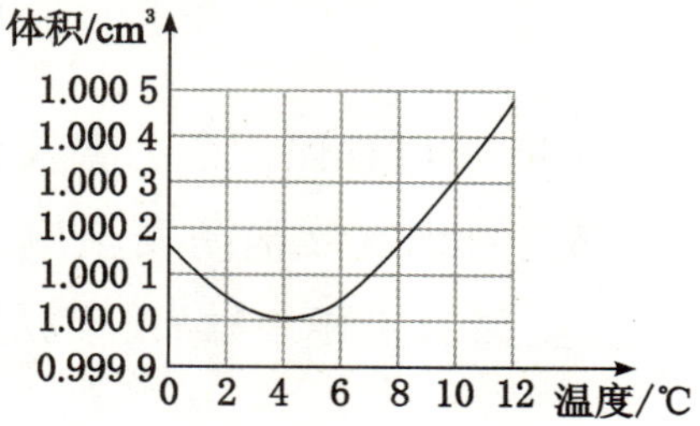

A. 在 4 ℃时，水的密度最小

B. 温度升高，水的密度不变

C. 1 ℃比 5 ℃时的水体积大

D. 水从 1 ℃升高到 8 ℃的过程中，体积一直变大

2. 2022 年北京冬奥会，我国自主研发制造的火炬“飞扬”汇聚了全世界的目光。而制作火炬筒身的主要材料，是一种高性能碳纤维。这种复合材料不仅实现了“飞扬”火炬“轻固美”的靓丽外形，也是保证火炬耐火抗高温，又能在极寒天气中使用的关键。

请你用所学的物理知识解释“飞扬”火炬选用高性能碳纤维材料大大减轻质量的原因。

★设计意图

1. 针对在实践活动中，能利用物理理论、密度知识解决实际问题的作业目标，落实培养学生利用密度公式以及图象计算、推断出水的密度特性的能力。

2. 针对在实践活动中，能利用物理理论、密度知识解决实际问题的作业目标，落实学生学会利用密度公式以及控制变量的思想来分析解释生产、生活中有关密度问题的能力。

三、（选做题）探究类

投掷铅球是中学生体育课程之一，一个铅球（注：铅球的材料由铁构成）的体积是 500 cm^3，质量是 3 kg，它是否是空心的？（已知 $\rho_{铁}=7.8\ g/cm^3$）

1. 思考：题目中的已知量有 $V=$________，$m=$________，$\rho=$__________。三个物理量都已知，那怎么来判断该球是否空心呢？三者之间存在矛盾吗？

2. 解决问题：

解法一（比较密度法）：____________________。

解法二（比较质量法）：____________________。

解法三（比较体积法）：____________________。

3. 若此球是空心的，空心部分的体积有多大？用以上三种方法中的哪一种来进行解决呢？

★设计意图

针对在实践活动中，搜集、筛选、整理材料，能利用密度知识解决实际问题的作业目标，通过设置相关情境以及思考引导提示，增强学生物理建模、利用密度公式解决实际问题的能力。

四、(选做题)实践类

在我们生活的周边有很多老旧小区需要进行暖气管道的维修更换，以应对寒冷的冬季对人们生活的影响。结合所学的密度知识，你有什么具体的建议，请完成以下调查报告。

关于小区暖气管道维修更换的调查报告	
调查目的：	
调查时间：	调查地点：
调查对象：	调查人员：
调查方法：	
调查过程（步骤）：	
调查结果（包括建议）：	

设计意图

针对在实践活动中，搜集、筛选、整理材料，能利用密度知识解决实际问题的作业目标，通过本次小组实践调查，培养同学们在合作过程当中严谨的科学态度与协作精神，发展科学探究能力以及创新实践能力。

五、反思类

1. 利用思维导图描绘这节课你学到了什么？（提示：密度在实际生活中可以解释哪些现象，有哪些具体应用，总结出解题思路）

2. 通过这节课的学习，你还存在哪些问题？

3. 对自己想说的话：________________。

4. 对老师想说的话：________________。

5.

作业评价	😊	😊	😊	😊	😊
目标达成度					
作业愉悦度					
时间掌控度					
注意力集中度					

设计意图

1. 通过画出思维结构导图，培养学生的概括能力，更好地落实本节课的知识点。

2. 通过同学讲述自己出错的原因，提高表达能力，加深对所学知识的印象。

3. 培养学生自我评价意识，从而提高作业效率。逐步培养、提高自身的物理学科素养。

参考答案

第一部分　单元整体作业

一、基础类

1. D

2. 29.2　b　2.92×10^3

3. (1) 水平台　零刻度线　左

(2) $\dfrac{m}{V_2-V_1}$

(3) 偏小　偏大

二、能力类

(1) 电子秤、自制溢水杯、水、小杯

(2) ①用电子秤分别测出小球和空小杯的质量，记作 m_1，m_2；

②在溢水杯中装满水，让其中一个小球浸没，将溢出的水收集到小杯中，用电子秤测出小杯和溢出水的总质量，记作 m_3；

③小球的密度 $\rho=\dfrac{m_1}{m_3-m_2}\rho_{水}$。

④用同样的方法分别测出另外两个小球的密度 ρ_1，ρ_2。

(3) 比较 ρ_1，ρ_2，ρ_3 的大小，其中密度不同的小球就是送给小明的

特等奖作品

三、探究类

见附件1。

四、实践类

（一）见附件2。

（二）见附件3。

第二部分　课时作业

第一课时　质量

一、基础类

1. A

2. 略。

3. C

4. （1）①将游码移到标尺左端零刻度线处　②将平衡螺母向右调节

（2）①用手拿砝码　②物体和砝码放反了托盘

（3）向右盘内增加砝码或向右移动游码

（4）47.4

二、能力类

1. ①DEACBF　②m_1-m_2　③偏小

2. （1）天平、烧杯

（2）用天平测量烧杯和冰的质量为 m_1；待杯中冰在室温下熔化后，用天平测量烧杯和水的质量为 m_2

（3）若 $m_1=m_2$，则物体的质量与物态无关；若 $m_1\neq m_2$，则物体的质量与物态有关

三、探究类

见附件4。

四、实践类

见附件5。

第二课时　密度

一、基础类：

1. A

2. 甲　乙　>

3. $\rho=\frac{m}{V}=\frac{16.1\ \text{g}}{1.8\ \text{cm}^3}\approx 8.9\ \text{g/cm}^3=8.9\times10^3\ \text{kg/m}^3$

查密度表可知此金属是铜。

二、能力类

1. D

2. C

3. 由题意，得“39 度”是指气温在 20 ℃时，100 mL 酒中所含酒精为 39 mL，则“500 mL　39 度”的白酒中含有酒精的体积为

$V_{酒}=39\ mL\times5=195\ mL=0.000\ 195\ m^3$。

酒精的质量为

$m_{酒}=\rho_{酒}V_{酒}=0.8\times10^3\ kg/m^3\times0.000\ 195\ m^3=0.156\ kg$。

“500 mL　39 度”的白酒中含有水的体积为

$V_{水}=500\ mL-195\ mL=305\ mL=0.000\ 305\ m^3$。

水的质量为

$m_{水}=\rho_{水}V_{水}=1.0\times10^3\ kg/m^3\times0.000\ 305\ m^3=0.305\ kg$。

白酒的质量

$m=m_{酒}+m_{水}=0.156\ kg+0.305\ kg=0.461\ kg=461\ g<500\ g$,

所以“500 mL　39 度”的白酒不恰好是“一斤酒”。

这种酒的密度为

$\rho=\frac{m}{V}=\frac{461\ g}{500\ cm^3}=0.922\ g/cm^3$。

三、探究类

现象一：瓶子里的水凝固后体积变大

解释一：瓶子里的水凝固后质量不变。根据公式 $V=\frac{m}{\rho}$，质量不变，但冰的密度小于水的密度，所以，在质量相同时，体积就会随密度的减小而增大，也就是水变成冰后体积变大

现象二：瓶子外边有小水珠

解释二：这是由于液化的原因。冰箱内很冷，冰箱外空气中温度较高的水蒸气遇到温度较低的瓶子液化成小水珠，附着在瓶子的外表面。

四、实践类

见附件 6。

第三课时　测量物质的密度

一、基础类

（1）$\rho=\frac{m}{V}$　水平台上　零刻度线处　右

（2）取下最小的砝码，向右调节游码

（3）64.2　0.02　3.21×10^{3}

二、能力类

1. 不变

2. 偏小

3. 偏大

三、探究类

1. 将鹅卵石用薄塑料膜包裹。（合理即可）

2. 准备两个相同的杯子，并用电子秤测出杯子的质量。将小木块垫在其中一个杯子下，在杯中倒满水，然后将鹅卵石放入杯子中，用另一个杯子，承接溢出来的水。测出杯子和水的总质量，则鹅卵石的体积就是溢出的水的体积。

四、实践类

从牛奶盒上读出牛奶的体积 V，用电子秤称出杯子的质量，再把牛奶全部倒入杯子中，测出牛奶和杯子的总质量，进而求出牛奶的质量 m，根据密度的公式，求出牛奶的密度 $\rho=\frac{m}{V}$。

见附件 7。

第四课时　密度与社会生活

一、基础类

1. D

2. B

3. B

二、能力类

1. C

2. 由 $\rho=\frac{m}{V}$ 可知 $m=\rho V$，在火炬体积一定时，采用密度更小的高性能碳纤维材料，将大大减轻火炬的质量。

三、探究类

1. $500\ \text{cm}^3$　$3\ \text{kg}$　$7.8\ \text{g/cm}^3$

2. 解法一：$\rho=\frac{m}{V}=\frac{3\times10^{3}\ \text{g}}{500\ \text{cm}^{3}}=6\ \text{g/cm}^3<7.8\ \text{g/cm}^3$，因此该球是空心。

解法二：$m=\rho V=7.8\ \text{g/cm}^3\times500\ \text{cm}^3=3\ 900\ \text{g}=3.9\ \text{kg}>3\ \text{kg}$，因此该球是空心。

解法三：$V=\frac{m}{\rho}=\frac{3\times10^{3}\ \text{g}}{7.8\ \text{g/cm}^{3}}\approx384\ \text{cm}^3<500\ \text{cm}^3$，因此该球是空心。

3. 用解法三进行解决，$V=V_{总}-V_{实}=500\ cm^3-384\ cm^3=116\ cm^3$。

四、实践类

见附件8。

作品点评

本作品分基础类、能力类、探究类、实践类、反思类五个类型进行作业设计，采取分层设计也适应了学生不同的认识特点，丰富的作业类型提高了学习物理学科的兴趣。其中反思类作业着重引导学生在完成作业的过程中学会反思改进。实践类作业学生可以直面生活真实任务情境，解决问题，提高综合分析问题的能力。

作品亮点：作品设计具有逻辑性、梯度性，综合考虑各个方面，兼顾问题导向和目标导向，很好地落实学科素养培养的目标；学生通过对单元作业练习，能实现思维能力的螺旋式上升，有效促进学生对物理概念的建构，形成对质量和密度是物质的一种属性的理解，提升了学生的科学思维能力，通过对天平的使用和测量物体的密度，很好地培养了学生们的科学探究能力和科学态度与责任。真正能实现在大单元教学的引领下抓特征、究规律、巧应变、提能力的目的。

专家建议：习题内容在编写或者改编过程中题干和设问有前后不一致的情况出现，习题和设问融合度不是很高。

特等奖作品

附件 1

实验报告

班级：196　　报告人：王璐熙，时间：2022年3月1日.

实验器材：电子秤，一瓶矿泉水

实验原理：$\rho=\frac{m}{V}$

实验步骤：①记录一瓶矿泉水的体积V_1；

②再将水放在电子秤上称出质量m_1；

③然后将水倒了，称出瓶子的质量m_0；

④计算水的密度$\rho_水$；

实验数据：

① $V_1=550\ mL=550\ cm^3$

② $m_1=0.58\ kg=580\ g$

③ $m_0=0.03\ kg=30\ g$

实验结论：

水的密度：$\rho_水=\frac{m_1-m_0}{V_1}=\frac{580\ g-30\ g}{550\ cm^3}=\frac{550\ g}{550\ cm^3}=1\ g/cm^3$

朝阳中学 第六单元 质量与密度单元实践类作业单

作业目标：

观察记录数据，自己设计方案,测量生活中酱油、醋、盐、牛奶等物品的密度，评估实验结果和实验方案，学会测量固体和液体的密度，养成严谨的科学态度与协作精神，发展科学探究能力、创新实践能力。

实践活动 1：

1.请你去超市购买一瓶矿泉水，观察瓶身并记录你认为有用的数据；

2.利用身边的器材自主实验，测量瓶中矿泉水的密度，书写实验报告；

3.在 2 题的基础上，设计一个测量家中酱油密度的实验方案。

活动过程：（附过程性资料和照片或者视频）

1. 我记录的数据：一瓶水体积:550mL 质量:0.58kg 水瓶:质量:0.03kg
2. 实验报告见附件
3. 测量酱油的方案如下：①在电子秤上放上矿泉水瓶,记录瓶子质量为m_0;

②在一个矿泉水瓶中放满了酱油,记录矿泉水瓶体积为V_1;

③放在电子秤上记录出放了酱油的矿泉水瓶的质量为m_1;

④计算酱油的密度：$\rho_{酱油}=\frac{m_1-m_0}{V_1}$

特等奖作品

特等奖作品

附件 2

朝阳中学 第六单元 质量与密度单元实践类作业单

作业目标：

利用课余时间小组实践调查，牛奶种类配料等信息，从生活中的现象中抽象出物理探究的问题，自己设计方案,测量牛奶密度，发展物理建模能力、获取信息、处理信息、解决问题的能力和培养团队合作意识等核心素养。

实践活动 2：

如何挑选牛奶？

1.自由组成 4 人小组，请你和同伴一起去超市调查市面上不同品牌不同类型牛奶的配料、营养成分，撰写比较规范的调查表；

2.利用身边的器材自主实验，测量两款蛋白质含量不同的牛奶的密度；

3.你认为在生活中如何选择合适的牛奶食用，请提出一些合理化的建议？

活动过程：（附过程性资料和照片或者视频）

牛奶	牛奶质量 m/g	牛奶体积 V/cm³	牛奶密度 ρ/(g/cm³)
豆本豆	250	250	1
伊利	250	200	1.25

豆本豆牛奶	水，大豆（非转基因），白砂糖	蛋白质：2.5g 脂肪：1.7g 胆固醇：0mg	碳水化合物 7.2g 能量：228kJ
臻浓牛奶	生牛乳，无水奶油；单，双甘油脂肪酸酯	能量：311kJ 蛋白质：3.3g 脂肪：4.6g	碳水化合物：5.0g
特仑苏纯牛奶	生牛乳	能量：309kJ 蛋白质：3.6g 脂肪：4.4g	碳水化合物：5.0g
伊利牛奶	生牛乳	能量：274kJ 蛋白质：3.0g 脂肪：3.8g	碳水化合物：4.8g

附件 3

朝阳中学 第六单元 质量与密度单元实践类作业单

作业目标：

查阅相关资料，了解我国超大型锂矿发现的相关信息，经历假设、抽象等手段获取所需变量建构物理模型。发展学生物理建模能力。

实践活动 3：

矿产总量估算

锂矿，素有“白色石油”之称，是一种极其稀有的白色轻金属资源。随着新能源产业的发展，锂资源需求量急剧增加。日前，中科院地质与地球物理研究所在喜马拉雅琼嘉岗地区发现了超大型锂矿。该地表露头情况很好，可以清楚的看到长度、宽度和地表露头落差，请你们小组为科研人员设计一个方案，估算该矿体中氧化铝资源含量可以达到多少吨？

估算方案： 先用可以测量的长度，宽度，地表露头落差(即高度)

相乘算出体积.

再从矿石中砸下来一小块去测量密度.

将密度和体积相乘就可以算出质量了.

附件 4

活动过程：

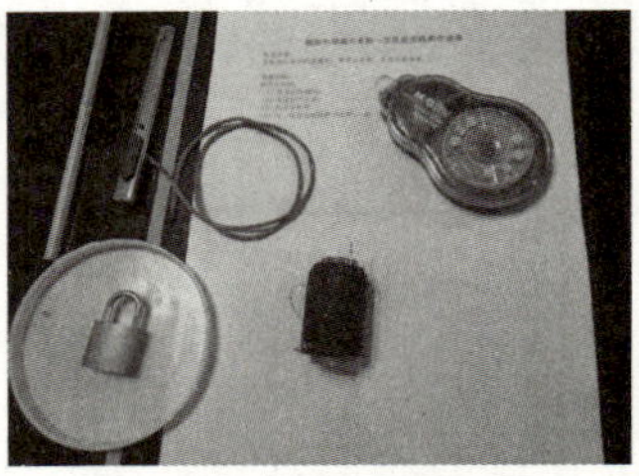

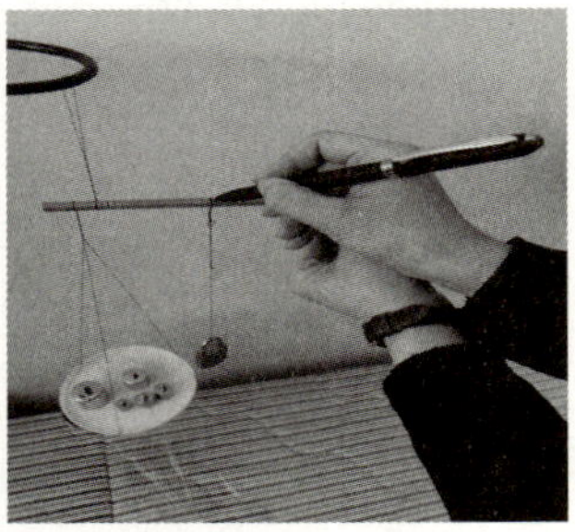

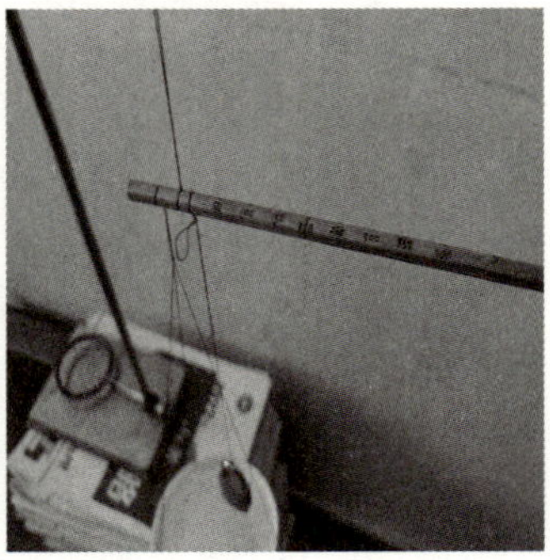

朝阳中学第六单元第一课时质量实践类作业单

作业目标：

利用生活中的器材制作小杆秤，并称量常见物体的质量，发展动手实践能力。

实践活动 1：

制作小杆秤。
（1）准备制作材料；
（2）制作小杆秤的步骤；
（3）玩一玩自己制作的小杆秤。（称一称自己的喜欢的物体的质量）

活动过程：

一、准备制作材料：托盘、美工刀，细线、铅笔，针、锁、砝码一盒、笔、刻度尺.

二、制作过程：1. 用美工刀在托盘上扎3个小孔做称盘；

2、截出等长的三根细线；

3. 用针穿线分别系在3个孔上；

4. 把三条线系在一起；

5. 在铅笔上用美工刀刻出两个槽，

6. 靠近称杆左端1cm处挂上称盘，挂称盘位置靠右1cm处系上做秤的提手；

7. 用细线拴住锁做为称砣，挂在秤杆上，找到定盘星在秤杆上刻上记号，标上"0".

8. 在称盘上放200g砝码，向右移动称砣，称杆平衡时做200g的标记。

用刻度尺测量到200g的标记的距离，找到400g的位置标上"400".

9. 在"0"～"400"之间平均分成8等份，称杆上标上单位"g"这样一个量程是0～400g的杆称就做好了。

三、称量喜欢的物体的质量。

① 中性笔　大约　12g.

② 三角尺　大约　8g.

③ 圆规　大约　50g.

④ 修正带　大约　36g.

202班　曾子俞　曾子谊

附件 5

活动过程：

王致和
WANGZHIHE
大块腐乳
9.90

BIG
大食桶

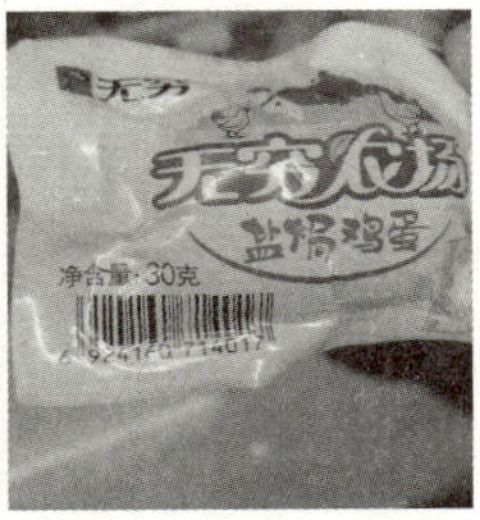
盐焗鸡蛋
净含量：30克

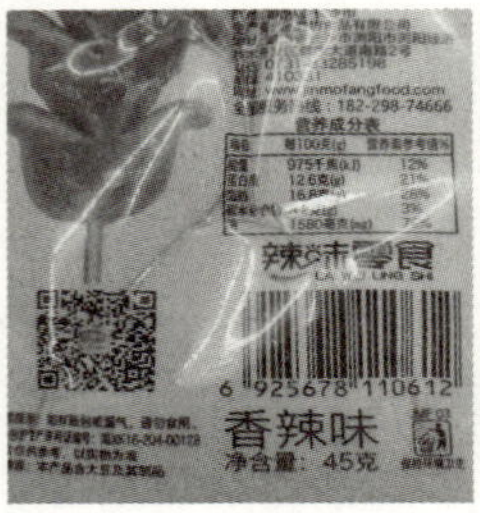
营养成分表
辣味零食
6 925678 110612
香辣味
净含量：45克

韩式火鸡拌面

枫糖甘栗仁
净含量
120g

蟹黄味瓜子仁
三只松鼠
Three Squirrels

精
制
盐
净含量：400g

飞鹤
较大婴儿配
(6-12月龄

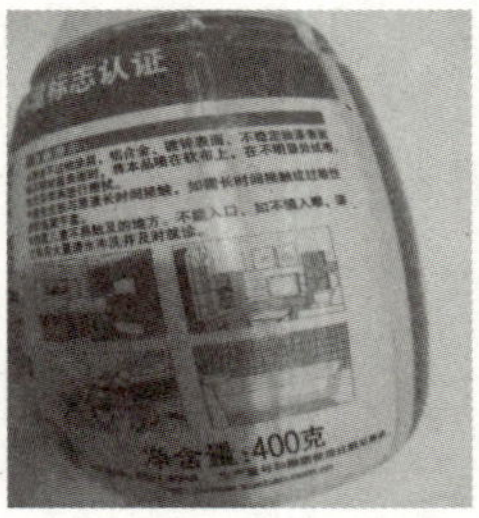
净含量：400克

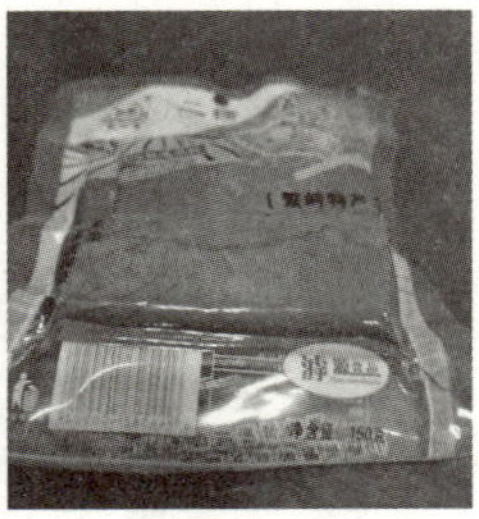

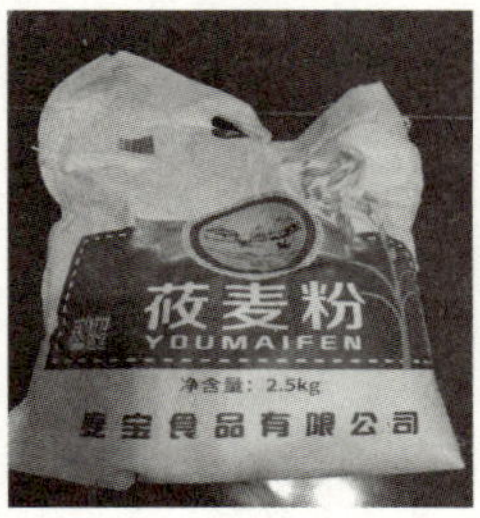
莜麦粉
YOUMAIFEN
净含量：2.5kg

POWER
活力28

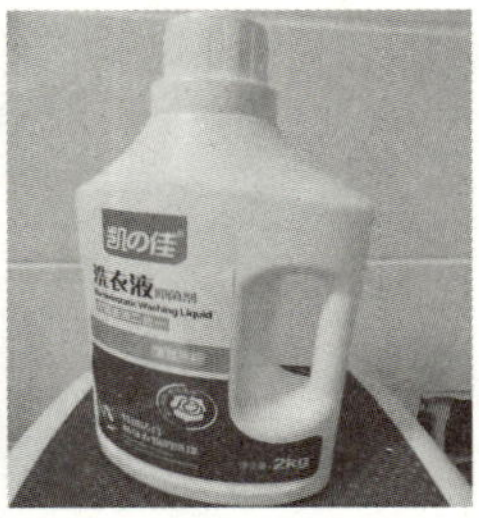
洗衣液

特等奖作品

朝阳中学第六单元第一课时质量实践类作业单

作业目标：

通过去超市观察、称量、并收集生活中常见物体的质量，对质量有感性认识，有估测意识。

实践活动 2：

自选一个大型超市调查至少二十种常用生活用品的质量，进行分类归纳，写一份调查报告。

活动过程：

随着对质量的学习，我们已经对质量有了一个初步的认识。为了加深对质量的认识，我们开展了本次活动。

我们首先找到某大型超市，随后前往进行观察、拍照，收集物体的质量，并且对部分的文具进行了称量。以下为调查结果。

类别 物品	食品				药品		文具	
	盐焗鸡蛋	30g	开口松子	250g	头孢	50mg/袋	中性笔	10g
	辣味零食	45g	橙汁	260g	阿奇	0.1g/袋	三角尺	9g
	铁板鱿鱼	60g	水果	300g	黄郡隆敏	2g/袋	物理书(上册)	252g
	拉面	93g	螺蛳粉	310g	布洛芬	0.2g/袋	物理书(下册)	196g
	瓜子仁	120g	乳豆腐	340g	风热颗粒	10g/袋	圆规	50g
	火鸡拌面	133g	盐	400g	罗红霉	150mg/袋	修正带	36g
	方便面	145g	奶粉	708g				
	豆腐干	150g	饼干	1.5kg				
	骆驼贝	250g	莜麦粉	2.5kg				

通过本次实践，我们对质量的认识更深刻了，有了估测意识。

202班　郭佳荣　曾子瑜　曾子瑄

赵嘉博　马仕博　郭子豪

特等奖作品

附件 6

密度实践类作业单

《6.2 密度》实践类作业：

班级：192 姓名：武[illegible]

制作“鸡尾酒”：

用你家里的材料和密度不同的液体制作一杯属于自己的“鸡尾酒”吧，可以拍个视频或照片记录分享一下你成功的喜悦！

给你的“鸡尾酒”取个特别的名字吧：

赤焰

1. 实验原理：

利用液体的密度不同.

2. 实验材料：

杯子.

勺子.

雪碧

红酒

3. 实验过程：

将雪碧倒入杯中，用勺子做引流，让红酒沿勺子缓慢流下，取出勺子，观察现象.

4. 实验成功的经验与体会：

经过这次实验，我可以知道雪碧的密度比红酒大，且在做实验的过程也感受到了很多乐趣.

【参考】：搜索关注“STEAM 综合实践家”或搜索“趣味密度小实验”。

【特别提示】特别提示：安全起见只观赏不要喝。

RIC

雪碧

附件 7

朝阳中学 6.3 测量物质的密度实践类作业单

作业目标：

学会用密度公式来测量物体的密度。培养学生的动手操作能力以及思维能力。

实践活动：

1.我们每天早晨喝的牛奶密度是多少呢？请大家小组合作，利用我们生活当中简单易得的物品，尝试测量牛奶的密度。(可以采用作图方式，也可以采用录视频的方式)

活动过程：

1. 我记录的数据： $V=240mL$ $m_1=9两=450g$ $m_2=650g$
2. 实验报告见附件
3. 测量酱油的方案如下：

(1) 从牛奶外包装上读出牛奶的体积为 $V=240mL$.

(2) 把杯子放在体重秤上测出杯子的质量为 $m_1=450g$.

(3) 把牛奶全部倒入杯子中，测出牛奶和杯子的总质量

$m_2=650g$

(4) 根据 $\rho=\frac{m_2-m_1}{V}$ 得 $\rho_{奶}=\frac{650g-450g}{240mL}=0.83g/cm^3$

附件 8

关于小区暖气管道维修更换的调查报告	
调查目的：在我们生活的周边有很多老旧小区需要进行暖气管道的维修更换，以应对寒冷的冬季对人们生活的影响。结合所学的密度知识，你有什么具体的建议。	
调查时间：2021.9.23	调查地点：水峪小区
调查对象：暖气管道	调查人员：王嘉玉、连佳琪、郝依娜
调查方法：文献调查法、访问调查法	
调查过程（步骤）： ①询问物业管理人员关于暖气管理维修更换的相关内容. ②实地考察，观察暖气管 ③发现某些暖气管结冰，由于冰的密度小，将暖气管撑坏，导致它的保温效果变差，造成水泄露、流失，还会塌陷，形成安全隐患	
调查结果（包括建议）： 将暖气管换成保温效果好，强度高，使用寿命长的材料，并定期检查、维修	

提示：
1、资料搜索：360 问答，百度文库等。
2、资料示例：（见右图）
3、调查建议：可以向小区物业管理人员咨询相关暖气管道的维修更换的有关事宜。

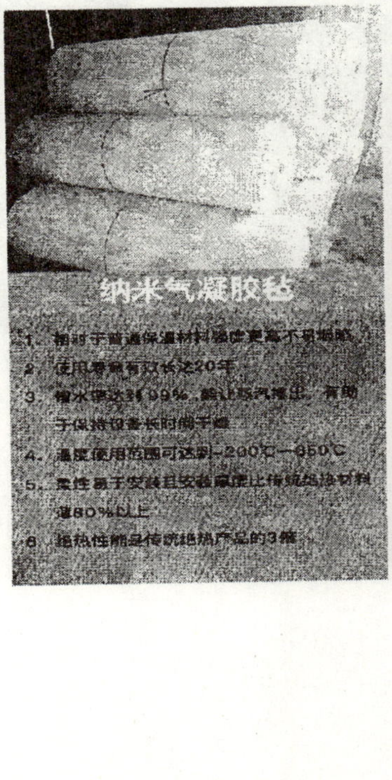

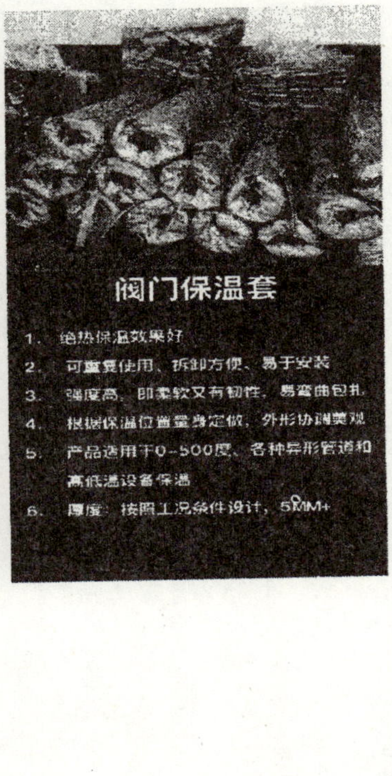

<table>
<tr><th colspan="2">关于小区暖气管道维修更换的调查报告</th></tr>
<tr><td colspan="2">调查目的：在我们生活的周边有很多老旧小区需要进行暖气管道的维修更换，以应对寒冷的冬季对人们生活的影响。结合所学的密度知识，你有什么具体的建议。</td></tr>
<tr><td>调查时间：2022年12月8日</td><td>调查地点：东旭小区</td></tr>
<tr><td>调查对象：小区三号楼二单元住户</td><td>调查人员：郭佳昕、苏文慧、梁维凤</td></tr>
<tr><td colspan="2">调查方法：采访</td></tr>
<tr><td colspan="2">调查过程（步骤）：
对每户居民的暖气管进行深度调查，发现其暖气管道保温作用极大下降，所以管道里的水大多结成冰，由于~~密度~~冰的密度比水密度大，所以冰的体积大，冰把暖气管道撑胀，才会导致滴水，漏水，甚至直接~~撑破~~经过长时间撑破了。</td></tr>
<tr><td colspan="2">调查结果（包括建议）：少部分居民的暖气管出现问题
建议给暖气管进行深度维修，并相应的套上纳米气凝胶毡、阀门保温套</td></tr>
</table>

提示：
1、资料搜索：360问答，百度文库等。
2、资料示例：（见右图）
3、调查建议：可以向小区物业管理人员咨询相关暖气管道的维修更换的有关事宜。

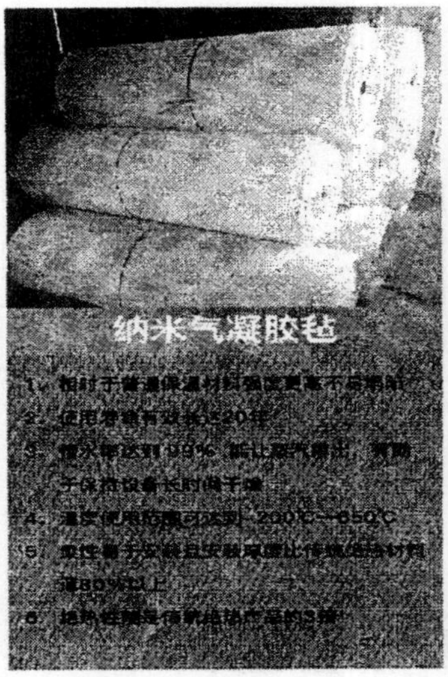

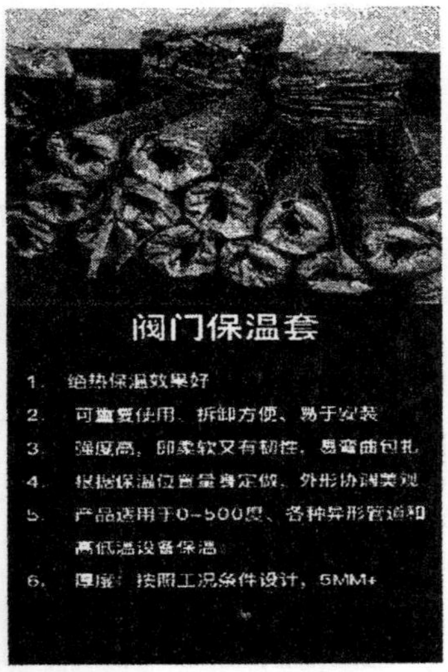

关于小区暖气管道维修更换的调查报告

调查目的：在我们生活的周边有很多老旧小区需要进行暖气管道的维修更换，以应对寒冷的冬季对人们生活的影响。结合所学的密度知识，你有什么具体的建议。

调查时间：2021年9月	调查地点：景泰花苑
调查对象：暖气管道	调查人员：张娟，李鸿鑫，王静茹

调查方法：实地考察，走访调查.

调查过程（步骤）：

1、去物业询问管道检修情况.

2、调察管道材质.

3、观察在秋冬季是否有破裂，漏水情况

4、查询得冬季时，暖气中未排净的水受冷凝成冰后密度变小，体积变大把水管撑裂.

调查结果（包括建议）：

要用阀门保温套，选密度较高的，强度高的，即柔软又有韧性保温好的材质，防止水管结冰.

提示：
1、资料搜索：
360问答，百度文库等。
2、资料示例：
（见右图）
3、调查建议：
可以向小区物业管理人员咨询相关暖气管道的维修更换的有关事宜。

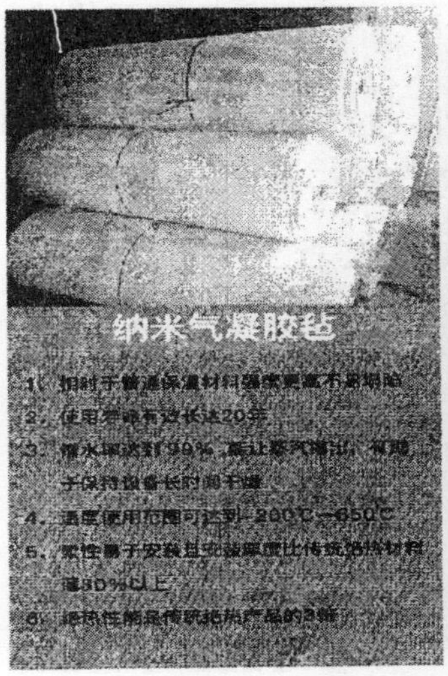

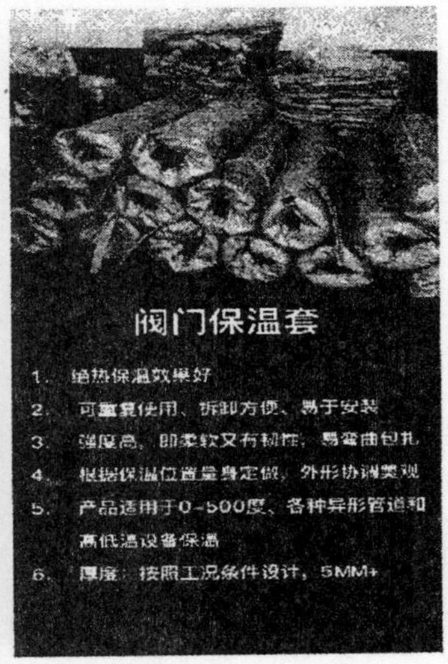

特等奖作品

10. 电功率

电子作品扫码下载

太原市杏花岭区教育局　杨辉霞

作品信息

作业类型	单元作业
适用章节	人教版九年级　第十八章
设计理念	1. 面向全体学生，提高学生学科素养。 2. 关注物理学科的基础性、实践性和时代性。
设计目标	要从核心素养的视角重新审视习题教学的目的：应通过习题教学，使学生在科学思维、探究能力、实践意识、科学态度等方面得到有效提升；习题教学的作用不是仅仅为了得到答案，而是要全面提高学生的问题解决能力。 1. 通过生活事例和实践作业，从能量转化的角度认识电能和电功。 2. 通过生活观察和分析，会利用电功公式进行计算。 3. 通过分析和解决问题，熟悉利用比值定义法建立电功率概念。 4. 通过生活事例和问题探讨，初步了解额定功率和实际功率。 5. 通过实验和问题讨论，加深对电功率的理解和应用，深刻体验实际电压和实际功率的关系，以及小灯泡亮度和实际功率的关系。 6. 通过生活应用和信息搜集，从能量转换的角度了解电流热效应。 7. 通过生活应用和调查研究，从定性和定量两方面了解焦耳定律，解释电热现象，了解电热的两面性。
预计时长	每个课时作业、书面作业不超过20分钟。另外实践性、探究性作业，整个单元完成不超过60分钟。

作业内容

单元主题

走进生活，从能量的角度了解电（能）在生活、生产中的应用。

第一节　电能　电功（目标1、2）

1. 如图所示分别是小英家上月初和上月末电能表的示数。结合表盘上的信息可知，小英家一个月消耗的电能是________kW·h；小英将一个电风扇单独接入电路中，10 min 内电能表的指示灯闪烁了 32 次，此过程中电风扇消耗电能________J。

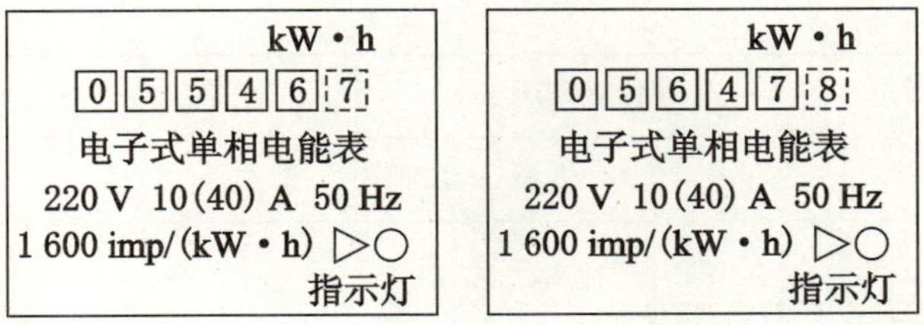

【实践作业】

2. 观察你家电能表铭牌数据。根据 10 min 内电能表指示灯闪烁的次数，计算 10 min 内你家用电器消耗的总电能。

3. 在某一时刻观察你家电能表的数据，第二天同时刻，再次观察你家电能表的数据。推算自己家一个月的用电量。

【分层作业】（以下作业任选一个）

4. 民航局规定：严禁乘客携带超过 160 W·h（瓦·时）的锂电池上飞机。某品牌笔记本电脑的电池铭牌标有“10.8 V　10 A·h”字样，充满电后，存储的电能为________kW·h，该笔记本电脑________（填“能”或“不能”）带上飞机。

5. 找一节充电电池，记录它的铭牌数据，并计算电池充满电后存储的电能。

电池型号（或图片）	铭牌（相关信息）	计算过程

第二节　电功率（目标3、4）

1. 电视机正常工作时的功率为100 W，待机状态时的功率为8 W，按每天待机20 h，一个月（按30天计算）在待机状态下消耗的电能为________kW·h；这些电能可供电视机正常工作________h。根据以上信息请你说出节约电能的办法：________________________（写出一种即可）。

2. 有一只标有“3 V　0.3 A”的小灯泡，其中“3 V”是指小灯泡的________。将小灯泡接在2 V的电路中，实际的电功率是________W。（假设灯丝电阻不变）

【实践作业】

3. 观察家中用电器的铭牌数据和工作时间，并记录在表1中。估算自己家一个月的用电量。

表1

用电器	铭牌数据			工作时间	（待定）
	电压	电功率	其他		

第三节　测量小灯泡的电功率（目标5）

在表1中选择一个用电器，用电能表和秒表测量该用电器的实际功率，并填写表2。比较该用电器的实际功率与额定功率。

表2

观察数据记录	测量步骤及数据记录	计算分析过程

第四节　焦耳定律（目标6、7）

1. 分析表1中家中用电器工作时能量的转化情况，并按照能量转换特点对用电器进行分类。

2. 额定电压为220 V的家用电暖器正常工作时，通过内部电热丝的电流为5 A，则电热丝正常工作时的电阻为________Ω，工作10 min产生的热量为________J。电热丝通电后变得很烫，而连接的导线却不怎么热，这是由于导线电阻远________（填“大于”或“小于”）电热丝电阻的缘故。

【分层作业】（以下作业任选一个）

3. 给手机快速充电，感受一下充电过程中充电器是否发烫。如果充电器发烫，这是电流通过________的方式，增大了物体的内能。

4. 观察到家中电热器工作时，电阻丝热得发红，而连接电阻丝的导线却不怎么热。请你根据学过的物理知识，解释产生此现象的原因。

复习课

以小组为单位，完成下列任务：

选一个用电器，从电学角度研究用电器的工作情况。作业要包含本章所学的四个内容。

参考答案

第一节　电能　电功

1. 101.1　72 000

2. 提示：需要从真实的电能表上采集信息。

3. 提示：根据记录的数据进行估算，并与实际消耗电能的数据（家中的电费缴费单）进行对比和分析。（本题需要学生附上自己家的电费缴费单）

4. 0.108　能

5. 提示：需要从真实的电池上采集信息。

第二节　电功率

1. 4.8　48　关机时断开用电器的电源开关（合理即可）

2. 额定电压　0.4

3. 提示：按照实践情况记录用电器实际使用情况，学生可以与父母讨论交流。本题与第一节的第 3 题可以作为一个对比试题。

第三节　测量小灯泡的电功率

观察数据记录	测量步骤及数据记录	计算分析过程
1. 电热水器电源：220 V/50 Hz；额定功率：1 200 W； 2. 电能表：3 000 r/（kW·h）。	只让热水器工作，观察到 5 min 内电能表的表盘转过 300 r。	电能表转盘转动 300 r 消耗的电能： $W=\frac{300}{3\ 000}\ \text{kW}\cdot\text{h}=0.1\ \text{kW}\cdot\text{h}$， $t=5\ \text{min}=\frac{1}{12}\ \text{h}$。 电热水器的电功率： $P=\frac{W}{t}=\frac{0.1\ \text{kW}\cdot\text{h}}{\frac{1}{12}\ \text{h}}=1.2\ \text{kW}=1\ 200\ \text{W}$。

第四节　焦耳定律

1. 提示：把第二节第 3 题的表格最后一列进行完善，填写能量转换的情况。

2. 44　6.6×10^5　小于

3. 做功

4. 因为电阻丝和导线是串联，通过的电流相等，但电阻丝的电阻比导线的电阻大得多，根据 $Q=I^2Rt$，在电流和通电时间相同的情况下，电阻越大，产生的热量越多，所以电阻丝热得发红，而连接电阻丝的导线却不怎么热。

复习课

可以以论文、调查研究等形式呈现，小组作业进行展示，小组间进行评论。

作品点评

本作品根据每个课题学习内容，设计了不同类型的作业，包括实践性、探究性和学科综合性作业。同时根据学生个性的不同，针对同一个知识点，提供了分层作业或选择性的作业，能有效指导学生改进学习，设计层次分明、类型多样，注重评价学生的学习成果，在学习新课后能够对所学的新知识进行有效地巩固，也能有效对新物理量建模。

作品亮点：调查类作业、综合实践作业可操作性强，能针对学生的不同层次设计不同的作业，使得各类学生都有所提高；分层作业中呈现形式不同，但是所包含的知识点都相同，都能够达到评价的目的。

专家建议：电功率在《课程标准》中属于理解层次，学生对新知识的建构比较困难，题目较少；复习课中的作业若能给予范例或者展示会更加完美。

化学部分

HUAXUE BUFEN

第一类　课时作业设计

1. 认识化学变化

长治市第十六中学校　申艳燕

电子作品扫码下载

作品信息

作业类型	课时作业
适用章节	沪教版九年级上册　第 4 章第 1 节　第一课时
设计理念	1. 面向全体学生。以学生终身发展为本，以提高全体学生学科素养为目标，为每个学生提供学习与发展的机会，关注学生个体差异，使每个学生学习化学的潜能都能得到不同程度的发展。 2. 贴近实际生活。贴近生活实际，符合学生的认知特点，激发并保持学生的学习兴趣，让学生通过学习和探索掌握化学基础知识与基本技能，并将其应用于实践，为以后的学习、生活和工作打下基础。 3. 注重科学探究。让学生经历科学探究的过程，学习科学探究方法，培养他们的创新精神和实践能力。 4. 关心科技发展。让学生建立化学与技术的相互联系，关心科学技术的新进展，关注科技发展给社会进步带来的影响，培养学生学习化学的兴趣，树立正确的价值观。
设计目标	必备知识： 1. 认识燃烧的条件和灭火的原理；了解易燃易爆物的安全知识。 2. 理解质量守恒定律的含义。 3. 了解化学方程式的概念及其含义。 4. 理解化学方程式的书写原则，掌握化学方程式的书写步骤。 关键能力： 1. 会探究质量守恒定律，学会科学实验的方法，能准确观察实验现象，并通过分析实验现象归纳得出实验结论。 2. 能从质量守恒定律的角度解释生活中常见化学反应的质量变化，并能从微观角度认识在化学反应中反应前后原子的种类和数目都没有发生变化。

（续表）

设计目标	3. 会书写常见反应的化学方程式，并能根据化学方程式计算反应物和生成物的质量。 核心价值目标： 1. 通过层次化、多样化、可选择性的化学作业设计，拓展学生的学习空间。在保证学生都有提高的前提下，引导学生多元化发展，以适应未来社会发展的要求。 2. 运用真实的新情境，培养学生的阅读能力、科学思维和处理信息的能力，突显化学学科的社会价值，培养学生的科学探究精神。 3. 作业中创设真实的问题情境，开展以化学实验为主的探究活动，激发学生学习化学的兴趣，促进学生学习方式的改变，立足于发展学生的学科素养。 4. 认识定量研究对于化学科学发展的重大作用。
预计时长	25 分钟。

作业内容

一、前置作业

1. 写出下列化学反应的文字表达式。

（1）红磷在氧气中燃烧：________________________________。

（2）硫在氧气中燃烧：________________________________。

（3）铁丝在氧气中燃烧：________________________________。

以上化学反应均属于化学基本反应类型中的________反应，由于它们都与氧气发生了反应，因此它们也属于________反应。

2. 发挥你的想象力，撰写科普小论文《假如生活中没有火……》。

设计意图

温故知新，将新知识的学习融入已有的知识体系中，形成网络，避免“只见树木，不见森林”。

二、基础作业（每组 4 号、5 号完成）

1. 2022 年 2 月 2 日，在北京冬奥公园奥运火炬首次由机器人在水下传递火炬，火炬被成功引燃，水火相容，科技感十足。一般火炬不能在水下燃烧，原因是____________________。

2. 在 2022 年北京冬奥会的火种采集仪式上，女祭司利用凹面镜点燃了火种，体现了环保理念，从燃烧条件分析，凹面镜的作用是____________________________。

3. 潘瑞鹏在做高锰酸钾制取氧气的实验时，发现酒精灯的火焰太小，产生氧气的速率太慢，他告诉同学们，可以将灯芯拨得松散一些，可使燃烧更旺，其原理是____。

4. 张思远妈妈在炒菜时，发现燃气灶的火焰呈黄色，且锅底有黑色物质出现。张思远告诉妈妈，应该将灶具的空气进口________（填“调大”或“调小”），原理是____。

5. 应县木塔是我国古代建筑中的瑰宝，世界木结构建筑的典范。木塔应严禁烟火，理由是____________________。

特等奖作品

设计意图

以2022年北京冬奥会为载体，结合物理学科中的凹面镜知识，考查燃烧的条件，以及可燃物完全燃烧的重要性，通过基础作业，让学生知道生活中一些常识性的化学原理，让化学指导生活，服务于生活，感受化学知识与实际生活的紧密联系。

三、拓展作业（每组1号、2号、3号完成）

1. 在实验改进环节，李宇航结合连通器知识，设计了如下实验验证可燃物燃烧的条件。

装置（夹持仪器已略去）	步骤及现象
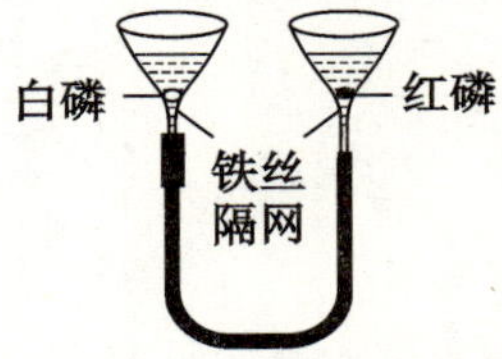	Ⅰ. 将一定量的白磷、红磷分别浸入80 ℃的热水中，白磷、红磷均不燃烧； Ⅱ. 升高右侧漏斗至红磷露出水面，红磷不燃烧； Ⅲ. 升高左侧漏斗至白磷露出水面，白磷燃烧。

（1）Ⅰ中白磷不燃烧的原因是________________________________。

（2）对比Ⅱ和Ⅲ，可验证可燃物燃烧的条件是________________________________。

（3）装置中，热水的作用是____________和____________。

（4）已知白磷燃烧的产物五氧化二磷会刺激人体呼吸道，可与空气中的水蒸气反应，生成有毒的偏磷酸。上图所示装置的缺点是____。

2. 2022年3月2日，北京2022年冬残奥会火种采集仪式在中国盲文图书馆举行。现场，两名视障青年用盲文笔在放大的盲文板上刻录美好心愿“一起向未来”。当凸点字与光纤连接，触发电子烟花，引燃火种——“希望之火”，寓意燃起心中希望的火焰。从燃烧的条件分析，电子烟花的作用是________________________________。

设计意图

使学生学会运用科学的实验方法（对比实验法和控制变量法）探究燃烧的条件，同时培养学生搜集信息、处理信息和检索旧知识的能力，促进学习方式的改变。本题要求学生具备较高的分析问题、解决问题的能力。

四、实践性作业（选做）

在你周围的学校、加油站、医院、公园等场所，寻找“禁止吸烟”“禁止烟火”标志，思考这些标志的意义。

设计意图

通过实践活动，学生可以更加深刻地理解燃烧的条件，体会化学与生活的紧密联系，提高学生的学习热情。

参考答案

一、前置作业

1.（1）磷+氧气$\xrightarrow{点燃}$五氧化二磷

（2）硫+氧气$\xrightarrow{点燃}$二氧化硫

（3）铁+氧气$\xrightarrow{点燃}$四氧化三铁

化合　氧化

2. 略

二、基础作业

1. 水下没有氧气
2. 使温度达到燃料的着火点
3. 增大了燃料与空气的接触面积
4. 调大　增大氧气的浓度，使燃气充分燃烧
5. 木材是可燃物

三、拓展作业

1.（1）白磷没有与氧气接触

（2）温度需要达到可燃物的着火点

（3）提高温度　隔绝氧气

（4）白磷燃烧产生的五氧化二磷会污染空气，对人体造成伤害，缺少处理尾气

的装置

2. 使温度达到可燃物的着火点

四、实践性作业

略

作品点评

本作品在1课时的作业范畴中，通过前置作业、基础作业、拓展作业、实践性作业等多种作业形式，对“燃烧条件”这一化学原理从多维度、多层面进行了剖析和应用。作业以北京冬奥会火炬、酒精灯、家庭燃气灶、应县木塔、北京冬残奥会电子烟花、禁止烟火标志等为情境，引导学生在分析真实问题的过程中进行知识应用，促进理性思维的形成。

作品亮点：本作品设计了实践性作业，要求学生在“周围的学校、加油站、医院、公园等场所，寻找‘禁止吸烟’‘禁止烟火’标志，思考这些标志的意义”。这样的实践性作业，能够让学生真正将书本所学、课堂所学应用到日常生活中，让“死知识”变得“活起来”。同时，让学生走出课堂、走出家门、走进生活、走进社会，更好地体会化学对于推进社会文明所起的重要作用，更有利于学生“学科学、爱科学、崇尚科学”的思想形成。

专家建议：本作品的内容大多数以填空的形式呈现，作业的形式比较单一。如果能够以选择、填空、实验探究等多种形式呈现作业内容，对于学生开放思维的促进效果会更好。

特等奖作品

2. “空气和氧气”复习课

太原市第二十七中学校　侯永杰

电子作品扫码下载

作品信息

作业类型	课时作业
适用章节	人教版九年级　化学总复习　“空气和氧气”专题
设计理念	课标要求化学教学既要注重学生对知识的掌握，还需要关注学生的学习过程和学习活动。这就要求我们的作业不能仅仅停留在针对某一个知识点去考查，而应该有情境、有过程、有反思。应该让学生把做作业的过程，当成是一个解决问题和再学习的过程。让学生在完成习题的过程中思考如何运用所学知识解决问题，这就需要给学生创设一个情境，让学生在情境中学习新的知识，掌握新的技能，提升新的情感。我们在习题的设计中也应该渗透中考考查方向：以立德树人为核心；立足核心素养、注重阅读能力、加大开放探究、重视问题解决、关注表达共享交流、落实活动探究建议六个维度去设计作业；用真实任务情境、理性思维和批判质疑等四大手段编写习题。这样才能让复习作业更有内涵，考查才更为全面，复习才更为有效，提升更加明显。
设计目标	绝大多数学生能够利用复习到的基础知识，解决较为简单的问题。学习能力中等的学生能够利用复习到的知识，完成基本实验探究题。部分学生能够完成“拓展延伸”中的作业。
预计时长	25 分钟。

作业内容

新冠肺炎重症患者会出现呼吸困难的症状，一旦不能自主呼吸，甚至在无意识的情况下就会离开人世。所以，重症患者在治疗过程中通常会采用呼吸机辅助通气，其被视为“救命稻草”。

环节一：氧气从哪里来

1. 氧气对于生命有什么作用？__________。动植物生命活动离不开氧气，动植物通过呼吸作用消耗氧气，产生二氧化碳和水，并释放能量。用相关化学反应解释：__________________________。

2. 我们呼吸的氧气从哪里来？（请将相应数据填写在下图括号中）

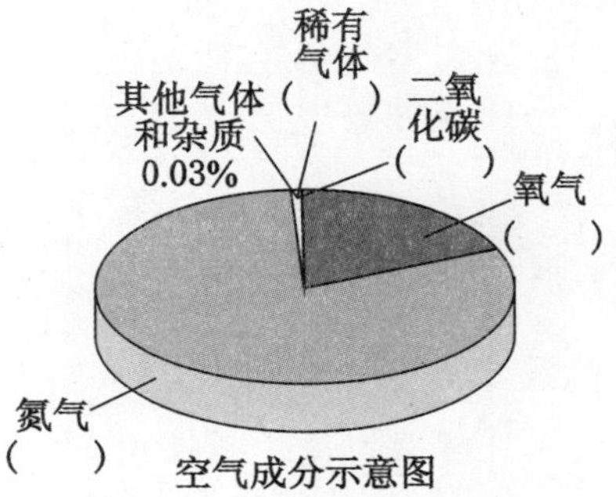

空气成分示意图

3. 呼吸机中的气体成分

下图是常用的正压呼吸机工作系统图。

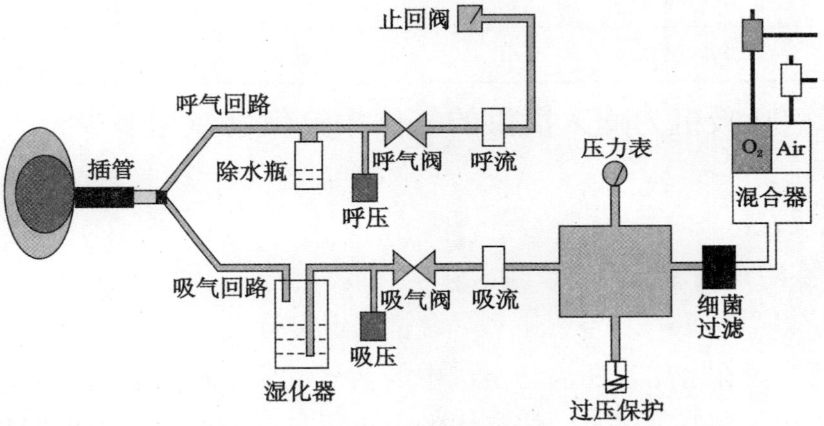

完整的正压呼吸机工作系统由三部分组成：

气体供给装置。由空气压缩机和氧气供应装置组成，提供高压空气或氧气（高压氧）。通过混合器，为病人提供吸入浓度为21%~100%的氧气。

控制单元。由计算机智能处理设置参数和监控值，由控制器发出控制指令，传感器将信号值反馈给主机，从而控制呼气阀和吸气阀的动作，以满足患者的不同需求。

患者气路。由气体呼吸管路、湿化器等组成。

（1）呼吸机为病人提供的气体是____________________。

（2）呼吸机为病人提供的氧气可以从哪里获得？写出你学过的可以产生氧气的方法或原理（用化学方程式表示）。

（3）以上方法或原理中哪种更适合为呼吸机提供氧气？

呼吸机在工作时可以为病人提供21%~100%的氧气。但是并不是氧气浓度越高越好。相反，长时间吸入高浓度的氧气反而会造成氧中毒。因此，医生治疗病人的过程中需要随时根据病人的病情为其输入适宜浓度的氧气。

缺氧和富氧对人体的影响	
氧气浓度（体积分数）	征兆（大气压下）
>23.5%	富氧，有强烈的爆炸危险
20.9%	氧气浓度正常
19.5%	氧气最小允许浓度
15%~19%	降低工作效率，并可导致头部、肺部和循环系统问题
10%~12%	呼吸急促，判断力丧失，嘴唇发紫
8%~10%	智力丧失，昏厥，无意识，脸色苍白，嘴唇发紫，恶心呕吐
6%~8%	8分钟内死亡
4%~6%	40秒内抽搐，呼吸停止，死亡

环节二：呼吸机为病人提供的气体中氧气含量是多少

1. 提出问题：

2. 作出假设：

3. 设计实验：

（1）反应装置选取——空气中氧气含量测定实验

原理：可燃物在密闭容器内与空气中的氧气反应，耗尽装置内的氧气，使得瓶内气压________，打开弹簧夹，烧杯内的水进入集气瓶中，进入集气瓶中的水的体积就是集气瓶内被消耗的氧气体积。

（2）呼吸机中气体的收集方法

标出下面收集气体方法的名称以及使用条件。

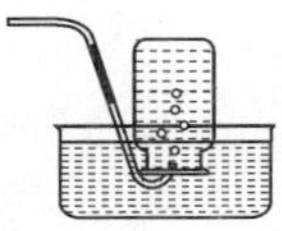
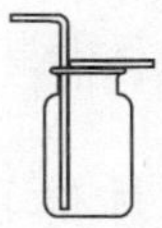
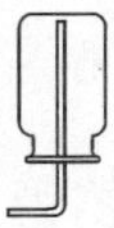

（　　　　　）　　（　　　　　）　　（　　　　　）

根据呼吸机中气体及其性质，你选择哪种气体收集方法？

（3）反应试剂选取——氧气支持燃烧

回顾所学知识梳理氧气的化学性质（尽可能多地写出你想到的物质和反应）。

物质类别	物质	化学方程式	现象	反应类型

根据以上反应原理和实验装置特点，你想选用的物质是什么？说出你的理由。

4. 进行实验：

（1）实验步骤：

①实验前＿＿＿＿＿＿；②收集气体，组装仪器；③用弹簧夹夹紧胶皮管，点燃红磷＿＿＿＿＿＿＿＿，塞紧橡胶塞；④反应结束后，＿＿＿＿＿＿＿＿＿＿＿＿＿＿＿＿＿＿＿＿＿＿＿＿＿＿＿＿＿。

（2）实验现象（如果符合你的猜想）：

5. 解释与结论：

6. 反思与评价：

从呼吸机上显示的数据（见图1）来看，目前呼吸机使用的氧气体积分数为40%。两组同学所得数据如下：

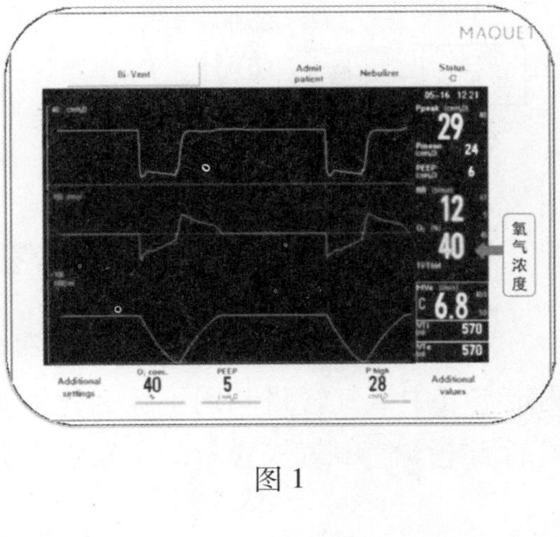

图1

特等奖作品

（1）第一小组测得进入的水占原气体体积的$\frac{1}{3}$。

（2）第二小组测得进入的水占原气体体积的一半。

分析造成以上情况的原因。

7. 表达与交流：

（1）通过本环节的学习，你有什么收获？

（2）为减小实验误差，你有什么好的建议？

【拓展延伸】

1. 在测定空气中氧气含量时，以上方法测定的氧气含量往往是比较粗略的，科技的发展也为我们的实验提供了更加方便的工具——传感器。我们利用氧气浓度传感器可以精确地测定反应过程中氧气含量的变化，如图2、图3所示。

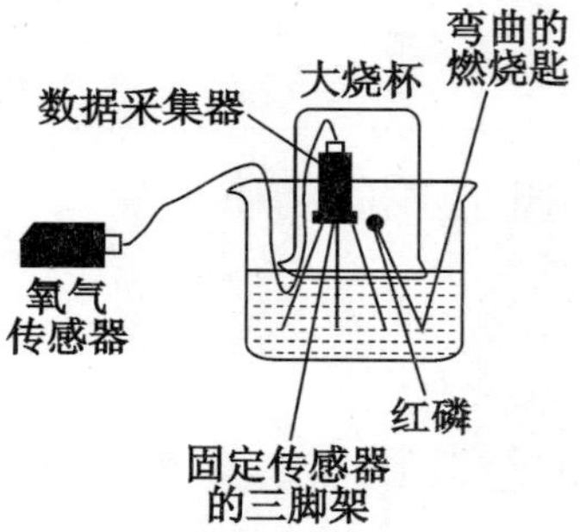

图2

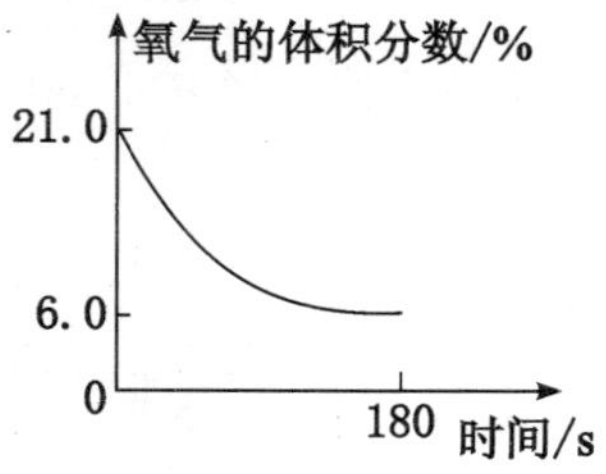

图3

从图中你可以获得什么信息？

2. 市售食品（如月饼）中的脱氧剂主要通过化学反应短时间内除去密闭容器中的氧气，使食品处于无氧状态，抑制微生物生长，防止霉变，延长食品保质期。常见的食品脱氧剂主要成分为无机铁粉。利用食品脱氧剂的性质也可以测定空气中的氧气含量（见图4），测定结果如图5所示。

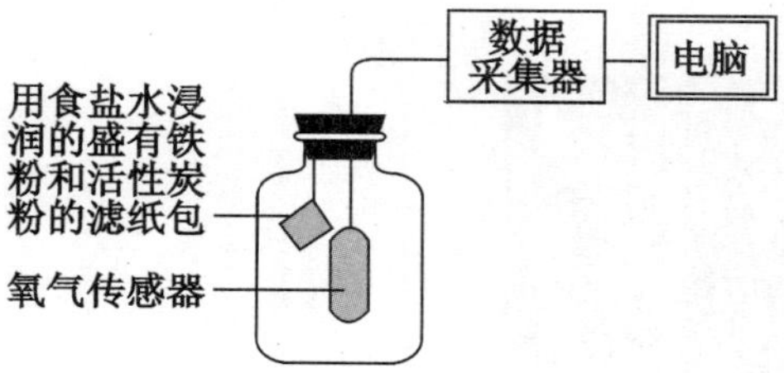

图4

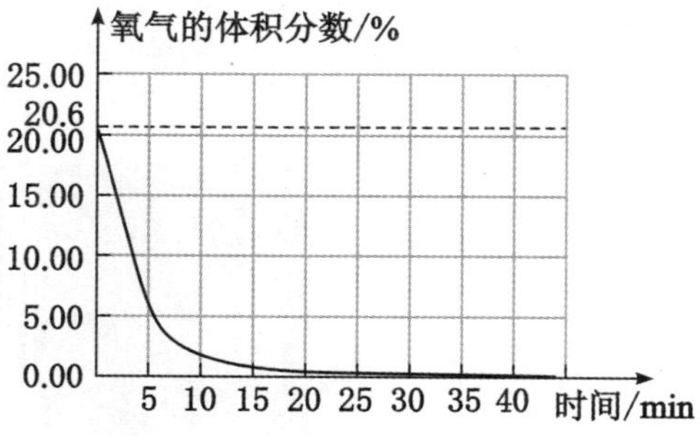

图5

（1）用食品脱氧剂测定空气中氧气含量利用了什么化学原理？

（2）你认为选择脱氧剂测定空气中氧气含量的优缺点有哪些？

设计意图

本课时作业以一个情境为核心，贯穿其中。情境下的各项目涉及的知识点难度不同，这样不同层次的学生都可以解决一部分问题，从而达到分层的目的。情境的存在使得各个层次的学生在完成项目的过程中并不会因为过于困难而放弃，其中蕴含的一些课程外的知识也会提升学生的学习兴趣，抓住学生的注意力，让学生在做题中各有所获。

参考答案

环节一：氧气从哪里来

1. 供给呼吸 $C_6H_{12}O_6 + 6O_2 \xlongequal{酶} 6CO_2 + 6H_2O$

2.

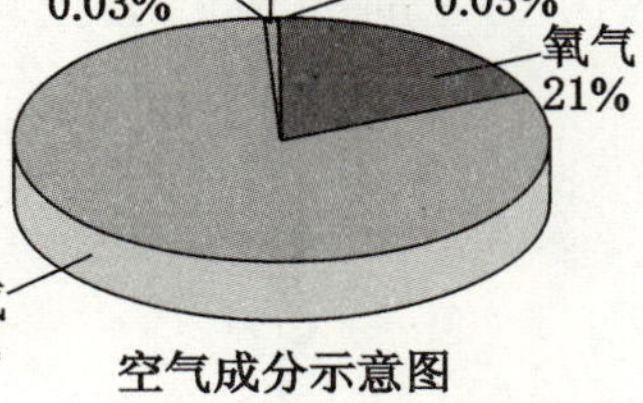

空气成分示意图

3. （1）空气和氧气的混合气体

（2）分离液态空气法制氧气

$2KClO_3 \xlongequal[\triangle]{MnO_2} 2KCl + 3O_2\uparrow$

$2KMnO_4 \xlongequal{\triangle} K_2MnO_4 + MnO_2 + O_2\uparrow$

$2H_2O_2 \xlongequal{MnO_2} O_2\uparrow + 2H_2O$

$2H_2O \xlongequal{通电} 2H_2\uparrow + O_2\uparrow$

（3）用分离液态空气法制取氧气更适合。

环节二：呼吸机为病人提供的气体中氧气含量是多少

1. 提出问题：呼吸机为病人提供的气体中氧气含量是多少？
2. 作出假设：呼吸机为病人提供的气体中氧气含量为21%。
3. 设计实验：

（1）减小

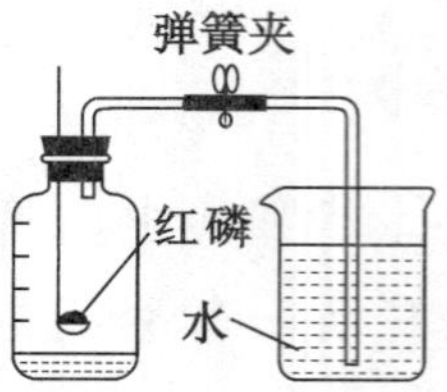

（2）

选择收集装置要关注气体密度、溶解性。

排水法：气体不易溶于水或难溶于水。

向上排空气法：气体密度>空气。

向下排空气法：气体密度<空气。

选择的气体收集方法是排水法。

（3）［提示］学生可以从物质类别的角度去记忆氧气的相关性质，也符合化学学习中的分类思想。

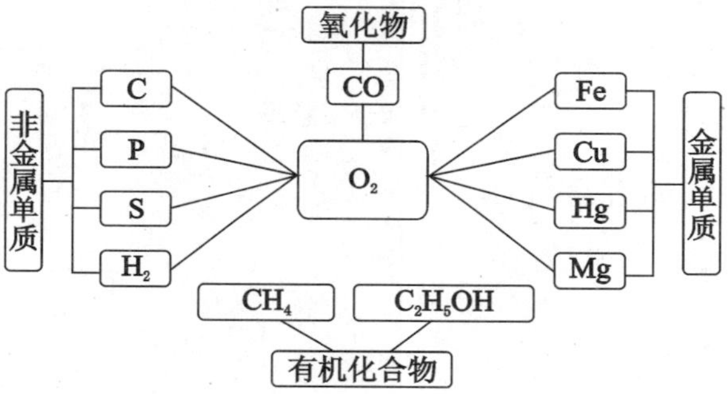

［提示］选取原则：可燃物是固体；产物是固体，从而能产生压强差；能在空气中与氧气反应，且只与氧气反应。因此选择红磷。

4. 进行实验：

（1）检查装置气密性　迅速伸入瓶中　待装置冷却至室温，再打开弹簧夹

（2）红磷燃烧，产生大量白烟，放出热量；反应结束，待装置冷却至室温后打开弹簧夹，烧杯内的水进入集气瓶，约占总体积的$\frac{1}{5}$。

5. 解释与结论：集气瓶内进入的水的体积就是消耗氧气的体积，进入的水的体积约占集气瓶内原气体体积的比例就是呼吸机中氧气的体积分数。

6. 反思与评价：

（1）结果偏小：红磷量不足；装置气密性不好（装置漏气）；未冷却到室温就

打开弹簧夹。

（2）结果偏大：点燃红磷后，插入燃烧匙的速度太慢，使得瓶中的空气受热膨胀，部分空气逸出；实验开始时没有夹弹簧夹，或者弹簧夹没有夹紧。

7. 表达与交流：

（1）［提示］根据自己的体会回答，可以从复习的效果、探究的结果、获得新知识等角度描述。

（2）密闭环境下引燃可燃物。

【拓展延伸】

1. 观察测定结果可以发现，红磷燃烧法并不能完全消耗空气中的氧气。因此测量结果不准确。

2.（1）铁在氧气和水同时存在的条件下，生成了铁锈。

（2）可将氧气完全消耗，但是时间较长。

作品点评

本作品为基础性作业，作业的内容、难度和数量比较符合学生的实际情况。作品联系近年来人类面对的新冠疫情，以医疗急救中用到的“呼吸机与氧气”为情境素材，体现了素材的现实性；内容涉及氧气的性质和用途、氧气的制取方法、呼吸机中氧气含量的测定方法等，体现了内容的综合性；对氧气含量测定时所用物质的选择，体现了作业的开放性；对呼吸机中氧气含量与人体健康关系的分析，体现了关注生命、关注健康的核心素养。

作品亮点：本作业的设计中，对于测定氧气含量的实验复习，并没有简单采用课本实验复述的方式，而是以“呼吸机为病人提供的气体中氧气含量是多少”为问题进行实验探究，引导学生将教科书实验的思路、方法进行迁移运用。在此基础上，以“粗略测定→精确测定”为思路，对利用数据传感器进行实验探究的方法进行了介绍，引导学生对所用物质的优缺点进行了比较，对有关数据图象进行了分析，实现了科学思维的拓展延伸，提升了学生科学探究与实践的化学核心素养。

专家建议：本作业内容较多，阅读量较大，完成用时较长，对于不同学习程度的学生应该完成本作业中的哪个（或哪些）子项目（或题目）没有明确说明，如果能将作业分层布置的指令再清晰化，效果会更好。

3. 燃料的合理利用与开发

电子作品扫码下载

太原市小店区九一实验学校　赵良彦

作品信息

作业类型	课时作业
适用章节	人教版九年级上册　第七单元课题2第1课时
设计理念	本课时作业设计以巩固学生的基础知识、发展学生思维、培养学生的实践能力为目标，包含有自主学习、合作探究、思维拓展、当堂检测、资料型作业五部分。通过小组实验，让学生感受能量对生活产生的影响，了解常见的化石燃料及其在日常生活中的应用。了解我国化石能源的储量和对化石能源的开发利用情况，知道化石燃料的不可再生性，从而让学生感受到化石燃料高效利用和开发新能源的必要性；通过新闻、视频了解我国科学家在寻找新能源方面作出的努力，认识到能源的重要性，树立学生为我国新能源发展做贡献的理想信念。
设计特色	1. 注重分层作业；按照学情分为基础题和能力拓展题。 2. 注重科学实验探究，感受化学源于生活，服务于生活。 3. 聚焦中考，力求在教学过程中引导学生完成中考真题。 4. 关注时事热点，感受家乡能源发展的情况，培养学生关注社会热点和能源发展问题。
设计目标	1. 通过观察某些燃料完全燃烧和不完全燃烧的现象，知道化石燃料（煤、石油、天然气）是人类社会重要的自然资源。能认识到化石燃料的不可再生性。 2. 知道太原市燃料的来源与使用情况，提出合理使用燃料的建议。了解我国能源与资源短缺的国情，认识资源综合利用和新能源开发的重要意义。
预计时长	45分钟。

作业内容

第一部分 落实型作业

一、自主预习

1. 目前世界上三大化石燃料为________、________、________。

2. 煤的组成：煤是________物，主要含________元素。

3. 石油的组成：石油是由多种成分组成的________物，主要含________、________两种元素。

4. 天然气、沼气的主要成分都是________。

5. 化学反应常伴随着热量的变化。有些化学反应能________热量，如镁与盐酸反应、可燃物燃烧；有些化学反应________热量，如碳与________的反应。

设计意图

通过自主预习，了解本节课所要达标的基础知识，了解三大化石燃料及燃料在日常生活中的用途。

二、合作学习

活动1：实验探究化学反应中的能量变化

实验步骤：

(1) 在放有生石灰的试管中滴加少量水，观察现象，并用手轻轻触摸试管外壁，记录实验现象。

(2) 在放有镁条的试管中滴加少量稀盐酸，观察现象，并用手轻轻触摸试管外壁，记录实验现象。

反应	(1) 生石灰和水反应	(2) 镁和稀盐酸反应
现象		
手触摸的感觉		
化学方程式	$CaO+H_2O=Ca(OH)_2$	$Mg+2HCl=MgCl_2+H_2\uparrow$
结论		

设计意图

通过小组实验，让学生感受化学反应中的能量变化，进一步知道不通过燃烧也可以发生能量变化。通过小组合作培养学生互助合作的能力。

特等奖作品

活动2：认识化石燃料的元素组成

自主学习教科书内容，完成以下表格：

化石燃料	煤	石油	天然气
物质分类			
主要元素	________元素（还有H、________、________、________等元素）。	主要含有________和________元素，还含有N元素。	主要含有________和________元素。

★设计意图

阅读教科书提高学生阅读水平，培养学生提取信息的能力。从化学元素角度认识三大化石燃料的组成。

活动3：验证甲烷是由碳、氢元素组成的

提出问题：甲烷完全燃烧的产物是什么？

进行猜想：甲烷是由碳、氢元素组成的。

依据：____________________。

设计实验	实验现象	实验结论
化学方程式		

★设计意图

通过自主设计实验并进行验证，分析实验现象得到实验结论。掌握证明含碳、氢元素物质的元素组成的方法。培养学生科学探究的意识和实验能力。

【能力拓展】可燃物燃烧的剧烈程度除了与可燃物的性质有关外，还取决于可燃物与氧气的接触面积和氧气的浓度。请你选择一个因素设计实验进行验证。

①实验目的：____________________。

②实验操作：____________________。

③实验现象：____________________。

设计意图

通过设计实验，培养学生的科学探究能力。

三、随堂检测

★1. 能源是一个国家经济和民生的动力，也是持续发展不竭的源泉。在多样化的能源中，属于可再生能源的是 （ ）

A. 煤 B. 风能 C. 石油 D. 天然气

★★2. 石油是工业的“血液”，如图是石油炼制的部分产品和主要用途，请回答下列问题。

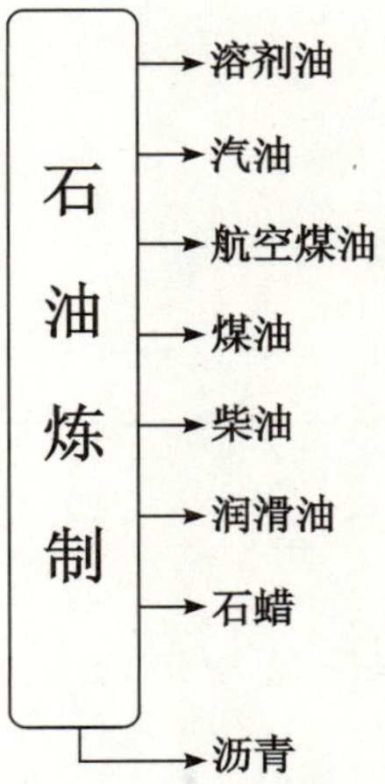

（1）从物质分类的角度判断，石油属于________物。

（2）将石油加热炼制，利用石油中各成分的________不同，将它们分离，得到不同的产品。

（3）石油炼制的产品中适用于大型卡车的是________；适用于小轿车的是________________。

★★3. 以“能源气候环境”为主题的2021年太原能源低碳发展论坛于2021年9月3日~4日在省城太原举行。山西坚持“稳煤、优电、增气、上新”八字方针，奋力推进山西能源高质量转型发展。请回答下列题目。

（1）稳煤。煤属于________（填“可再生”或“不可再生”）能源，其主要成分是________（填化学式），将煤隔绝空气加强热，可得到许多有用的物质，该过程属于________变化。

（2）优电。煤电机组改造的方法之一是“节能提效”改造。煤不充分燃烧产生的污染物有________（写一种），“节能提效”使煤充分燃烧，可采取的措施是__________________，该过程中的能量转化是__________________。

（3）增气。煤层气是一种与煤伴生、共生的非常规天然气，其主要成分是____

____。天然气也是一种温室气体，完全燃烧的化学方程式是____________________。

（4）上新。2021 年 12 月 3 日，全省首批 15 个“新能源+储能”试点示范项目公布，其中有 3 个项目的建设地点在太原。你认为采用新能源的优点是________________________。

★★★4、酒精是实验室中常见的一种液体燃料，主要成分是乙醇（C_2H_5OH），请设计实验证明酒精中含有碳、氢元素。

实验步骤	实验现象	实验结论

特等奖作品

设计意图

通过当堂检测，了解学生对本课题知识内容的掌握程度，并加强对基础知识的夯实巩固。

第二部分　资料性作业

随着时代变迁，化石燃料是如何进行综合利用的？你还了解哪些新能源？

设计意图

针对本节课内容展开实践活动，让学生充分认识化石燃料，进而意识到化石燃料的不可再生性。知道燃料综合利用的重要性。

参考答案

第一部分　落实型作业

一、自主预习

1. 煤　石油　天然气
2. 混合　碳
3. 混合　碳　氢

4. 甲烷

5. 放出　吸收　二氧化碳

二、合作学习

活动 1：

反应	（1）生石灰和水反应	（2）镁和稀盐酸反应
现象	放热	有气泡产生、放热
手触摸的感觉	试管外壁热	试管外壁热
化学方程式	$CaO+H_2O=Ca(OH)_2$	$Mg+2HCl=MgCl_2+H_2\uparrow$
结论	化学反应都是放热反应	

活动 2：

化石燃料	煤	石油	天然气
物质分类	混合物	混合物	混合物
主要元素	C 元素（还有 H、S、O、N 等元素）。	主要含有 C 和 H 元素，还含有 N 元素。	主要含有 C 和 H 元素

活动 3：

依据：化学反应前后元素的种类不变

设计实验	实验现象	实验结论
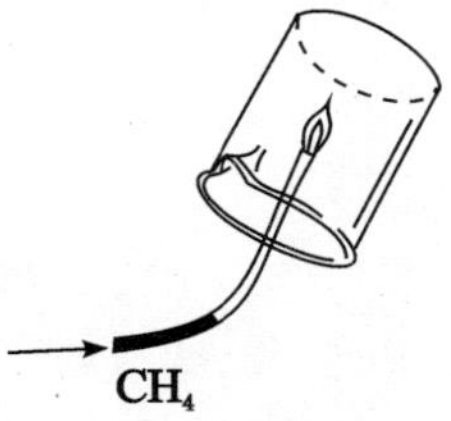 （1）点燃甲烷，将冷而干燥的烧杯罩在火焰上方，观察； （2）将内壁沾有澄清石灰水的烧杯罩在火焰上方，观察。	（1）烧杯内壁出现水雾； （2）烧杯内壁澄清石灰水变浑浊。	甲烷是由碳、氢元素组成的。
化学方程式	$CH_4+2O_2\xlongequal{点燃}CO_2+2H_2O$	

【能力拓展】①探究燃烧剧烈程度与氧气浓度的关系

②用两根光亮的铁丝盘成螺旋状，在下端系一根小火柴，点燃火柴，待火柴快燃尽时，分别伸入盛有空气和氧气的集气瓶中

③铁丝在空气中发生红热现象，不燃烧；铁丝在氧气中剧烈燃烧、火星四射、

放热、生成黑色固体

三、随堂检测

1. B

2. (1) 混合

(2) 沸点

(3) 柴油　汽油

3. (1) 不可再生　C　化学

(2) CO　通入充足的氧气　化学能转化为热能

(3) 甲烷　$CH_4+2O_2 \xlongequal{点燃} CO_2+2H_2O$

(4) 减少空气污染物的产生

4.

实验步骤	实验现象	实验结论
(1) 点燃酒精，将冷而干燥的烧杯罩在火焰上方，观察； (2) 将内壁沾有澄清石灰水的烧杯罩在火焰上方，观察。	(1) 烧杯内壁出现水雾； (2) 烧杯内壁澄清石灰水变浑浊。	酒精中含有碳、氢元素。

第二部分　资料性作业

学生作品展示：

(部分作业展示，下同)

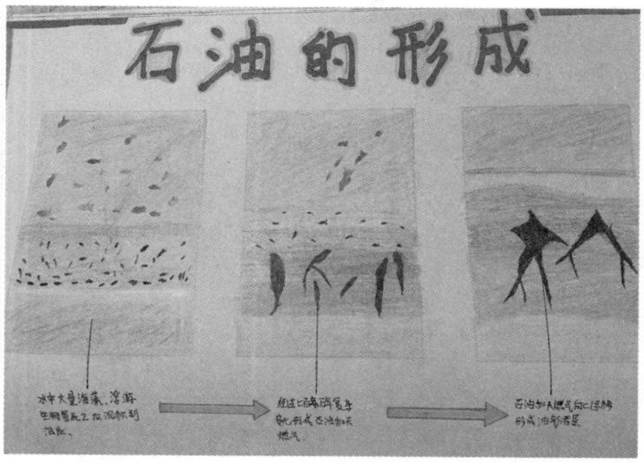

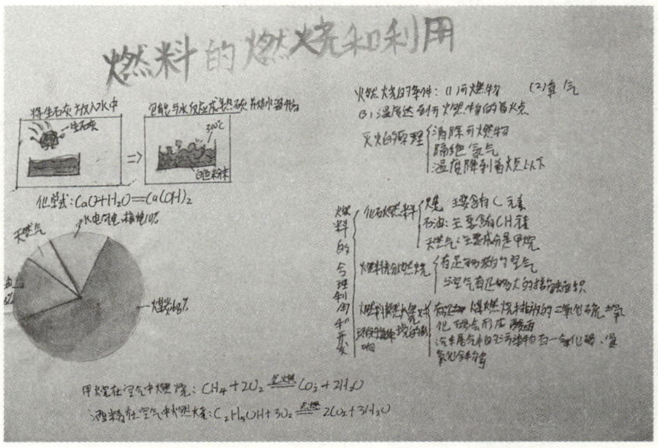

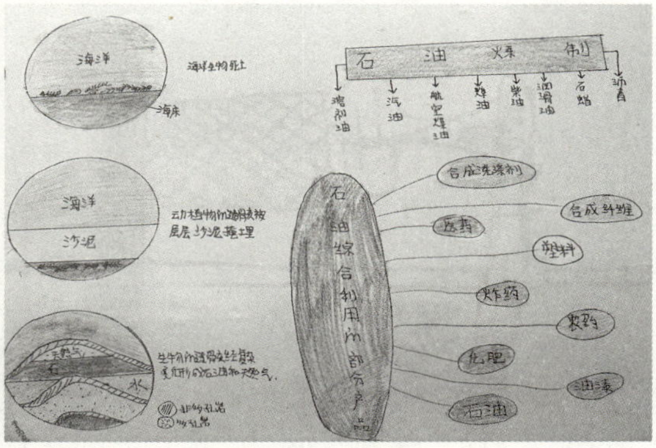

作品点评

作品依据课标，着眼学生发展，在引导学生进行知识巩固、能力促进的同时，关注学生家国情怀的培养。作业分为落实型作业和资料性作业两部分，其中落实型作业又分为自主预习、合作学习、随堂检测三部分，层次清晰，形式灵活，在落实基础知识与技能的同时，更加注重学生科学探究与实践素养的形成。

作品亮点：本作业中的随堂检测，将 4 道题目分为 3 种题型（选择题、填空题、实验设计题），3 个层次（基础型、能力型、拓展型，并用“★”数量进行区分），分别适合能力较弱、能力中等、能力较强的三类学生完成，体现分层设计的思想，同时加强了开放与探究，重视了学习能力的提升，关注了全体学生的发展。

专家建议：本作业的两大部分、三小部分在设计的时候，应明确完成时长。对于“落实型作业”的属性，如果能明确指出其属于课中作业还是课后作业，并清楚地表达此作业应在本课题学习的哪个阶段完成，效果会更好。

特等奖作品

4. 生活中常见的盐

太原市第三十六中学校　武丽娜　李秀萍　张　珺　申燕波　徐珊珊

电子作品扫码下载

作品信息

作业类型	课时作业
适用章节	人教版九年级下册　第十一单元课题 1
设计理念	以“减负提效”为设计原则。本课题的第一课时围绕“生活中的氯化钠”展开。课前引导学生进行调查、查阅资料；课中和课后作业立足于注重达标落实，分层优化，帮助不同发展水平的学生共同提升。教师也可通过收集作业反馈信息，及时、真实地了解学情，为后续教学跟进提供支持。
设计特色	作业有弹性和个性化的必做、选做设计，注重了实践性、实用性、综合性、拓展性、开放性、探究性以及跨学科整合。 课前作业 评价标准：调查资料，每写出一条记 1 分，多写多得分。(得分计入周总评) 评价方式：自评互评相结合。 课中、课后作业 评价标准：选择题每个 2 分，填空题每空 2 分，本课时，课中、课后作业满分一共 40 分，另外有 8 分附加题。除附加题外，32 分及以上为优秀，31～24 分为合格，23 分及以下为待合格。如果能及时主动地纠错改错，另加 2 分。 评价方式：课中作业根据教师给出的答案，组间互判；课后作业教师评阅计分，给出问题分析和激励性语言评价。(附加题得分计入周总评)
设计目标	1. 课前调查、查阅资料，认识我国丰富的盐类资源，了解其来源、分布和作用，感受劳动人民的智慧，同时着重培养学生搜集信息、归纳整理信息的能力。(课前作业 1、2 题) 2. 能从物质组成和结构的角度认识盐，并对物质进行分类，感受物质的多样性。会运用宏观微观相结合的视角分析问题。(课中作业 1 题，课后作业 1、2 题) 3. 了解氯化钠作为重要的物质资源，在工农业生产和生活中的用途，感受化学与资源、化学与人体健康的关系，促进学生物质观、科学发展观的形成。(课中作业 2 题、课后作业 3 题)

（续表）

设计目标	4. 应用溶解度的化学知识，知道氯化钠可以通过蒸发结晶的方法来制取，感受应用化学原理解决问题的化学学科价值。（课中作业 2 题、课后作业 3 题、选做题） 5. 掌握粗盐中难溶性杂质去除的原理、操作步骤，形成一定的实验探究能力，能够对错误操作进行偏差分析，培养学生的科学思维能力和科学态度。（课中作业 3 题、课后作业 4 题、选做题 5 题）
预计时长	课前作业：任选一题，时间 5 分钟。课中作业：时间 5 分钟。课后作业：时间 10 分钟。

特等奖作品

作业内容

一、课前作业

1. 我国食盐资源种类丰富，比如沿海有海盐，四川盆地有井盐。请你查阅资料，找找还有哪些食盐资源（种类和来源）。

2. 同学们，细心的你一定已经注意到，生活中我们的食盐品种已经变得丰富多样，比如含碘盐、低钠盐、竹盐等，它们有什么区别？请你调查我们餐桌上的食盐，完成下表。

食盐种类		主要成分	功能	选择依据
名称	是否食用过			
含碘盐				
低钠盐				
竹盐				

设计意图

课前作业注重了实践性、开放性，设置了两个学习任务：一是了解食盐资源的分布；二是收集身边各种各样的食盐，了解其用途。基于时间考虑，学生可以选择其一完成。课前作业的价值，首先是要唤醒学生对生活中氯化钠的认知，激发学生的课堂学习兴趣。其次，通过课前调查、查阅资料，搜集食盐资源的种类和来源，让学生感受我国丰富的盐类资源，感受到制取食盐过程中劳动人民的智慧。这些素材也为课堂“食盐制取的原理”教学提供支撑，还为后续第十二单元“化学元素与人体健康”中常量元素、微量元素的学习做好铺垫，同时也培养了学生搜集信息、归纳整理信息的能力。

二、课中作业（选择题每个 2 分，填空题每空 2 分，共 12 分）

★1. 我们生活的物质世界丰富多样，善于发现的同学们从生活中找到的下列物质，全部是盐类的一组是　　（　　）

A. 医用消毒药片高锰酸钾、体温计里的水银

B. 花卉肥料硫酸亚铁、食品防腐剂亚硝酸钠

C. 建筑材料氢氧化钙、发酵粉中的小苏打

D. 食品制冷剂干冰、钙片中的碳酸钙

★设计意图

本题考查的内容侧重基础性、实用性，给出了较多的生活物品及其成分，让学生感受物质多样性的同时，通过对物质的宏观辨识与微观探析，把握盐的共同特点，得出答案。

★★2. 食盐是我们生活中的必需品，下列有关 NaCl 的制取、提纯、溶液配制、食用等说法错误的是　　（　　）

A. 海水晒盐：采用盐田法从海水中提取食盐的基本原理是蒸发结晶

B. 粗盐提纯：可用溶解、过滤、蒸发结晶的方法，除去粗盐中的泥沙

C. 配制溶液：氯化钠易溶于水，其水溶液中存在水分子和氯化钠分子

D. 餐桌饮食：氯化钠常用于调味、腌渍食品，可以延长食物保质期

★设计意图

本题的设计围绕氯化钠的制取、提纯及其在生产、生活中的用途展开，并将宏观辨识、微观探析有机结合在一起。考查并引导学生了解氯化钠作为重要的物质资源，在工农业生产和生活中的用途，感受化学与资源、化学与人体健康的关系，促进学生物质观、微粒观、科学发展观的形成。

★★★3. 海洋是丰富的化学资源宝库。通过晾晒海水，可以得到含少量泥沙的粗盐。为了得到比较纯净的 NaCl（不考虑可溶性杂质），设计了如图所示的实验操作：

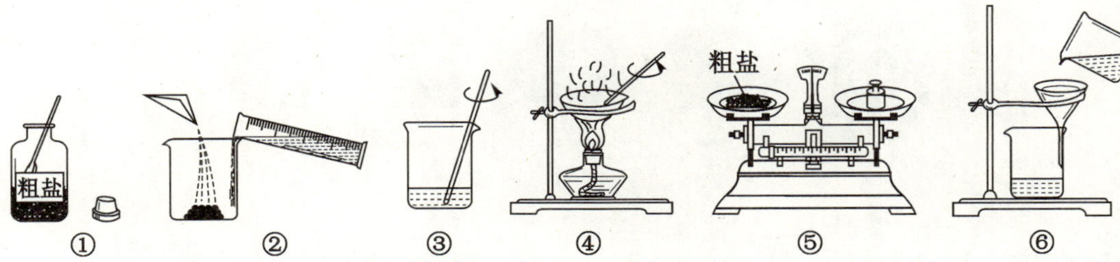

（1）操作③中玻璃棒搅拌的作用是__________。

（2）以上操作中错误的是________（填序号）。

（3）该实验中正确的操作顺序是__________________。操作④中看到________________________________时，停止加热。

设计意图

本题的设计注重了实践性和探究性，以实践活动“粗盐中难溶性杂质的去除”为载体，重点考查学生实验操作技能和实验探究能力。本题（1）和（3）的后一问，分别考查了实验的关键步骤过滤和蒸发的操作技能，习题中的（2）有一定的综合性，学生需要进行比较、分析得出结论。

三、课后作业（1～4为必做题，共28分；5题为选做题，8分）

选择题（每题2分，共6分）

★1. 你知道自己家里就有酸、碱、盐吗？辨析下列生活用品，其主要成分属于盐的是（　　）

A. 炉具清洁剂的主要成分为 NaOH

B. 白醋的主要成分为 CH_3COOH

C. 洁厕灵的主要成分为 HCl

D. 食用纯碱的主要成分为 Na_2CO_3

设计意图

本题的设计注重了基础性和实用性，从生活中最常见的用品入手，给出了其主要成分的化学式，让学生感受身边处处是化学，在感受化学学习价值的同时，从物质组成、结构的角度辨析什么是盐。

★2. 2022年北京冬奥会顶流“明星”冰墩墩走进化学课堂，现在它以“酸根离子”的身份，再次接受挑战，它将牵手好友雪容融构成盐，与其一起共创美好未来，它应该选择的是（　　）

A　　B　　C　　D

设计意图

本题的设计结合学生关注的社会热点，以冬奥会吉祥物为载体，用拟人的手法，激发学生兴趣。设计关注了易错的知识点，帮助学生认识铵根离子属于金属离子。1 题、2 题相互补充，使学生对盐类物质形成全面认识。学生对物质进行宏观辨识与微观探析，从宏观物质的组成、微观物质的构成的角度辨析作答。

★3. 煮饺子小妙招：煮饺子时在水中加点食盐，饺子不易破皮还熟得快，这是因为氯化钠提高了水的沸点，使沸水的温度高于 100 ℃的缘故。氯化钠还有好些用途呢，下列不属于氯化钠用途的是　　(　　)

A. 氯化钠是常见的食品调味剂

B. 氯化钠可用于生产氯气、烧碱

C. 氯化钠可以治疗胃酸过多

D. 氯化钠可用于腌渍食品

设计意图

本题的设计从生活小妙招切入，激发学生的学习兴趣，围绕氯化钠在生产、生活中的用途展开。

填空题（每空 2 分，共 22 分）

★★4. 一辆运盐车不慎侧翻，造成部分精盐散落地面，化学小组的同学紧急出动，把散落于地的混有泥沙的盐进行提纯。为了提高效率，同学们分 8 个小组同时进行，请你参与其中：

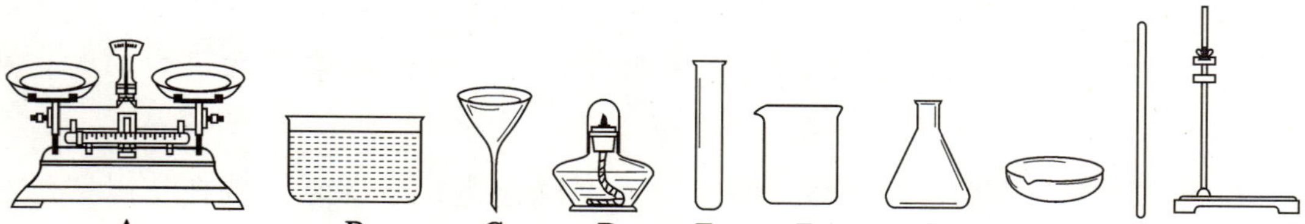

A　B　C　D　E　F　G　H　I　J

(1) 请你帮助小组同学找出实验需要用到的仪器：________（填字母序号）。

(2) 要进行的操作步骤依次为：①溶解；②________；③________；④计算产率。

（3）仪器Ⅰ在上述操作步骤（不包括步骤④）中的作用依次是：＿＿＿＿＿＿；＿＿＿＿＿＿；＿＿＿＿＿＿＿＿＿＿＿＿＿＿＿＿＿＿＿＿＿＿＿＿。

（4）操作步骤②的要点可概括为“一贴、二低、三靠”，其中“二低”的含义是＿＿＿＿＿＿＿＿＿＿＿＿＿＿＿＿＿＿＿＿＿＿＿＿。

（5）操作步骤③停止加热的时刻为＿＿＿＿＿＿＿＿＿＿＿＿＿＿，然后用＿＿＿＿将热的蒸发皿取下，放在实验桌的陶土网上。

★★★（6）实验完成后，同学们通过正确计算发现，有一个小组的精盐产率明显比大家的低，请你帮他们分析可能的原因：＿＿＿＿（填字母序号）。

A. 过滤时不小心捅破滤纸

B. 蒸发时有液滴溅出

C. 溶解含泥沙的粗盐时，加入的水不足

D. 转移精盐时，蒸发皿中有残留的固体

E. 蒸发时，精盐中留有较多水分

F. 过滤时，没有用玻璃棒引流，有滤液溅出

G. 蒸发皿、玻璃棒上残留精盐

H. 滤液浑浊就开始蒸发

设计意图

本作业设计注重了综合性、实践性、探究性。习题具有知识的系统性和全面性，是在前边粗盐提纯习题的基础上，对知识的统领。学生的认知需要在分类练习的基础上进行统领，整合知识就是一种认知的提升。

本题依托粗盐提纯的实践活动，全面落实和考查粗盐提纯的知识点。从仪器选择、实验操作步骤到关键仪器的作用、关键操作的原理及误差分析。尤其是（3）中玻璃棒的作用的设计，应用了对比的方法，注重了引导学生思维，使学生学会对比的学习方法。

选做题（每空 1 分，共 8 分）

★★★5. 同学们承担了利用化学实验室对含有泥沙的粗盐进行提纯并为农业选种进行溶液配制的任务。

项目一：粗盐中难溶性杂质的去除

图 1 所示是同学们提纯 NaCl 的实验。

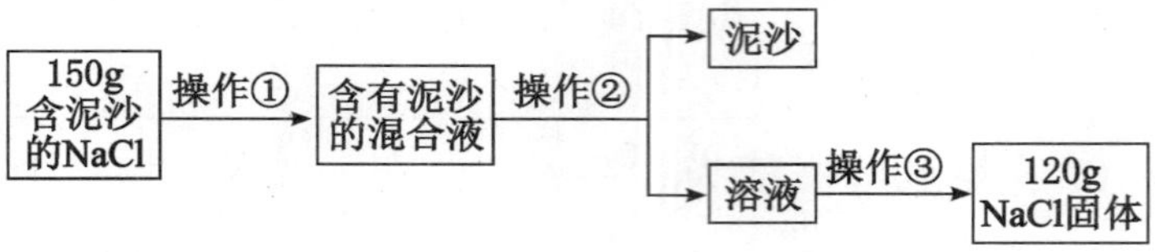

图 1

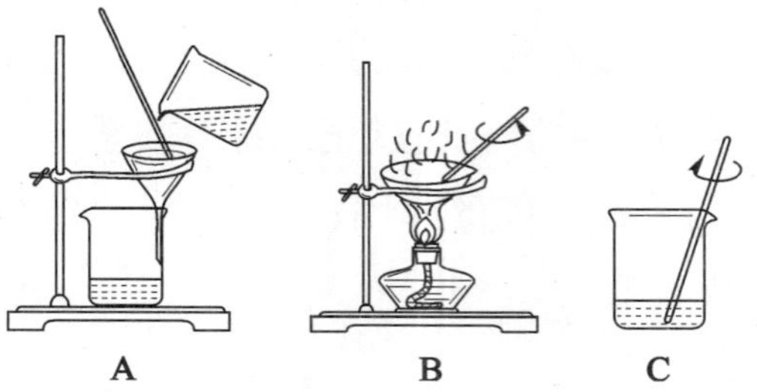

图 2

（1）操作①、②、③依次为图 2 中的____________（填字母序号）。

（2）图 2B 操作中玻璃棒的作用是________________________________。

项目二：配制选种所需要的溶液

同学们利用上述提纯的 NaCl，配制农业上选种需要的 500g 溶质质量分数为 16%的氯化钠溶液，需氯化钠的质量为________。

配制过程的操作步骤有：计算、____________、溶解、装瓶贴标签。

项目三：交流讨论及误差分析

经过项目一、二后同学们发现，配出的氯化钠溶液溶质质量分数偏低，同学们提出下列可能原因，你认为合理的是________（填字母序号）。

A. 提纯粗盐过滤时滤纸有破损

B. 提纯 NaCl 蒸发时，受热不均匀，液滴溅出

C. 配制溶液溶解时，没有用玻璃棒搅拌

D. 配制好溶液装瓶时，有液体洒出

造成上述结果，还有可能的原因是______________________________。（写出 1 点即可）

经过同学们反思交流，发现问题并进行修正，成功地完成了任务，但同学们又有了新的疑惑。

【学科综合拓展】有同学提出，为什么选种不用水，要用 16%的氯化钠溶液？

同学们讨论后得出，水中溶解氯化钠后，溶液的密度会变大，这样会使浮力________（填“变大”或“变小”），从而使干瘪的种子浮起，人们会用________（填“饱满”或“干瘪”）的种子去发芽，可以提高发芽率。

整个实践过程同学们不仅掌握了实验的操作技能、体会了合作学习的快乐，还享受着化学学习为农业生产做贡献的乐趣。

★设计意图

本题设计注重了实践性、综合性、开放性和跨学科整合性，为中等难度习题。以项目化学习的方式解决实际问题，同时，作业的设计还注意提升学生的知识迁移能力。本题与第4题相比有明显的递进与提升。

本题围绕“粗盐中难溶性杂质的去除”和利用提纯的精盐进行“农业选种用的溶液的配制”两个项目主题，提升学生对所学知识在实际情境中的迁移。学生在完成第4题练习后完成第5题，需要综合所学知识，将知识迁移到实际较为复杂的情境中进行应用，本身就是一种能力的提升，同时，把所学知识应用到实际生产、生活中，培养了学生的社会价值感。

参考答案

一、课前作业

1. 青海察尔汗盐湖、山西运城七彩盐湖（合理即可）。

2.

食盐种类		主要成分	功能	选择依据
名称	是否食用过			
含碘盐		氯化钠、碘酸钾	补碘	最常见，生活在缺碘地区，补碘有利于青少年发育等
低钠盐		氯化钠、氯化钾、硫酸镁、碘酸钾	低钠、补碘	预防高血压
竹盐		氯化钠及含钙、钾、铜、铁、锌等元素的化合物	有特殊味道，含多种微量元素	孕妇、心肾功能较弱人群不适合食用

二、课中作业

1. B

2. C

3. （1）加速溶解

（2）⑤⑥

（3）①⑤②③⑥④　有较多固体析出

三、课后作业

1. D

2. C
3. C
4. （1）ACDFHIJ
（2）过滤　蒸发
（3）加速溶解　引流　搅拌，防止局部温度过高，液体飞溅
（4）液面低于滤纸边缘，滤纸低于漏斗边缘
（5）有较多固体析出时　坩埚钳
（6）BCDFG
5. 项目一：（1）C、A、B
（2）搅拌，防止局部温度过高，液体飞溅
项目二：80 g　称量、量取
项目三：A　配制溶液量取水时，仰视读数（合理即可）
【学科综合拓展】变大　饱满

作品点评

本作品分层设计，层层递进，关注学生的差异，关注学科素养的培养。课前作业，通过自主查找资料了解食盐资源的分布，通过收集身边各种各样的食盐，了解其用途，注重了实践性、开放性。课中作业，侧重综合性，围绕氯化钠的制取、提纯，氯化钠在生产、生活中的用途展开，并将宏观辨识、微观探析有机结合在一起。课后作业，从生活小妙招切入，围绕氯化钠在生产、生活中的用途展开，激发了学生的学习兴趣，感受到化学与资源、化学与人体健康的关系，促进学生物质观、微粒观、科学发展观的形成。

作品亮点：本作品作业目标清晰，分层设计，层层递进，既保证了全体学生完成课标要求的学习目标，还有利于学有余力的学生的发展。同时，注重理论联系实际，立足学科素养，关注健康，走出课堂，让学生在实践中获取知识，宏微结合，依托实验，在真实的情境中解决问题，提高了学生的思维品质。

专家建议：作业设计，不仅要在作业品质上精心设计，对学生在活动中的表现（参与探究活动、进行交流讨论的积极性，合作意识和合作能力）也要及时关注和评价。

5. 生活中常见的盐

清徐县徐沟镇初级中学校　王涛涛

电子作品扫码下载

作品信息

作业类型	课时作业
适用章节	人教版九年级下册　第十一单元课题 1
设计理念	本作业以课标和教科书为设计依据，使不同层次的学生都能在原有基础上得到一定的发展，能有效诊断学生对本节化学基础知识和基本技能的掌握情况，使学生的化学思维能力得到一定提高。同时，本作业的设计还根据中考要求进行了改进，力求把化学知识真正运用到实际生活中去，能用化学知识解决简单的实际问题。
设计目标	坚持立德树人为基本导向，落实“双减”政策要求，提质增效，加强化学与生活、社会、科技、环境的联系，面向全体学生，巩固基础知识与基本技能，提高化学思维能力。同时尊重学生的差异性，分层设计作业，使不同层次的学生都有收获，进而增强学习化学的动力，使每位学生都能在原有基础上得到一定发展。
预计时长	自主作业 3 分钟；合作作业 10 分钟；拓展作业 3 分钟；随堂检测作业 10 分钟。

作业内容

一、自主作业

1. 食盐的主要成分是________，化学式为________，生活方面，可作调味剂，可用来腌渍食品，不仅风味独特，还具有____________的作用；医疗方面，可用来配制____________；工业方面，可用氯化钠为原料制取________________________等；农业方面，可用来______________；交通方面，在冬天，可用来______________。

2. 碳酸钠的俗名是__________，化学式为________，碳酸钠水溶液显________性。在碳酸钠溶液中滴加无色酚酞溶液，酚酞溶液显示________色。工业上碳酸钠广泛应用于________、造纸、纺织、洗涤剂的生产等。

3. 碳酸氢钠的俗名是____________，化学式为________，碳酸氢钠水溶液显________性。生活中碳酸氢钠可作________；医疗上碳酸氢钠可____________。

4. 碳酸钙是______________的主要成分，工业上 $CaCO_3$ 是重要的__________；医疗上 $CaCO_3$ 可作________。

5. 复分解反应的定义是：两种________互相________，生成______________的反应，属于基本反应类型之一。复分解反应发生的条件是：两种化合物互相交换成分后有________或________或________生成。

★ 设计意图

自主作业，通过学生阅读教科书内容，自主理解相关知识，了解氯化钠、碳酸钠、碳酸氢钠和碳酸钙的组成及其在生活中的主要用途。

二、合作作业

1. 能将澄清石灰水、氢氧化钠溶液、稀盐酸区分开来的试剂是　　（　　）

A. 紫色石蕊溶液　　B. 稀硫酸

C. 氢氧化钡溶液　　D. 碳酸钠溶液

2. 下列各组物质转化中不能一步实现的是　　（　　）

A. $Na_2CO_3 \rightarrow NaCl$　　B. $K_2SO_4 \rightarrow Na_2SO_4$

C. $CaCO_3 \rightarrow H_2O$　　D. $Ca(OH)_2 \rightarrow NaOH$

能转化的尽可能多地写出化学方程式及相应的现象，不能转化的说明理由。

选项	化学方程式	现象

不能转化的理由是____。

3. 探究沙尘暴的成分

【信息检索】我国西北地区，含有大量钠盐的干涸盐湖和盐碱地，总面积约有50万平方千米，为沙尘暴的形成埋下隐患。

【猜想假设】此次沙尘暴中可能含有碳酸钠等碱性物质。

【进行实验】取少量盐碱地的土壤与蒸馏水按 1∶5 的质量比在烧杯中混合，充分搅拌后静置，取上层清液，用右图装置完成如下实验。

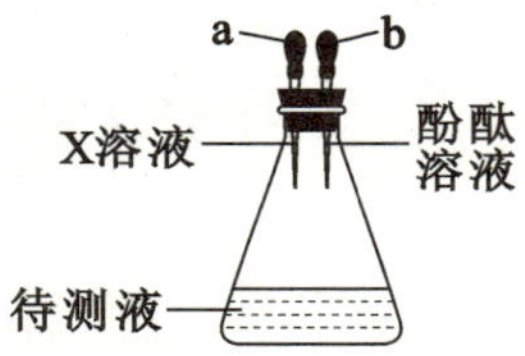

项目	实验步骤	实验现象	实验结论
方案	①挤压胶头滴管 a，滴入________。	产生白色沉淀	沙尘暴中含有 Na_2CO_3，不含 NaOH。
	②挤压胶头滴管 b，滴入几滴酚酞溶液。	溶液不变色	

【反思评价】

（1）步骤①中发生反应的化学方程式为________________。

（2）自然界的土壤通常不含 NaOH，理由是__________________。

（3）若加入的 X 是________（填化学式），只能证明沙尘暴中含有 Na_2CO_3，而不能确定是否含有 NaOH。

设计意图

合作作业，通过小组合作学习，相互讨论，掌握碳酸根离子的检验方法，并能在真实情境中解决实际问题。

三、拓展作业

化学课后，化学兴趣小组的同学在整理实验桌时，发现有一瓶氢氧化钠溶液没有塞橡胶塞，征得老师同意后，开展了以下探究。

【提出问题 1】该溶液是否变质？

氢氧化钠溶液露置于空气中容易变质，请写出相关反应的化学方程式：______________________________。

【实验探究 1】

实验步骤	实验现象	实验结论
取少量该溶液于试管中，向溶液中滴加稀盐酸，并不断振荡。	____________	该溶液一定变质

【提出问题 2】该溶液是全部变质还是部分变质呢？

【猜想与假设】

猜想 1：该溶液部分变质，则溶质为______________。

猜想 2：溶液全部变质，则溶质为________________。

【查阅资料】氯化钙溶液呈中性。

【实验探究 2】

实验步骤	实验现象	实验结论
①取样于试管中，滴加过量的氯化钙溶液，并不断振荡。	有________生成	说明原溶液中一定有碳酸钠。
②取步骤①试管中的少量上层清液，滴加酚酞溶液。	溶液变红色	说明原溶液中一定有__________。

【实验结论】该溶液________（填“部分”或“全部”）变质。

【理解与应用】氢氧化钠溶液容易变质，必须密封保存。实验室必须密封保存的药品还有很多，试另举一例：________________。

设计意图

拓展作业，要求学生能深度理解复分解反应发生的条件，并能熟练判断酸、碱、盐之间是否能发生反应。

四、随堂检测作业

1.（基础题）下列反应不属于复分解反应的是（　　）

A. $Fe_2O_3+6HCl=2FeCl_3+3H_2O$

B. $NaOH+HCl=NaCl+H_2O$

C. $Na_2CO_3+2HCl=2NaCl+CO_2\uparrow+H_2O$

D. $2NaOH+CO_2=Na_2CO_3+H_2O$

2.（中档题）下列两种溶液混合后，能发生反应，且溶液总质量不会发生改变的是（　　）

A. 氢氧化钠溶液和稀盐酸

B. 碳酸钠溶液和稀盐酸

C. 氯化钠溶液和稀硫酸

D. 碳酸钠溶液和氯化钙溶液

3.（综合题）下列各组溶液，不外加试剂就能鉴别出来的是（　　）

A. Na_2CO_3、HCl、$BaCl_2$、$NaCl$

B. $NaOH$、$FeCl_3$、HCl、HNO_3

C. Na_2CO_3、$NaCl$、Na_2SO_4、$Ba(OH)_2$

D. $NaOH$、$Ba(NO_3)_2$、$NaCl$、$MgSO_4$

4.（提高题）同学们在初中化学实验室中发现一瓶久置的瓶口有白色固体、瓶塞丢失的无色溶液。已知原溶液可能是 $NaCl$、$NaOH$ 或 Na_2CO_3 三种溶液中的一种，为确定溶液成分，同学们进行了如下探究：

小张取待测液测得 pH = 10，他得出的关于溶液成分的结论是________________。他取少量待测液于试管中，加入过量的稀 HCl，看到______________，由此，小张认为，溶液为 Na_2CO_3 溶液。

小李对小张的结论提出疑问，又进行了以下实验：取少量待测液于试管中，加入过量的 $CaCl_2$ 溶液，生成白色沉淀，该反应的化学方程式为________________，静置，____（写出还需进行的操作及现象）。通过实验，小李认为小张结论正确。

二位同学给试剂瓶贴一新标签：Na_2CO_3。

实验结束后，同学们通过讨论认为试剂瓶原标签可能不是 Na_2CO_3，你认为他们的理由是____________________________________。

参考答案

一、自主作业

1. 氯化钠　NaCl　延长保存时间　生理盐水　碳酸钠、氢氧化钠、氯气、盐酸　选种　消除积雪

2. 纯碱、苏打　Na_2CO_3　碱　红　玻璃

3. 小苏打　$NaHCO_3$　碱　发酵粉　治疗胃酸过多

4. 大理石、石灰石　建筑材料　补钙剂

5. 化合物　交换成分　另外两种化合物　沉淀　气体　水

二、合作作业

1. D

2. B

选项	化学方程式	现象
A	$2HCl+Na_2CO_3=2NaCl+H_2O+CO_2\uparrow$ $CaCl_2+Na_2CO_3=2NaCl+CaCO_3\downarrow$ $BaCl_2+Na_2CO_3=2NaCl+BaCO_3\downarrow$	有气泡产生 有白色沉淀产生 有白色沉淀产生
C	$2HCl+CaCO_3=CaCl_2+H_2O+CO_2\uparrow$	固体减少，有气泡产生
D	$Ca(OH)_2+Na_2CO_3=CaCO_3\downarrow+2NaOH$	有白色沉淀产生

K_2SO_4+ Na ________→Na_2SO_4+ K ________，生成物中不可能出现沉淀或气体或水

3. 【进行实验】足量 $CaCl_2$ 溶液［或足量 $Ca(NO_3)_2$ 溶液］

【反思评价】（1）$CaCl_2+Na_2CO_3=2NaCl+CaCO_3\downarrow$

（2）氢氧化钠容易变质

（3）$Ca(OH)_2$

三、拓展作业

$CO_2+2NaOH=Na_2CO_3+H_2O$ 有气泡产生 NaOH 和 Na_2CO_3

白色沉淀 NaOH 部分 澄清石灰水（或浓盐酸或生石灰或乙醇等）

四、随堂检测作业

1. D

2. A

3. A

4. 可能是 NaOH 溶液（或可能是 Na_2CO_3 溶液；或可能是 NaOH 溶液或 Na_2CO_3 溶液；或一定不是 NaCl 溶液） 有气泡产生 $CaCl_2+Na_2CO_3=2NaCl+CaCO_3\downarrow$ 在上层清液中加入无色酚酞溶液，溶液为无色（或在上层清液中加硫酸铜溶液，无明显现象） 原标签可能是 NaOH 溶液，只不过完全变质了

作品点评

本作品关注三维目标的达成，关注学生差异，自主、合作、拓展，形式多样，准确诊断出学生对教科书内容的达成情况。作业设计目标清晰，简捷易行，训练有效。分层设计既保证了全体学生的达标，也促进了优等生的发展，难、中、易相结合有效评价了学生的学习结果，给所有的学生提供了充分展示的机会，增强了学生的自信心和主动性。

作品亮点：本作品依据认知性学习目标、技能性目标和体验性学习目标，精准设计了较为适切的作业内容，有助于学生深入理解课堂所学知识，有助于真实诊断出学生实际学习状况和水平，对教师改进教学有很大的帮助。其次，本作品拓展作业联系生产、生活实际，创设新的问题情境，让学生在真实的任务情境下解决问题，体现实践性、探究性和综合性的新课程理念。

专家建议：在作品中如果能原创一些作业，充分体现作业对提升学生学科素养的功能，用更少量的作业达到同样的诊断效果，会更完美！

第二类　综合与实践（项目化学习）作业设计

6. 化学与生活

太原市师苑中学校　杨娇荣

电子作品扫码下载

特等奖作品

作品信息

作业类型	综合实践类作业
适用章节	人教版九年级下册　第十二单元
设计理念	1. 遵循学生的认知规律，布置科学、合理的预习作业，发挥好作业的育人功能。 2. 设置分层作业，减轻学生的作业负担。 3. 设置形式多样的作业，促进学生的全面发展。
设计目标	1. 主题中“预习任务一”作业设计分为两部分：一是阅读教科书，目标是提升学生的阅读能力；二是根据教科书内容完成“自学导航”部分的题目，目标是培养学生提取简单信息的能力。 2. 主题中“预习任务二”的作业设计是查阅资料，完成小报制作。查阅资料的设计目标是提升学生从教科书以外的资源中提取信息的能力。小报制作的设计目标在于提高学生对“化学来自生活，化学走向社会”这一学科特点的感悟，提升学生对化学学习的兴趣和参与度，同时培养学生选择信息、交流汇报、动手实践等多方面的能力，促进学生的全面发展。小报内容的设置对应课标中的要求，并在两个主题中都设计了三个选项，学生可以依据自身情况选择最喜欢的一项完成。
设计特色	1. 设计作业之前首先参照课标，将3个课题内容整合为两个主题。主题一是“化学物质与健康”，对应《课题1　人类重要的营养物质》和《课题2　化学元素与人体健康》。主题二是“常见的化学合成材料”，对应《课题3　有机合成材料》。整合方式符合知识的规律和学生的认知规律，也能减轻学生的作业负担。 2. 作业设计主要分为两部分：一是阅读教科书内容，完成自学导航任务。此部分着重培养学生的阅读及提取简单信息的能力。题目内容的设置对应课标中的各项知识要求。题目设置包含了填空、填表、连线、简单网络图的构建等多种形式。二是通过查阅资料或整合教科书知识，完成小报制作。此部分根据学生能力及兴趣点不同进行了分层和个性化的设计。

（续表）

预计时长	此作业为寒假预习作业，时间比较灵活。若在2周内完成，平均每天约15分钟。 现具体预估时长如下： 主题一　化学物质与健康 预习任务一：阅读教科书共计25分钟；完成自学导航1、2，共计15分钟。 预习任务二：查阅资料、构思，约30分钟；制作小报约60分钟。 主题二　常见的化学合成材料 预习任务一：阅读教科书约20分钟；完成自学导航，约10分钟。 预习任务二：查阅资料、构思，约30分钟；制作小报约60分钟。

作业内容

主题一　化学物质与健康

预习任务一

阅读教科书课题1、课题2相关内容，分别完成自学导航1、2。

自学导航1

1. 六大基本营养素有________、________、________、________、________、________。其中，蛋白质是由多种________构成的极为复杂的化合物。糖类是由______________三种元素组成的化合物，米和面中含有的糖类物质主要是________，它在人体内经________的催化作用，最终变为________（化学式为$C_6H_{12}O_6$）。储存在某些植物中的糖是________（化学式为$C_{12}H_{22}O_{11}$）。油脂包括呈液态的植物油脂和呈固态的动物油脂，前者称为________，后者称为________。

2. 根据你所了解的知识连线。

主要营养素	生理功能	主要食物来源
糖类	维持生命活动的备用能源	动物肌肉、蹄以及蛋清等；许多植物（如大豆、花生）的种子
蛋白质	调节新陈代谢、预防疾病；维持身体健康	米、面、玉米、薯类等
油脂	构成细胞的基本物质，是机体生长及修补受损组织的主要原料，能提供能量	水果、蔬菜等
维生素	生命活动的主要供能物质	花生油、豆油、牛油、奶油等

3. 缺乏维生素A会引起________，缺乏维生素C会引起________。

4. 对人体有害的物质：①能破坏蛋白质结构，使其变质的是________；②烟气中毒害作用最大的气体物质是________；③发生霉变的食物中含有____________。

★设计意图

自学导航1的作业以填空题、连线题等形式呈现，目的是让学生了解蛋白质、糖类、油脂、维生素等六大营养素与人体健康的关系，认识这些物质对人的生命活动的重要意义。

自学导航2

1. 人体中含量较多的四种元素是____________。人体中含量最高的金属元素是________。在人体中含量超过0.01%的元素称为________，含量在0.01%以下的元素称为________。对人体有害的元素有________、________、镉（Cd）等。

2. 完成下表：

人体必需元素（括号内填元素符号）	缺乏或摄入量过高对人体健康的影响	主要食物来源	备注
钙（________）	青少年缺钙会患________，老年人缺钙会引起________	牛奶、虾皮	常量元素
铁（________）	缺铁会引起____________________	肝脏、瘦肉	微量元素
碘（________）	____________________	海产品、加碘盐	
锌（________）	缺锌会引起________，发育不良	海产品、瘦肉	
氟（________）	缺氟易产生________，过量会引起________和氟骨病		
硒（________）	缺硒可能引起表皮角质化和________；摄入量过高，会使人________	蛋类	

预习任务二

结合教科书，查阅资料，完成小报制作。小报制作指导意见：主题鲜明，内容准确，形式美观，实用性强。（说明：以下小报选做一个即可）

★1. 选择最感兴趣的营养素或人体所需的元素，查阅资料，制作一份小报。

★★2. 选择自己最感兴趣的一个或若干菜品，分析其中的营养物质或元素，制作一份小报。

★★★3. 根据你所了解的知识，为自己或家人设计一份食谱。

设计意图

对于化学元素与人体健康的课题，以自主阅读形式，结合已有的知识和经验，开展各种形式的活动，让学生参与到学习中来，营造良好的课堂环境，深刻认识一些元素对人体健康的重要作用。

主题二　常见的化学合成材料

预习任务一

阅读教科书课题3相关内容，完成自学导航。

自学导航

1. 化合物主要有两大类：________和________（简称有机物）。有机化合物中都含有________元素。根据有机化合物相对分子质量大小不同，分为有机小分子化合物和有机________化合物，前者如________、________、________等，后者如________、________等。

2. 填写结构图：

有机高分子材料
- 天然有机高分子材料：如________、________、天然橡胶等
- ________有机高分子材料
  - ________
  - 合成纤维
  - 合成橡胶

3. 合成纤维与天然纤维相比，强度高、________好、耐磨和耐________，但________性和________性较差。合成橡胶与天然橡胶相比，具有高弹性、________性、耐油、耐高温和________等性能。

4. 废弃塑料引起的环境问题是________________。可采取的措施有________________________（写一条）。

预习任务二

结合教科书，查阅资料，完成小报制作。小报制作指导意见：知识梳理小报要求内容较完整，体现逻辑性；主题式小报要求主题鲜明，内容准确，形式美观。（说明：以下小报选做一个即可）

★1. 自主梳理教科书知识，完成本课题知识小报。

★★2．选择最感兴趣的一种合成材料或新型材料，查阅资料，制作一份小报。

★★★3．根据你所了解的知识，寻找身边的合成材料制品，制作一份小报。

设计意图

对于有机合成材料，学生在生活中接触了很多的橡胶和纤维制品，已有了一定的感性认识，通过设计一些任务引导学生阅读，有助于提高学生兴趣，培养学生的阅读能力。

参考答案

主题一　化学物质与健康

预习任务一

自学导航 1

1．蛋白质　糖类　油脂　维生素　无机盐　水　氨基酸　碳、氢、氧　淀粉　酶　葡萄糖　蔗糖　油　脂肪

2．

主要营养素	生理功能	主要食物来源
糖类	维持生命活动的备用能源	动物肌肉、蹄以及蛋清等；许多植物（如大豆、花生）的种子
蛋白质	调节新陈代谢、预防疾病；维持身体健康	米、面、玉米、薯类等
油脂	构成细胞的基本物质，是机体生长及修补受损组织的主要原料，能提供能量	水果、蔬菜等
维生素	生命活动的主要供能物质	花生油、豆油、牛油、奶油等

3．夜盲症　坏血病

4．甲醛　一氧化碳　黄曲霉毒素

自学导航 2

1．O、C、H、N　钙（或 Ca）　常量元素　微量元素　汞　铅

2．Ca　佝偻病　骨质疏松　Fe　贫血　I　甲状腺肿大　Zn　食欲不振　F　龋

齿　氟斑牙　Se　癌症　中毒

预习任务二

寒假正值冬奥会举办，冬奥会运动员们的饮食也引起了同学们的广泛关注，不少同学选择了冬奥会上的饮食进行分析；有同学选取家中的一道菜品或一顿午餐进行分析；有同学以太原美食为主题展开分析；有同学实实在在地设计了一份食谱。

学生作品展示：

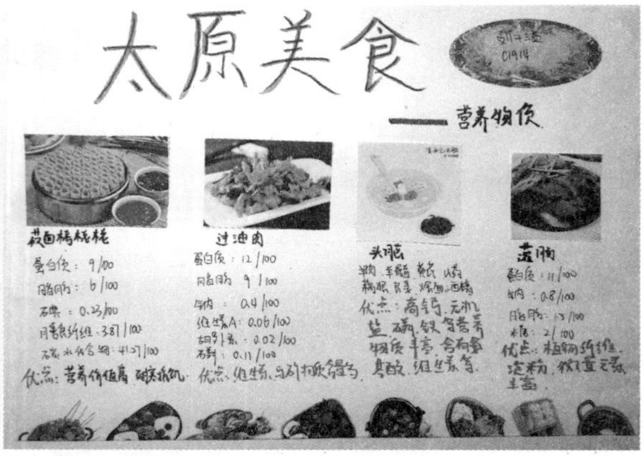

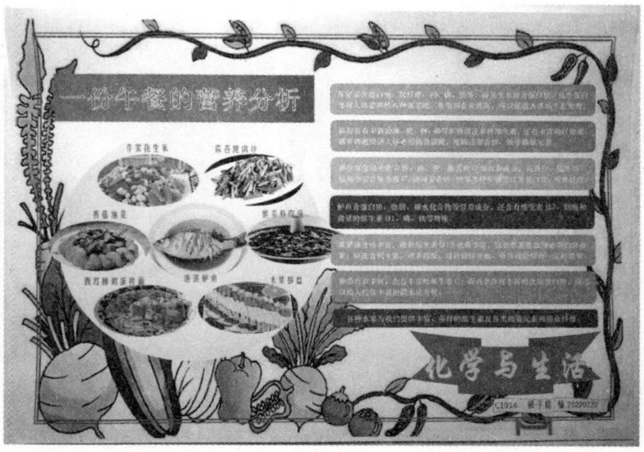

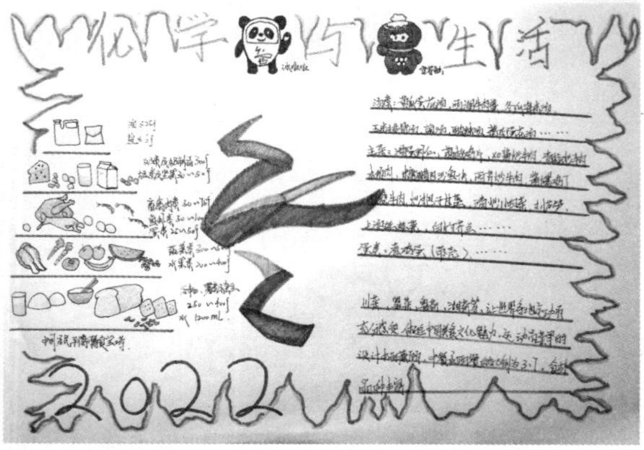

主题二　常见的化学合成材料

预习任务一

自学导航

1. 无机化合物　有机化合物　碳　高分子　甲烷　乙醇　葡萄糖　淀粉　蛋白质

2. 棉花　羊毛　合成　塑料

3．弹性　化学腐蚀　吸水　透气　绝缘　不易老化

4．“白色污染”　减少使用不必要的塑料制品；重复使用某些塑料制品；使用一些新型的、可降解的塑料；回收各种废弃塑料等（任写一条即可）

预习任务二

有的同学对有机合成材料做了梳理；有的同学选取了一种合成材料或新型材料进行介绍；不少同学选取了本课题中的部分内容进行展示；比较少的同学选择结合家中的合成材料制品进行展示。

学生作品展示：

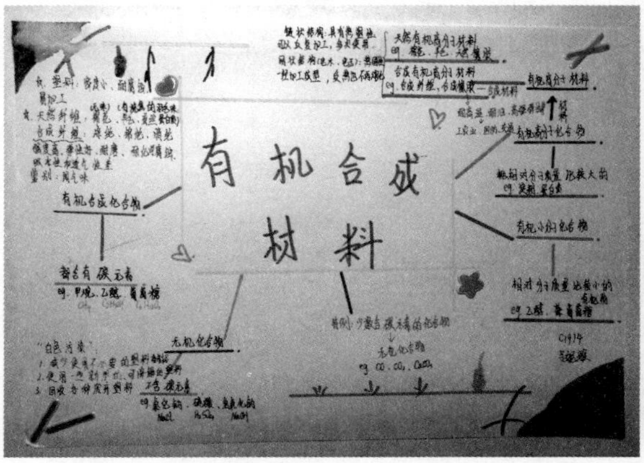

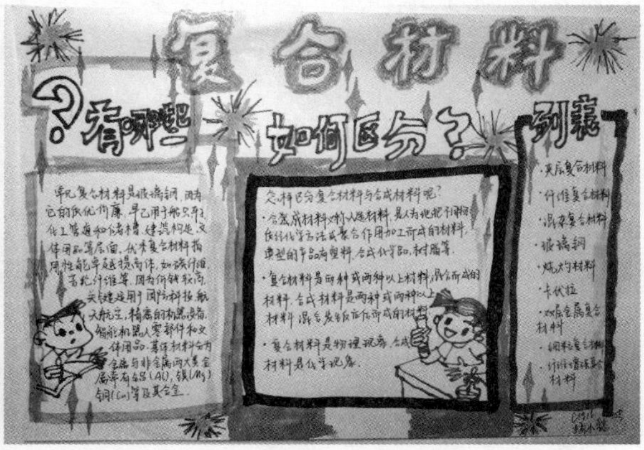

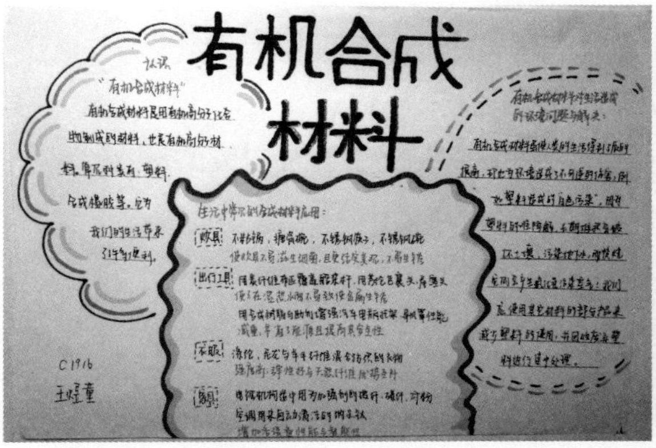

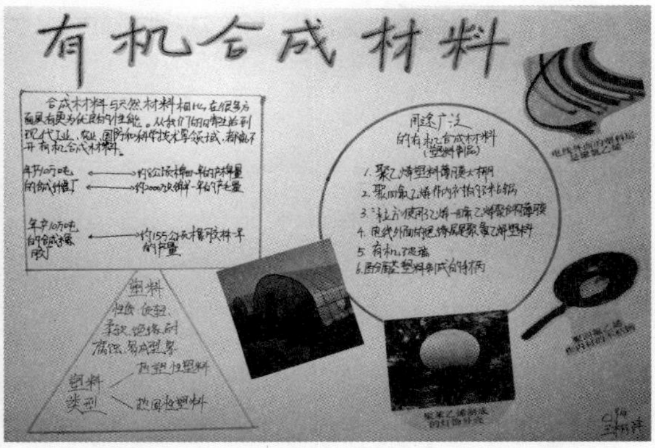

作品点评

本作品以自学导航的方式引导学生自主阅读，设计一些了解性的作业，在此基础上让学生制作一些小报，从作业作品展来看，同学们对制作小报的兴趣度和参与度都很高，不仅完成了知识学习，更是在参与小报的制作过程中融入了家国情怀，较好地完成了既定预习目标。促进学生在亲身体验和经历实践活动的过程中获取化学知识，培养学生的创新精神和实践能力。

作品亮点：通过制作小报，还反馈出学生们在这部分知识的易错点，如小报呈现出“油脂”和“脂肪”用法不当、将不锈钢制品当成“合成材料”等，这种把“错误”在小报中展现出来的教育，才是真正的教育，这种“错误”才是学生终生难忘的，这种实践性的作业才能更高效地完成课标中的要求，真正切实促进“双减”落地，有效提升教育教学质量。

专家建议：在作品中如果能呈现参与意识、合作精神、科学态度、美育教育等方面的评价，则更能提升学生积极性，并收到更好的效果。

7. 冬奥会中化学知识的应用

太原市第五十九中学校 康燕芝

电子作品扫码下载

作品信息

作业类型	项目化作业
适用章节	人教版九年级
设计理念	本项目化作业以培养会学习的、具有高度科学文化素养和人文素养的人为目标，采用项目化学习的教学策略，以“冬奥会中化学知识的应用”为主题，树立环保意识和可持续发展意识，增强对社会的责任感。
设计目标	1. 通过对冬奥会中化学知识的查阅、整理，培养学生搜集和处理信息的能力、阅读能力、分析和解决问题的能力，以及表达、交流、合作、共享的能力。 2. 通过对火炬外壳材料、冬奥会服装中的“黑科技”的了解，让学生知道化学可以通过改变材料的结构来改善材料的性能。 3. 通过对二氧化碳跨临界制冷系统的了解，树立爱护环境、合理使用化学物质的可持续发展理念，认识化学与环境、资源、人类健康的关系。 4. 通过对冬奥会中化学知识的查阅，形成关注社会热点问题的意识，感受并赞赏化学对改善人类生活和促进社会发展的积极作用，逐步形成参与社会决策的意识，树立爱国爱家情怀，树立传承化学、开拓创新的意识。
设计特色	分层设计 、个性化作业。 让学生了解冬奥会中的化学知识，并用所学知识解释一些问题。所选材料来源于教科书，又高于教科书。富于时代性、科技性的作业，使学生进一步体会化学与人类的关系，认识到学习化学的重要性。
预计时长	6 天时间完成，每天 30 分钟。

作业内容

项目时间安排

第一阶段 时间：2022 年 3 月 26 日—27 日

北京冬奥会在2022年2月4日开幕。请同学们从火炬的奥秘、废物再利用、服装中的“黑科技”、二氧化碳跨临界直冷制冰、预防新冠病毒五方面，每组选择一个主题，小组合作利用网络、电视等各种途径查阅并整理有关内容。可以用PPT、美篇、抖音等形式上传在班级钉钉群。

第二阶段　时间：2022年3月28日

1. 小组代表展示成果，教师点评、补充。
2. 教师对每个主题提出相应的探究性问题。
3. 具体时间安排：181班9：00~9：45
   182班10：00~10：45

第三阶段　时间：2022年3月29日

1. 学生再次分组、分主题，探究、交流、总结。
2. 教师点评、补充、总结。
3. 具体时间安排：181班10：20~11：05
   182班11：15~12：00

第四阶段　时间：2022年4月2日—3日

1. 小组以海报的形式展示探究成果，并做检测题。
2. 教师点评、赞扬。
3. 具体时间安排：181班10：20~11：05
   182班11：15~12：00

项目作业

一、火炬的奥秘

2022年北京冬奥会火炬接力以“迎接冰雪之约　奔向美好未来”为主题，以“健康·欢乐·活力”为口号，将活动分为火种展示、传统火炬传递和网络传递三个部分。在“科技冬奥”理念的指导下，“飞扬”火炬依旧创造了多个第一。

2021年10月18日，火种在希腊伯罗奔尼撒半岛的古奥林匹亚遗址采集。扮演最高女祭司的演员桑西·乔治乌利用凹面镜点燃火种。2022年2月4日，在国家体育场“鸟巢”，火炬手接过最后一棒，在终点把火炬一放，世人惊讶地看到，原来它就是最终之火。它产生的碳排放量大概等于之前的五千分之一。以“不点火”代替“点燃”，以“微火”取代熊熊燃烧的大火，传递低碳、环保的绿色奥运理念，实现了奥运历史上的一次点火创新。

传统火炬多用固体燃料或有机化合物燃料［将35%丙烷（C_3H_8）和65%丁烷（C_4H_{10}）的混合物作为燃料］，此次选择氢气作为燃料。在水下传递过程中，包括机器人冰面滑行入水、水下火炬交接传火、机器人出水三部分。全部都是由水陆两栖机器人与水下变形结构机器人共同完成的。火炬在下水前会进行自主补氧，保证水下助燃剂能够自给自足，出水后则切换为大气供氧的模式。水下火炬下水之前火焰根部放入筒状空腔，喷出的火外面包有一层气膜。采取了“水中——水火分隔”的模式。

火炬外壳材料不仅要耐火抗高温，还要能在极寒天气中使用。2022 年北京冬奥会火炬“飞扬”将碳纤维与高性能树脂结合在一起做成碳纤维复合材料，密度只有钢的$\frac{1}{4}$左右，但强度是钢的 7~9 倍。通过将碳纤维丝立体三维编织，最终像“织毛衣”一样织成了火炬外壳，看不出任何接缝与孔隙，整个造型浑然一体。而且碳纤维制造的火炬既分量轻又很牢固，摔不坏。同时，冬季火炬传递时，碳纤维可以避免手感冰凉的问题。火炬上半段燃烧端在 1 000 ℃以上高温中进行陶瓷化，有效解决了在高温制备过程中火炬外壳起泡、开裂等难题，达到了既能够耐温又能够耐火的要求，实现了在氢气燃烧环境下正常使用。

请同学们根据以上资料回答下列问题。

1. 从燃烧条件分析，在希腊采集火种时哪个条件起决定作用？
2. 请写出丁烷、丙烷分别在氧气中燃烧的化学方程式：____________________、____________________。
3. 氢气燃烧的化学方程式为________________________，电解水的化学方程式为____________________。
4. 请简述为什么北京冬奥会火炬燃料采用氢气而不用丁烷和丙烷。
5. 从灭火原理分析水下火炬没有熄灭的原因。

设计意图

本作业内容涉及九年级化学燃烧条件和灭火原理，氢气燃烧，电解水，丙烷、丁烷燃烧的化学方程式等基础知识点。通过氢气燃烧，电解水，丙烷、丁烷燃烧的化学方程式的书写，分析为什么用氢气作燃料而不用丁烷和丙烷作燃料的原因，这样提高了学生知识迁移的能力和分析解决实际问题的能力。通过查阅、整理资料拓宽了学生的知识面，提高了阅读能力。运用燃烧的条件和灭火的原理分析水下火炬能够充分燃烧的原因，通过阅读了解火炬外壳材料具有优良性能的原因，感受化学对材料科学的巨大贡献。

二、废物再利用

玉米、薯类、农作物秸秆等可再生资源，也成为北京冬奥会餐具的主要制作材料。安徽一生物化学公司为 2022 年北京冬奥会生物可降解餐具供应商，主要生产聚

特等奖作品

乳酸可降解的一次性餐具。聚乳酸，又称聚丙交酯，是以乳酸（$C_3H_6O_3$）为主要原料聚合得到的聚酯类聚合物，是一种新型的生物降解材料。

2021年11月，可口可乐中国宣布为北京冬奥会提供"温暖包"，采用了RPET材质的工作服套装。希望通过这一举措，提升公众对于循环再生理念的认知。RPET面料（Recycled PET Fabric）又称为可乐瓶环保布，是利用回收的塑料瓶加工的丝线纺织而成的面料，是再生领域的新概念。

请同学们根据以上资料回答下列问题。

1. 乳酸属于________。（填物质类别）

2. 乳酸的相对分子质量是________，其中碳、氢、氧元素的质量比为________，碳元素的质量分数为________。

设计意图

通过这部分作业内容的学习，进一步提高学生废物利用、可持续发展的意识。通过查阅资料知道了可以将塑料瓶做成衣服；可以用玉米、薯类、农作物秸秆等可再生资源生产聚乳酸可降解的一次性餐具，这样不仅减少环境污染，还节约能源。更重要的是提升学生对循环再生理念的认识。处处彰显冬奥会"绿色环保"、碳排放全部中和的理念。同时，还设计了物质分类和有关化学式的计算等巩固性练习。

三、服装中的"黑科技"

本届冬奥会颁奖礼仪服装共三套方案，分别为"瑞雪祥云""鸿运山水"和"唐花飞雪"，不仅外观典雅大方，而且衣服内胆里特意添加了石墨烯（一种以 sp^2 杂化连接的碳原子紧密堆积成单层二维蜂窝状晶格结构的新材料），石墨烯导热系数非常高，在通电情况下，碳分子团之间相互摩擦、碰撞而产生热能，热能又通过远红外线以平面方式均匀地辐射出来，能很好地被人体接受，产生一种由内而外的温暖。这一创新性的技术让石墨烯纺织物柔性发热材料不仅拥有出色的热传导性能，还兼具普通布料所具备的耐水洗、柔软、轻薄舒适和耐用等优势，可以反复水洗、揉搓和剪裁。本届冬奥会中应用十分广泛，围巾、靴子、手套、口罩、衣服、坐垫……比赛服装中的科技含量更高，滑雪服面料采用了智能分子材料——"剪切增稠液体"（STF），由无毒的聚乙二醇和硅微粒加工而成，能承受较大的温度变化。常态下该材料处于一种黏稠的半液体状态，一旦遇到高速的撞击，这些智能分子立刻相互连接形成防护层，使材料变得坚硬，快速阻断外来的冲击力，避免运动员受到猛烈伤害。

请同学们根据以上资料回答下列问题。

1. 石墨烯与石墨相比，具有能够发热等优良性能的微观原因是____________。

2. 请从微观角度解释智能分子材料——“剪切增稠液体”（STF）遇到高速的撞击变硬的原因：＿＿＿＿＿＿＿＿＿＿＿＿＿＿＿＿。

设计意图

学生通过上网查阅资料，自主获取知识，了解到冬奥会的颁奖礼仪服装不仅体现了中国传统文化，而且还运用了高科技。通过了解这些材料在生活中的应用，知道化学可以改变材料的结构，改善材料的性能，从而认识到新材料的开发大大提高了人类的生活水平。进一步认识到学习化学的重要性，体会化学与人类的关系。

四、二氧化碳跨临界直冷制冰

走进国家速滑馆“冰丝带”，映入眼帘的是一整块1.2万平方米的冰面，这是目前世界上采用二氧化碳跨临界直冷制冰技术打造的最大的多功能全冰面。二氧化碳跨临界直冷制冰，就是将气态二氧化碳通过加压形成超临界二氧化碳流体，对超临界二氧化碳进行降温降压达到−20~15 ℃，再通过相变蒸发吸热完成制冷和制冰的过程。用二氧化碳直冷系统制出的冰面质量好，能精准控制冰温和软硬度，满足不同项目对冰面的要求。二氧化碳跨临界直冷系统制冷余热将得到高效回收，应用于运动员热水、冰面浇冰、场馆除湿等。传统的制冰系统大多采用乙二醇制冷系统或氟利昂制冷剂，热量损失高，节能性较差，制冷剂的温度波动较大，在赛间浇水后容易出现冰面软化的现象，制冰效果较差。二氧化碳跨临界直冷制冰技术最关键的特征是大气友好性，而且不会引起臭氧层破坏，对“碳达峰”“碳中和”都有非常大的贡献，被誉为是“最快、最美的冰”。

请同学们根据以上资料回答下列问题。

1. 实验室制取二氧化碳的原理是＿＿＿＿＿＿＿＿＿＿＿＿＿＿＿＿。

2. 请查阅资料，用数据说明二氧化碳跨临界直冷制冰与传统制冷系统相比有哪些优点，如何实现“碳中和”。

设计意图

通过这个作业设计强化学生保护环境的意识，也可以激发学生利用化学知识解决环境问题的意识，培养学生社会责任素养。

五、预防新冠病毒

首先，在检测方面，比赛中应用气溶胶检测，能尽快发现病毒并及时采取措施，避免病毒传播。其次，在消毒方面，在传统消毒剂的基础上，还应用新的技术手段，在张家口赛区，10万台自然超粒子技术空气消毒机，开展24小时不间断杀菌消毒。

请同学们根据以上资料回答下列问题。

"84"消毒液的主要成分是 NaClO，其中氯元素的化合价是________。

【总结】

1. 综上所述，2022 年北京冬奥会从哪几方面体现绿色环保、高效节能，实现"碳达峰"和"碳中和"?

2. 请同学们再次阐述化学为什么能使世界变得更加绚丽多彩。

设计意图

学生通过上网查阅资料，自主获取知识，了解到冬奥会防疫措施处处彰显高科技。解释自然超粒子技术消毒，为什么会达到精准、快速、全面的防疫效果，落实了微观探析等学科核心素养。

参考答案

一、火炬的奥秘

1. 温度达到燃料的着火点。

2. $C_3H_8+5O_2 \xlongequal{点燃} 3CO_2+4H_2O$ $2C_4H_{10}+13O_2 \xlongequal{点燃} 8CO_2+10H_2O$

3. $2H_2+O_2 \xlongequal{点燃} 2H_2O$ $2H_2O \xlongequal{通电} 2H_2\uparrow+O_2\uparrow$

4. 氢气作为燃料的三大优点：①氢气燃烧的产物是水，不会造成污染；②可循环利用，地球表面约 70%被海水覆盖着，可以通过电解水生成氢气；③能量高。

丁烷和丙烷作为燃料的危害：①完全燃烧时会产生二氧化碳，造成温室效应增强，不符合"碳达峰"和"碳中和"的理念，当不完全燃烧时会生成一氧化碳，造成空气污染；②丁烷和丙烷来源于石油，石油是不可再生资源。

5. 水火分隔，温度没有降低到着火点以下。

二、废物再利用

1. 有机物

2. 90 6∶1∶8 40%

三、服装中的"黑科技"

1. 碳原子的排列方式不同

2. 智能分子立刻相互连接形成防护层

四、二氧化碳跨临界直冷制冰

1. $CaCO_3+2HCl=CaCl_2+CO_2\uparrow+H_2O$

2. 略

五、预防新冠病毒

+1

【总结】略

作品点评

本作品以五个与冬奥会相关的主题为情境，采用搜集、整理、合作、交流、探究、总结、展示、点评的方式展开项目化学习活动，树立了与自然和谐相处的环保意识，增强了社会责任感，培养了学生的创新精神和实践能力。

作品亮点：本作品关注时政新闻，注重创设情境，重视知识的实践性和应用性，突出解决问题的方法和方式，在不脱离学生的认知水平和学习基础上，适当进行项目化探究性和开放性教学，具有较强的先进性和示范性。

专家建议：从项目化学习设计来看，应该在整理情境内容和梳理学科核心知识的基础上，把本质问题转换成学生感兴趣的几个精练的驱动性问题，并用高阶认知策略来衡量这个驱动性问题是否是高阶的，然后规划学习过程中可能遇到的重要实践内容，最后以成果的方式展示出来。

8. 参观河东池盐博物馆

运城市实验中学　周　颖　李碧云

电子作品扫码下载

作品信息

作业类型	实践类作业
适用章节	人教版九年级下册　第九单元课题 2
设计理念	本次作业在教科书内容“海水晒盐”的基础上，结合山西运城盐池几千年来的俗语“夏天晒盐，冬天产硝”，让学生参观新建成的河东池盐博物馆，这次参观不仅能将教科书上的化学知识落到实处，更让学生体会到古代劳动人民的智慧，树立民族自信心，提升民族自豪感。
设计特色	在参观河东池盐博物馆的过程中，学生能够充分了解“夏天晒盐，冬天产硝”这一过程的原理，注重实践性和探究性。
设计目标	1. 了解盐湖的形成以及产盐、产硝的原理。 2. 初步了解“五步产盐法”及相关化学知识。 3. 练习关于溶解度的相关计算。 4. 了解氯化钠在工业生产中的重要作用。
预计时长	3 小时。

作业内容

课前准备

请你根据自己的组别查找运城盐池的相关资料，完成以下内容。

组别	问题列表
第一小组	1. 盐湖是如何形成的？ 2. 盐湖中溶解有哪些主要物质？ 3. 盐湖为什么冬天产硝，夏天产盐？
第二小组	1. “五步产盐法”是哪五步？ 2. 每一步中蕴含的化学知识是什么？

（续表）

组别	问题列表
第三小组	1. 盐湖鼎盛时期在什么时候？ 2. 当时盐湖每年的产盐量是多少？ 3. 按照年产量预估每年最少要蒸发的水量。
第四小组	1. 氯化钠在自然界主要分布在哪里？ 2. 氯化钠有哪些重要的用途？

我所在的组别是第________小组，我查阅到的资料有：____________________
________________________________。

参观学习

请你跟随讲解员参观河东池盐博物馆，并记录学习笔记。

场馆一：

1. 盐湖是如何形成的？

____

2. 盐湖中溶解有哪些主要物质？

____

3. 盐湖为什么冬天产硝，夏天产盐？

____

场馆二：

1. “五步产盐法”是哪五步？

____

2. 第一步的目的是什么？

____

3. 第二步的作用是什么？

____

4. 在进行第三步时，卤水中的氯化钠是否饱和？如何判断？如何使其饱和？

____

5. 第四步采取的结晶方式是什么？为什么加少量淡水？

____

场馆三：

1. 盐湖鼎盛时期在什么时候？

____

2. 当时盐湖每年的产盐量是多少?

____

3. 按照年产量预估每年最少要蒸发的水量。

____

场馆四:

1. 氯化钠在自然界主要分布在哪里?

____

2. 氯化钠有哪些重要的用途?

____

总结提升

经过这次学习，你在情感、知识、能力方面分别有什么收获?

情感方面：______________________________。

知识方面：______________________________。

能力方面：______________________________。

* 设计意图

化学与社会生活有着广泛而紧密的联系。在学习了溶液相关知识的基础上，通过参观河东池盐博物馆，让学生理解运城盐池“夏天晒盐，冬天产硝”的原理。让学生在实际情境中展开学习，还可将化学知识应用于实际生活，考查学生运用所学知识解决实际问题的能力，培养学生科学态度与社会责任素养。

参考答案

课前准备

略

参观学习

场馆一:

1. 运城盐湖是由于造山运动和地壳变化，造成中条山北麓断裂，出现了一个狭长的凹陷地带，逐渐形成湖泊，天长日久，水中的镁盐、硫酸盐以及食盐慢慢与早期淤积层结合，经过长期自然蒸发作用，盐类沉淀，结成了很厚的矿石层，才形成了盐湖。

2. 运城盐湖面积 132 平方千米，是世界上三大硫酸钠型内陆盐湖之一，其矿体成分主要是硫酸钠、氯化钠和硫酸镁。

3. 冬天天气寒冷，硫酸钠的溶解度随着温度的降低而迅速降低，盐湖中的硫酸钠达到饱和而析出，形成美丽的硝花；夏天天气炎热，水分蒸发快，盐湖中的氯化钠达到饱和而析出，形成大颗粒的盐。

场馆二：

1. 集卤蒸发→过箩调配→储卤→结晶→铲出

2. “集卤蒸发”是指抽取卤水到蒸发池中，借太阳辐射和风力进行自然蒸发。

3. “过箩调配”是利用产盐过程中结晶出的盐板作为“箩”，将卤水通过盐板上数次，使硫酸根离子含量大大降低，对产盐卤水起到提纯效果。

4. 卤水中氯化钠还未饱和，因为还没有析出晶体。蒸发溶剂可以使它变饱和。

5. 蒸发结晶。在提送卤水前，先往池中加入少量淡水，目的是降低新生盐茬与盐板的黏合度，使结晶出来的池盐同盐板的结合较疏松，铲盐过程中节省人力。

场馆三：

[提示] 根据查阅的资料进行回答，利用 20 ℃时氯化钠的溶解度为 36 g 进行计算。

场馆四：

1. 氯化钠主要分布在海水中，还有一部分分布在内陆盐湖、盐井中。

2. 工业上，可以用于合成聚氯乙烯、杀虫剂、盐酸等，是氨碱法制纯碱时的原料，还可以用作制造烧碱、氯酸盐、次氯酸盐、漂白粉的原料，冷冻系统的制冷剂，有机合成的原料和盐析药剂，钢铁工业上用作热处理剂，还用于玻璃、染料、冶金等工业。生活中，氯化钠是重要的调味品，还可用来腌渍食品。医疗上，氯化钠用于配制生理盐水。农业上，氯化钠水溶液可用于选种。

总结提升

略

作品点评

本作品设计了项目化学习的作业形式，具有很好的创新性。作业从盐湖水的成分及产品、“五步产盐法”的化学原理、盐湖蒸发结晶原理以及氯化钠的来源和用途四个方面，引导学生在分析、解释、解决实际问题的过程中，巩固化学知识，发展科学思维，尝试社会实践。这样的作业设计，突破了传统的作业设计形式，4 个项目之间既相互独立，又同属于“盐湖文化”的大概念统摄；每个项目中均包含 2 ~3 个问题，且这些问题有层次、有梯度。不同程度的学生可以根据其学习实际情况，选择适合自己的项目和问题进行解答，使每个学生的学习有了更多的选择性、适切性，体现了教育的公平。

作品亮点：本作业关注了中国优秀传统文化的渗透。学生通过对“五步产盐法”“盐湖鼎盛期”等资料的查询，在增长了见识、丰富了知识的同时，对中国古代劳动人民的智慧结晶也有了更深刻的体会，培养了学生的民族自豪感和自信心。

专家建议：本作业中的4个项目所包含问题的数量不等，4个项目中同一位置的问题难易度不同，且设计的作业完成时长过长。如果4个项目中的问题数量相同，同一位置的问题难度相近，且控制好完成作业的时长，效果会更好。

9. 二氧化碳的释放和吸收

孝义市第六中学　薛　浩　孔繁保　贾娟娟　耿庆华　张　蕊

电子作品扫码下载

作品信息

作业类型	项目化作业
适用章节	人教版九年级上册　第六单元
设计理念	知识与技能的掌握，科学思维能力的发展，需要通过习题加以巩固和检验。作业的设计既要落实课标的要求，又要体现习题在提升学生学科素养方面的功能，因此习题的选择和编制要紧扣时代的脉搏，以“碳中和”这一热门话题为背景，设计与二氧化碳相关的知识对学生的学习状况加以考查。作业的设计遵循以下原则：科学性、人文性、多样性、开放性、情境性和实践性。
设计目标	活动一：认识“碳中和”，目的是使学生通过互联网这一有效手段搜集资料，了解“碳达峰”和“碳中和”的含义，充分发掘搜集和运用资料的能力。 活动二：目的是让学生明确自然界二氧化碳的主要来源，对实验室制取二氧化碳的相关知识进行巩固，体现作业的科学性。 活动三：从二氧化碳吸收的途径入手了解减少二氧化碳的方法，除巩固教科书知识以外，让学生知道现实生活中该如何去减少二氧化碳。 活动四：拓展学生的视野，了解为实现“碳中和”目标，大家都做了什么样的努力。
预计时长	30 分钟。

作业内容

活动一：认识“碳中和”

中国将提高国家自主贡献力度，采取更加有力的政策和措施，二氧化碳排放力争于2030年前达到峰值，努力争取2060年前实现碳中和。

——2020年9月22日国家主席习近平在第七十五届联合国大会一般性辩论上的讲话

1. 以“碳中和”和“碳达峰”为关键词，通过互联网搜集资料，了解其含义。

推荐观看视频《科普：“碳达峰”和“碳中和”是个啥?》。

2. “碳中和”是指企业、团体或个人通过一些形式，抵消自身产生的二氧化碳排放量，实现二氧化碳“零排放”。工厂废气中的二氧化碳，可用__________吸收，其反应生成的盐又可用于生产________。空气中的二氧化碳约占空气总体积的________，近几十年来空气中的二氧化碳含量不断增加的原因是____________________，从而使温室效应增强，对生命系统形成威胁，例如：________________。我省储量丰富、使用量最大的能源是________，为了实现“碳达峰”，我省在很多地区大力推广的新能源是________（写一种）。

活动二：二氧化碳的释放

1. 探究自然界中产生CO_2的途径

【查阅资料】小美展示了搜集到的有关自然界中碳循环的图片。请写出一条产生CO_2的途径：__________________。

【实验探究】小华进行了如图所示的实验，向萌发的豆子中加入清水，观察到__________________________，证明豆子在萌发的过程中产生了CO_2气体。

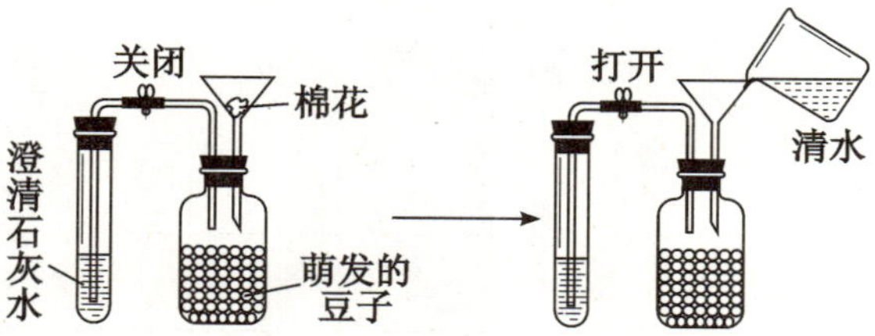

2. 实验室制取二氧化碳的方案选择

（1）石灰石和稀硫酸反应一会儿，为什么会自动停止?

（2）实验室制取二氧化碳能不能用浓盐酸代替稀盐酸?

（3）实验室里制取二氧化碳的反应原理是____________________________（用化学方程式表示）；收集二氧化碳的方法是________________，理由是__________________________；从下列给出的仪器中选择组装一套制取二氧化碳的装置，你选择的仪器有________（填序号）；证明二氧化碳是否集满的方法是________________

____。

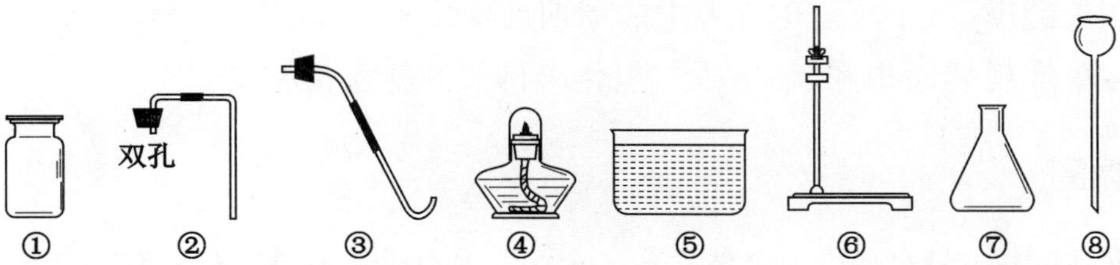

活动三：二氧化碳的吸收

1. 小组的同学结合生物学知识，做了如下图所示实验，一段时间后，观察到装置甲中的植物比装置乙中的植物生长状态差，由此说明植物生长需要吸收二氧化碳。装置甲中氢氧化钠溶液的作用是____________________________________。

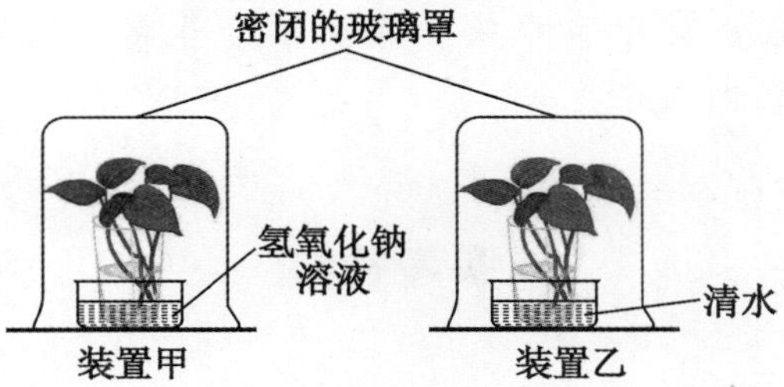

2. 小李对氢氧化钠溶液是否与 CO_2 发生反应产生疑问，于是又进行了如下探究。

实验步骤	现象	结论
实验Ⅰ：取少许装置甲中的溶液，向其中滴入适量稀盐酸。	____________	氢氧化钠溶液与 CO_2 发生反应，化学方程式为____________。
实验Ⅱ：另取少许装置甲中的溶液，向其中滴入________。	有沉淀产生	

3. 写出除上述实验以外的能吸收二氧化碳的物质及对应的化学方程式。

4. 了解工业上吸收二氧化碳的方法。

例如：工业上在一定条件下利用 CO_2 和物质 X 反应生产尿素，化学方程式为 $CO_2+2X \xlongequal{\text{一定条件}} CO(NH_2)_2+H_2O$，则 X 的化学式为________。

5.（1）同学们对自然界的碳循环有了更进一步的认识。大气中二氧化碳的含量是相对稳定的，如果大气中二氧化碳含量不断上升，会导致________增强。

（2）为控制二氧化碳的排放量，同学们提出以下措施，其中错误的是________（填字母序号）。

A. 减少化石能源使用　　B. 推广使用清洁能源

C. 大力提倡植树造林　　D. 垃圾露天焚烧处理

活动四：如何实现“碳中和”

1. 拓展阅读：《千年全球气温中的周期性变化及其成因》。

2. 搜集实现“碳中和”、减少二氧化碳排放的新途径。

设计意图

1. 因材施教。针对学生的个体差异，分成不同内容，不同目标，不同分量的作业。

2. 注重实践性。本作业在设计上注重与生活和社会实际相联系，让学生多动手，多实践，使学生在与生活实际的接触中开发智慧，提升认识，增长能力，并让学生深刻体会到学习化学的实用性和趣味性。

3. 注重合作探究。课标提倡学习方式的转变，强调合作与探究。本作业设计中的探究性作业是对学生综合能力的考核，有利于培养学生的合作能力和创新精神。

参考答案

活动一：认识“碳中和”

1. 略

2. 氢氧化钠溶液　纯碱　0.03%　化石燃料的消耗增多　全球气候变暖　煤　太阳能

活动二：二氧化碳的释放

1. 化石燃料的燃烧　澄清石灰水变浑浊

2. (1) 因为反应生成微溶于水的硫酸钙覆盖在石灰石的表面，阻止反应继续进行。

(2) 不能用浓盐酸代替稀盐酸，因为浓盐酸有挥发性，挥发出的氯化氢气体会使制取的气体不纯。

(3) $CaCO_3+2HCl=CaCl_2+H_2O+CO_2\uparrow$　向上排空气法　二氧化碳密度比空气大，且能溶于水　①②⑦⑧　将燃着的木条放在集气瓶口，若木条熄灭，证明二氧化碳已收集满

活动三：二氧化碳的吸收

1. 吸收装置内空气中的二氧化碳

2. 有气泡产生　氯化钙溶液　$2NaOH+CO_2=Na_2CO_3+H_2O$

3. [提示] 能吸收二氧化碳的物质有氢氧化钙溶液、氢氧化钡溶液、水等。书写相关的化学方程式，能使学生巩固对二氧化碳性质的学习。

4. [提示] 学生查阅资料搜集信息，了解当前工业上如何吸收二氧化碳，知道

它的价值，如利用二氧化碳发电、制取化肥等。本题考查学生对质量守恒定律的理解，知道化学反应前后元素种类不变的规律。

5.（1）温室效应

（2）D

活动四：如何实现“碳中和”

［提示］旨在提高学生的阅读能力，培养学生乐于阅读、会阅读、读到位的态度和能力，突出训练学生信息的提取与运用能力，拓宽视野，从而实现“博观而约取，厚积而薄发”。

作品点评

本作品以近年来热议的环保问题——“碳中和”为主题，从“认识‘碳中和’”“二氧化碳的释放”“二氧化碳的吸收”“如何实现‘碳中和’”四个方面，以查阅资料、观看视频、实验探究等方法对二氧化碳的化学性质及其用途展开学习，内容丰富，形式多样，不仅有基础性作业，还有实践性作业；不仅有开放式作业，还有跨学科作业，对学生学习水平的提升、素养的发展有较好的促进作用。

作品亮点：本作业设计较好地体现了跨学科融合的特点。作业中通过实验探究“豆子在萌发的过程中产生了二氧化碳”和“植物生长需要吸收二氧化碳”两个问题，引导学生利用所学的生物学与化学知识对二氧化碳的产生、消耗进行分析、解释，在此过程中也练习了控制变量的科学探究方法，能够有效提升学生的综合能力。

专家建议：本作业的 4 个活动主题以长情境的形式呈现，但作业中对每个活动主题的完成时长没有分项设计，对不同程度学生应完成的活动主题内容没有明确指出，所以对分层教学的效果产生了一定的影响。如果能在以上两个问题上进一步设计，效果会更好。

10. 燃烧和灭火

太原市第五中学校 陈志宏

电子作品扫码下载

一等奖作品

作品信息

作业类型	课后实践作业
适用章节	人教版九年级上册 第七单元课题1
设计理念	充分考虑九年级学生的年龄特点及生活实际，让学生手脑并用，从课内走向课外，从生活实际走向网络，提高学生对网络资源的科学认识。作业可以单独完成，也可团队合作完成，注重培养学生的合作意识、团队精神和创新能力。作业内容密切联系生活实际，不仅能对所学知识起到巩固加深的作用，还能对学生的应用创新等思维品质进行培养。
设计目标	1. 通过视频资料查找、甄别，在实践中巩固课堂所学的有关燃烧、灭火的内容，拓展有关防火、灭火知识的广度与深度，积累生活常识，增进对化学知识在生活实际中重要作用的理解。 2. 让学生体验化学学科与信息技术等学科间的密切联系和在生活中的具体应用，从而促进学生全面发展。 3. 在与家长配合完成实验视频的过程中，不仅发展了学生的科学探究能力，同时增进了孩子与家长的沟通与交流，让家长有更多的机会参与到孩子们的学习中，强化家庭教育理念；在与同学共享视频的过程中，增进同学友情，督促相互学习，在强化学生化学知识落实的同时，发挥学科作业的全面育人功能，促进学生全面发展。
预计时长	双休日完成。

作业内容

第一阶段：发布作业

海纳百川之“超燃世界疯狂来袭”

物质世界，无奇不有，一定有我们想不到的燃烧反应！从燃烧的三个条件思考，在你熟悉的资源平台查找那些“特别”的燃烧反应，制作你的化学科普小视频。

视频要求：

（1）时长不超过 2 分钟。

（2）主题：燃烧的条件。

（3）支持原创，可转载但须注明资料来源。

完成时间：周末。

第二阶段：收集作业

化学课代表在班级电脑建立文件夹→学生自主拷贝作业→课代表清点作业，拷贝到教师电脑。

第三阶段：评析作业及优秀作业课堂展示

设计意图

作业具有一定的开放性，孩子们可以根据自己的兴趣爱好和身边的信息资源，采用多样方式完成作业，作业设计充分尊重学生的个性发展，注重实践性、探究性，同时加强多学科融合。

作业完成情况分析

班级	应交作业	实交作业	完成率	文化成绩排名
291	50 份	50 份	100%	1
297	50 份	30 份	60%	2
294	50 份	43 份	86%	3
总计	150 份	123 份	82%	—

纸笔成绩好坏不能决定本次作业的完成质量。其中文化成绩排名靠前的 291 班同学作业完成数量达 100%，相比之下文化成绩排名靠后的 294 班同学完成比例也很高。294 班同学活泼好动，乐于观察新鲜事物，对课外知识有着广泛的学习兴趣，相比一般纸笔训练习题，孩子们对本次实践类作业更感兴趣。297 班作业完成率一直都

不太高，本次实践作业也体现出了这一点。这也从一个侧面看出，学生是否乐于完成作业，与孩子们的学习习惯有很大关系，教师在作业管理方面还需结合班级特点、学习习惯的培养等多角度综合管理，提高作业完成质量。

与未完成作业的同学沟通交流，其中多数同学认为此项作业和考试题目关联不大，因此没有引起足够重视，没能在规定的时间内积极完成作业。个别同学提出，在出租房内没有手机、没有网络，因此不方便上网查阅资料。可见，本次作业的完成与家庭因素和信息技术掌握程度有很大关系，还是需要提前做好家校的有效沟通，孩子们在完成此项作业时需要家长的理解与硬件配合，此外还需要与信息技术学科有效融合，本次作业也能提升孩子们对信息技术的重视、理解和应用。

作业完成质量分析

1. 视频资料来源

大多数同学视频来自抖音，少数来自好看视频，极少数来自哔哩哔哩、百度秒懂、全民小视频等。由此可见，本次作业所用网络平台较为健康，可信度高。

2. 视频内容特点

（1）科学性。在本次 123 份作业中，有 50 多份作业来自消防视频或与消防安全有关的视频，视频内容具有较强的权威性以及较强的指导意义，可以帮助学生更多地了解防火灭火、防范爆炸的安全常识及生活经验。

（2）趣味性。趣味性作业主要表现为视频采用卡通动画讲解、演示并搭配有趣的文字。

3. 原创类作业

在本次 123 份作业中，有 27 份为原创。学生们的创新思路多元，想象无限，原创方式主要有以下 3 种：

（1）利用家庭物品亲自动手进行实验，视频制作精细，有标题、有讲解、有字幕、有实验操作过程，有细节实验证据捕捉。其中还发现了化学爱好者，装备十分专业，装置设计巧妙。

（2）团队合作。多人完成实验视频。

（3）视频集合。从自己的视角将多个视频资料整合成一段科普视频，凸显主题，内容丰富。

4. 实验类作业

作业中有 27 份视频作业是以实验为主要内容的。由此可见，化学是一门以实验为基础的学科，有趣、真实、科学的化学实验仍是孩子们的兴趣来源。实验视频可以帮助孩子们增进对科学探究的理解，提升孩子们在实验中的观察力和判断力。

作业评价与分享

由于本次作业是安排在课后，重在激发孩子们的学习兴趣，侧重知识的形成与实践，因此作业中，未完成为 D 等；视频转载且没有出处为 C 等；视频转载且有来源，内容真实可靠为 B 等；原创视频、内容科学、制作精细为 A 等。共有 20 位同学获得 A 等。

在自习辅导课上播放展示 20 份优秀作业，同学们还对视频制作人进行提问，优秀视频具有较强的示范引领作用。课后与个别同学进行谈话调研，孩子们还是非常喜欢此类型作业，建议能在节假日里安排此类作业。

作品点评

本作品充分考虑学生的年龄特点和生活实际，以拍视频的方式，完成生活类、兴趣类和实验类作业，让学生的学习从课内走向课外，从教科书走向生活，利用网络和手机，让学生手脑并用，提高学生对网络资源的科学认识，培养了学生的合作意识、团队精神。作业内容密切联系生活实际，不仅能对所学知识起到巩固加深的作用，还对发展学生学习化学的兴趣和培养学生的创新思维起到积极的作用。

作品亮点：本作品的最大亮点在于，不仅仅只是设计了课外实践性作业并收回 123 份各类作业，而是重在作业的评价与分享，评选出 A、 B、 C、 D 四个等级，并将 20 份 A 等优秀作业在班级内进行了播放展示，同学们还对视频制作人进行提问，课后还与个别同学进行交谈调研，优秀视频起到较强的示范引领作用。只有注重评价和分享，注重激发学生的学习兴趣，注重知识的形成与实践过程的教学，才能真正完成以提高学生的学科素养为主旨的化学课程要求。

专家建议：教师在布置此类利用家庭物品设计并动手完成的实验，不仅仅只是对视频制作提出要求和指导，对实验的安全性也要预先进行教育和辅导，尤其是燃烧类实验一定要注意安全。

第三类　单元作业设计

特等奖作品

11. “碳和碳的氧化物”复习课

电子作品扫码下载

太原市令德中学校　孙国斌
山西省实验中学　赵雅明　白　伟

作品信息

作业类型	单元作业
适用章节	人教版九年级　第六单元
设计理念	在《关于进一步减轻义务教育阶段学生作业负担和校外培训负担的意见》文件的指导下，在我省“立德树人、素养立意、导向教学”核心方向的指引下，就教学而言，“双减”政策的落地就是要找到一个在教学中提质增效的办法，而有效的作业设计就是一种让“双减”政策落地的具体举措。我们的单元作业主要是以分层多元化、习题多元化、反馈多元化、基础化、个性化、时效性的理念进行设计。
设计目标	1. 通过教师精选习题，可以让学生少做题，精做题，不仅能够减轻学生的作业时长，还能增加学生的学习内驱力，变学业负担为学习享受，也能帮助学生在纸笔测试中取得优异的成绩。在完成作业的过程中不仅提高了学生的学科知识、学科素养、理性思维和阅读能力，还能提高学生学习的好奇心、探究欲和成就感。 2. 从学生已有的经验出发，重视学生的真实生活与学科知识的连接，以连接点为学习点，在真实情境中思考和解决实际问题。多样化的作业设计也为学生提供了更多体验、探究的机会，从而提高了学生的创新能力和表达交流能力。 3. 为每一位学生提供一个平等的课后学习机会，同时也为学生的发展提供了多样化的评价方式。过程中既考核了学生掌握知识、技能的程度，又注重了学生的科学探究能力和实践能力。通过分析学生作业的完成情况，也能更好地帮助教师在后续的教学中提高质量。
预计时长	30 分钟。

作业内容

Ⅰ类作业

1. 对比是学习化学的重要方法。下列关于二氧化碳和一氧化碳的比较均正确的是 (　　)

A. 组成：CO_2、CO 均由碳元素和氧元素组成

B. 性质：CO_2、CO 都具有可燃性

C. 用途：CO_2 可用于灭火；CO 可用于人工降雨

D. 危害：CO_2 会导致酸雨；CO 会引起中毒

2. 向石蕊溶液中通入二氧化碳气体，再进行加热，溶液颜色变化顺序正确的是 (　　)

A. 红色——紫色——红色

B. 紫色——红色——紫色

C. 红色——紫色——蓝色

D. 紫色——无色——紫色

3. 根据下列物质的性质，写出其对应的一种或几种用途。

(1) 金刚石的硬度很大：________________________。

(2) 石墨的导电性能好：________________________。

(3) 活性炭的吸附性强：________________________。

(4) 干冰升华时吸热：________________________。

(5) 一氧化碳燃烧放出大量的热：____________________。

4. 小组同学经过讨论，梳理了一些问题，请你帮助该小组解决他们存在的问题。

(1) 金刚石和石墨的物理性质不同，从微观角度分析其原因是__________。

(2) 能使澄清石灰水变浑浊的是________，反应的化学方程式是______________________________________。

(3) 用如图所示装置进行气体的收集。

利用排空气法：收集氢气________进________出，收集二氧化碳________进________出。

利用排水法：收集氧气________进________出。

(4) 除了石灰石和稀盐酸反应能生成二氧化碳之外，还有哪些反应过程能生成

二氧化碳？请写出两个（用化学方程式表示）。

5. 根据老师提供的知识网络图（学生可以在网络图中适当增减物质），初步系统地认识几种含碳物质之间的相互关系，并能熟练掌握图中相应的化学方程式。

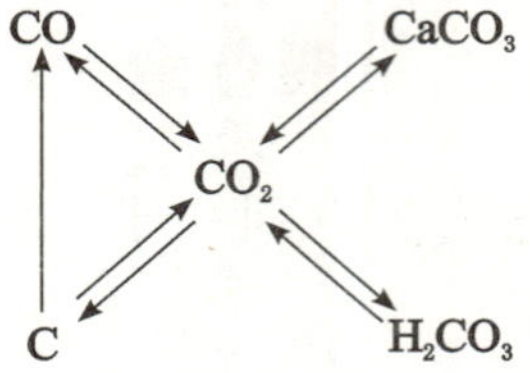

★设计意图

Ⅰ类作业难度小，有选择题、填空题、简答题等形式，主要针对碳及其氧化物重点知识进行考查，注重学生基础知识和基本技能的训练。

Ⅱ类作业

1. 如图是金刚石、石墨、C_{60}、碳纳米管的结构示意图，下列说法正确的是（　　）

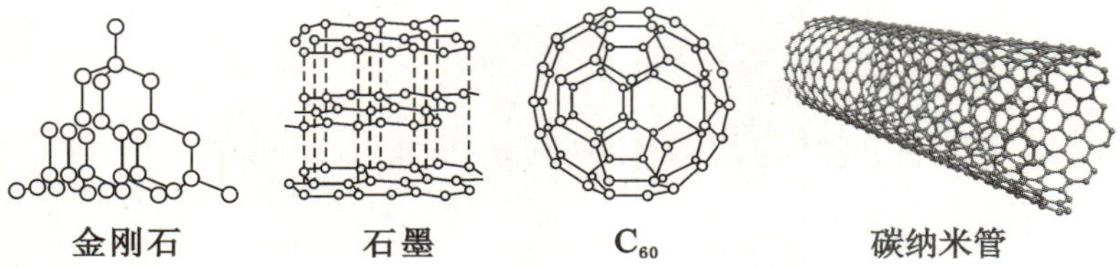

A. 这四种物质都很软，可作润滑剂

B. 这四种物质碳原子的排列方式相同

C. 这四种物质完全燃烧后的产物都是 CO_2

D. 这四种物质都由原子直接构成

2. 探究二氧化碳能否和水反应，用四朵石蕊溶液染成紫色的干燥小花完成下图四个实验。实验Ⅰ、Ⅳ中小花变红，实验Ⅱ、Ⅲ中小花不变色。下列说法不正确的是（　　）

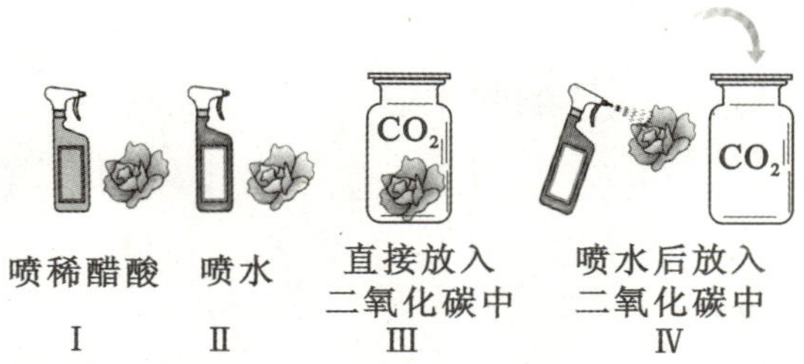

A. 实验Ⅰ、Ⅱ说明醋酸可以使小花变红

B．实验Ⅱ、Ⅲ、Ⅳ说明二氧化碳能与水发生化学反应

C．实验Ⅲ说明二氧化碳不能使小花变红

D．上述实验说明二氧化碳和醋酸具有相似的化学性质

3．有关 CO_2、CO 的实验设计错误的是　　　　　　　　　　　　　　　　（　　）

A．鉴别 CO_2、CO

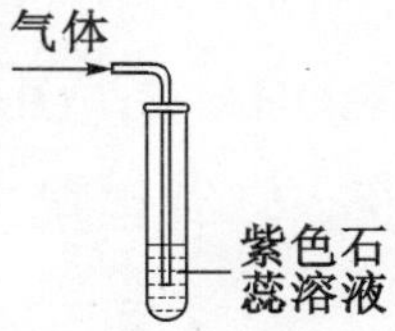

B．鉴别 CO_2、CO

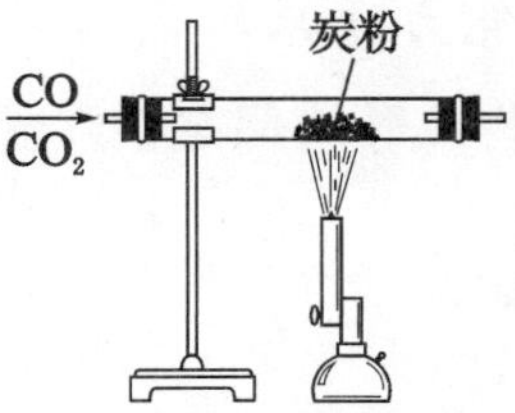

C．除去 CO_2

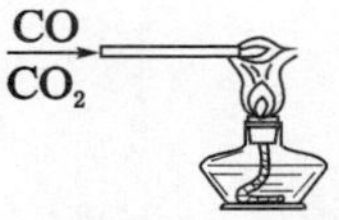

D．除去 CO

4．请根据下列实验装置图回答有关问题。

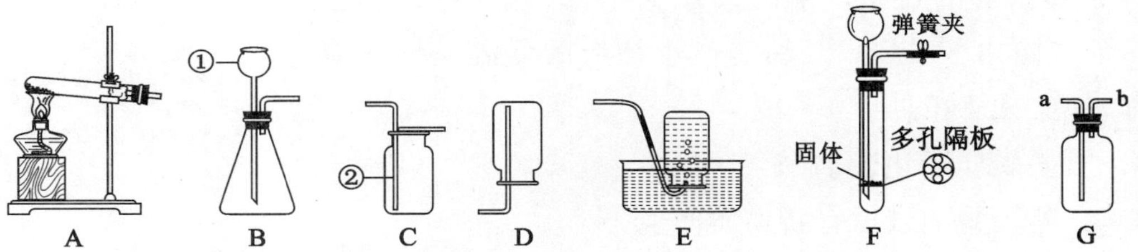

（1）请写出图中仪器的名称：①________。

（2）实验室里常用大理石和稀盐酸反应制取二氧化碳，反应的化学方程式是________________________________，可选用的发生装置和收集装置分别是______（填字母序号）。

（3）实验室里常用锌粒和稀硫酸反应制取氢气，现发生装置选择 F，收集装置选择 G。

①与 B 装置相比，选用 F 作为氢气发生装置的主要优点是____________________________。

②G 装置若用于排空气法收集氢气，氢气应从________（填“a”或“b”）端通入。

特等奖作品

5. 请用“—”或“→”将下列说法或物质（可以适当增加物质）连接，形成以二氧化碳为核心的知识网络。

C、叶绿素、温室效应的危害、H_2CO_3、Na_2CO_3、石灰石、稀盐酸、无味、制冷剂、气体肥料、解决温室效应的措施、化工原料、无色、气体、C_2H_5OH、密度大于空气、干冰、$NaHCO_3$、一般不可燃也不支持燃烧、CO、灭火、无毒、CH_4、不能供给呼吸、H_2O、光照、NaOH、$Ca(OH)_2$、空气、海水、温室效应、温室效应的功与过、CO_2、能溶于水、液态二氧化碳

设计意图

让学有余力的学生能拓展性地完成一些对能力要求较高的习题，帮助学生增加思维能力、开放探究能力，通过表达交流的方式去解决问题。

Ⅲ类作业

（完成以下作业的同学需先掌握Ⅱ类作业）

1. 石墨烯是由碳原子构成的单层片状结构的新材料（如图），即极薄的石墨；中国天才少年曹原把两层石墨烯扭转一个“魔角”（1.1°）后，产生神奇的低温超导效应。下列有关说法正确的是　（　　）

A. 石墨烯属于化合物

B. 石墨烯叠加过程有新物质产生

C. 单层和两层石墨烯均有导电性

D. 单层石墨烯中每个碳原子跟四个碳原子相连

2. 如图所示是实验室利用一氧化碳还原氧化铁的装置图。关于该实验，下列说法错误的是　（　　）

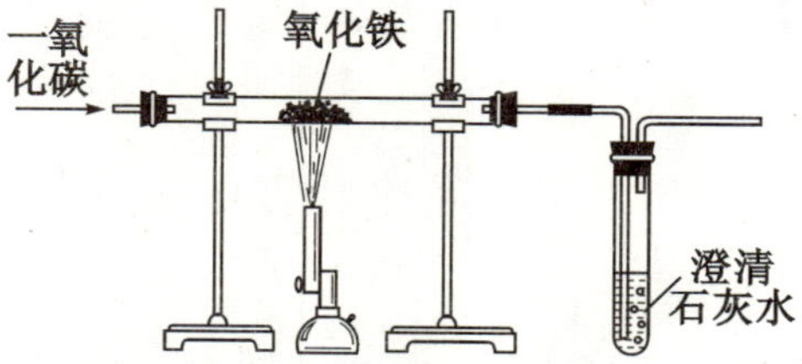

A. 实验时可观察到玻璃管中红棕色粉末逐渐变黑

B. 反应后玻璃管中固体物质的质量较反应前增加

C. 试管中澄清石灰水变浑浊，说明有二氧化碳生成

D. 为了防止污染空气，该实验应增加尾气处理装置

3. 采用足量的木炭粉还原氧化铜的实验装置如图所示，按要求作答。

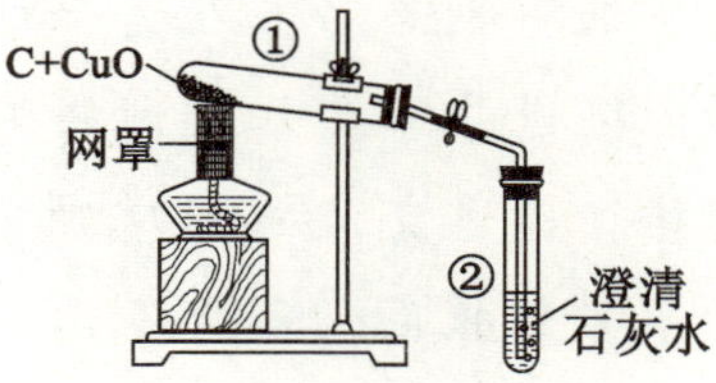

（1）酒精灯加网罩的目的是________________________。

（2）刚开始预热时，试管②中立即有气泡产生，但石灰水不变浑浊，原因是____。

（3）加热一段时间后，可看到试管①中的现象为____________________，说明有______生成，试管②中的现象为________________________，说明有______生成，该反应的化学方程式为__________________________，体现了木炭的______性。

（4）实验结束时，应先______________，再________________；同时用弹簧夹夹紧胶皮管，待试管①冷却后再把试管中的粉末倒出，这样操作的原因是________________________。

（5）请你推测，进入试管②的气体，除二氧化碳外，还可能有__________（填化学式），该实验装置存在的缺陷是________________________。

设计意图

作业是课堂内容的一种延伸和拓展，若想要激发学生写作业的兴趣，解决学生存在的问题，发挥作业的功效，那么设计的作业应当具有可操作、可检查、可反馈、精准高效的特点。此次的作业设计旨在转变学生的学习方式，突出学生的实践活动，减轻学生的作业负担，使学生积极主动地获取化学知识，同时又注意使不同水平的学生都能在原有基础上得到最大限度的发展，从而养成勤于思考、敢于质疑、严谨求实、乐于实践、善于合作、勇于探索创新的品质，具备适应未来发展所必需的化学素养。

4. 将已学过的前六个单元的物质利用“—”或“→”连接成规则的几何图形，构建知识网络图。选其中的一部分，将具体物质换成 A、B、C 等字母，设计一个物质推断图形，模仿中考真题中的推断题，简单地编写一些试题，设置一些相关问题。

5. 总结第六单元知识。（第一部分同Ⅱ类作业的要求，构建知识网络；第二部分为知识详解；第三部分为经典例题）

设计意图

根据学生学习能力的不同，学生自主设计的推断题本身就存在物质种类、框架、性质、难度的不同，这种开放性的作业能让所有学生都参与其中。通过与其他同学的分享，让学生们有了更多的解题思路，在这一过程中也发展了学生的思维广度和深度，开阔了学生的视野，促进了学生知识网络的构建和知识体系的形成。在课堂中让学生自己分析设计思路，通过交流可以增加学生的成就感和自豪感。教师整合一些学生设计的作业，从基础到拔高，形成不同层次的问题链，然后在课堂展示并加以解析。

参考答案

Ⅰ类作业

1. A

2. B

3. (1) 用于钻探机的钻头、玻璃刀

(2) 用于电极、电刷

(3) 用于防毒面具、制糖工业

(4) 人工降雨

(5) 用作燃料

4. (1) 碳原子的排列方式不同

(2) CO_2　$Ca(OH)_2+CO_2=CaCO_3\downarrow+H_2O$

(3) b　a　a　b　b　a

(4) $Na_2CO_3+2HCl=2NaCl+H_2O+CO_2\uparrow$　$H_2CO_3=H_2O+CO_2\uparrow$

$CaCO_3\xlongequal{高温}CaO+CO_2\uparrow$　$NaHCO_3+HCl=NaCl+H_2O+CO_2\uparrow$　$C+O_2\xlongequal{点燃}CO_2$

$2CO+O_2\xlongequal{点燃}2CO_2$（任写两个）

5. [提示] 主要是让学生根据老师提供的知识网络图理解这些物质之间的关系并写出相关的化学方程式。

Ⅱ类作业

1. C

2. D

3. D

4. (1) 长颈漏斗

(2) $CaCO_3+2HCl=CaCl_2+H_2O+CO_2\uparrow$　B、C

(3) ①可随时控制反应的发生和停止　②b

5. ［提示］提供给学生一些关于 CO_2 的性质及与 CO_2 相关的物质，让学生构建成知识网络图。

Ⅲ类作业

1. C

2. B

3. （1）使火焰集中，提高温度

（2）刚开始排出的是试管中的空气，而不是生成的二氧化碳

（3）黑色固体逐渐变为红色　铜　澄清石灰水变浑浊　二氧化碳　$C+2CuO \xlongequal{高温} 2Cu+CO_2\uparrow$　还原

（4）取出导管　熄灭酒精灯　防止生成的灼热的铜与空气中的氧气反应生成氧化铜

（5）CO　未设置尾气处理装置

4. ［提示］让学生将最近所学内容与之前所学知识相互联系，构建成知识网络图，然后从中建立简单的化学知识体系，最后设计推断题并讲解设计思路和推断过程。

学生自主设计的推断题展示：

关键信息 1：C、D 含相同元素，B 为黑色固体，A 为红棕色固体。（如图 1 所示）

关键信息 2：C、D 含相同元素，A、B 均为黑色固体。（如图 2 所示）

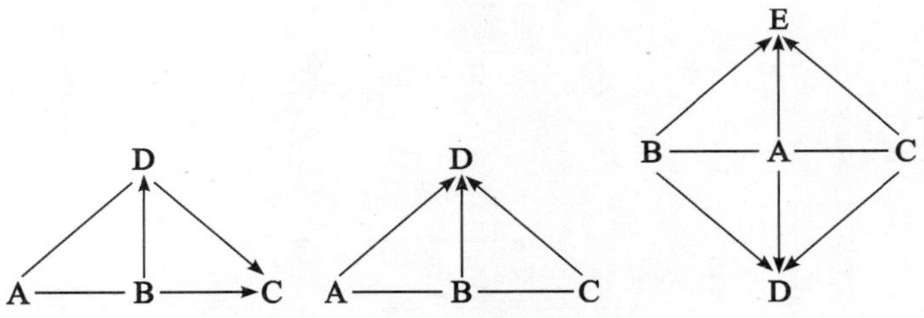

图 1　　图 2　　图 3

根据不同层次学生的总结，将图 1、图 2 合并，加强知识之间的联系，如图 3 所示。

推断题 1：

如图 3 所示，C、D 含相同元素，A、B 均为黑色固体，E 为红色金属固体。

（1）物质 A 的化学式是________。

（2）D 的用途是____________________________。

（3）A 到 D 的反应方程式为______________________，反应类型为___________。

（4）A、B 的组成元素相同，但性质不同，原因是_________________。

关键信息 3：B 是植物光合作用的气体，D 是白色固体，E 是无色液体。（如图 4 所示）

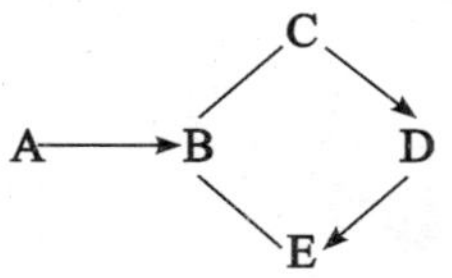

图 4

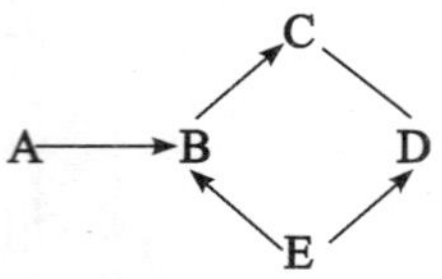

图 5

关键信息 4：B 是植物光合作用的气体，E 是白色固体，C 为无色液体，D 与 C 反应会放热。（如图 5 所示）

根据不同层次学生的总结，将图 4、图 5 合并，加强知识之间的联系，如图 6、图 7 所示。

推断题 2：

如图 6 所示，A、C 为无色液体，B 为无色气体，E 为大理石的主要成分。

（1）D 的化学式为______________。

（2）写出 F→D 的化学方程式：________________________________，反应类型为________。

（3）B 的用途为______________________。

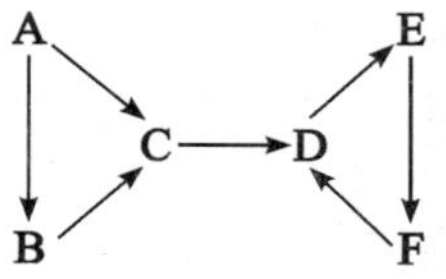

图 6

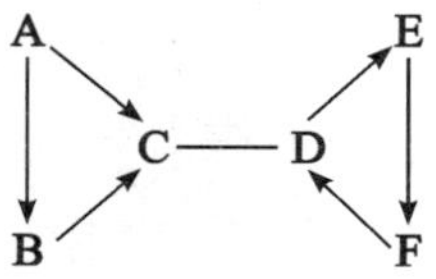

图 7

推断题 3：

如图 7 所示，A、C 为无色液体，B 为无色气体，F 为大理石的主要成分。

（1）E 的化学式为______________。

（2）写出 D→E 的化学方程式：________________________________，反应类型为____________，反应现象为______________________。

（3）E 的用途为______________________________。

5. ［提示］从知识网络方面，根据本单元的物质，绘制网络图并写出化学方程式。从知识详解方面，能总结常见、常考物质的性质，对一些重难点知识有比较具体的分析。从经典例题方面，可以选取化学教科书及一些习题资料上的经典习题进行分析，丰富自己的知识宽度和深度。

学生作品展示：

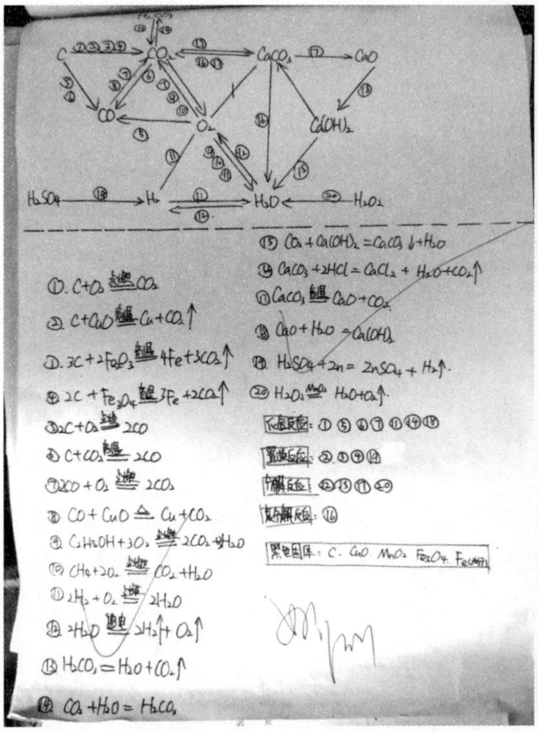

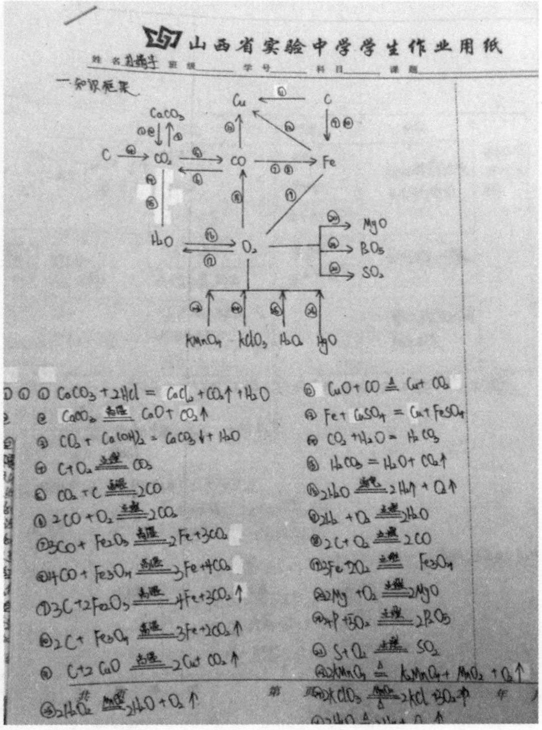

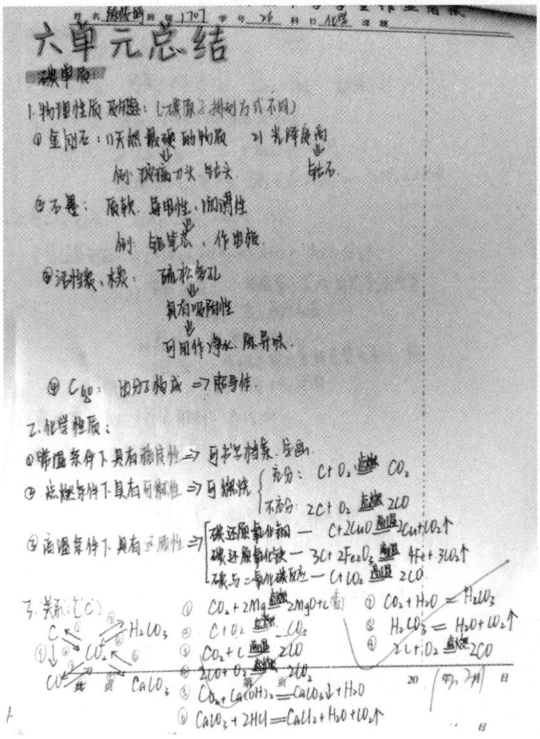

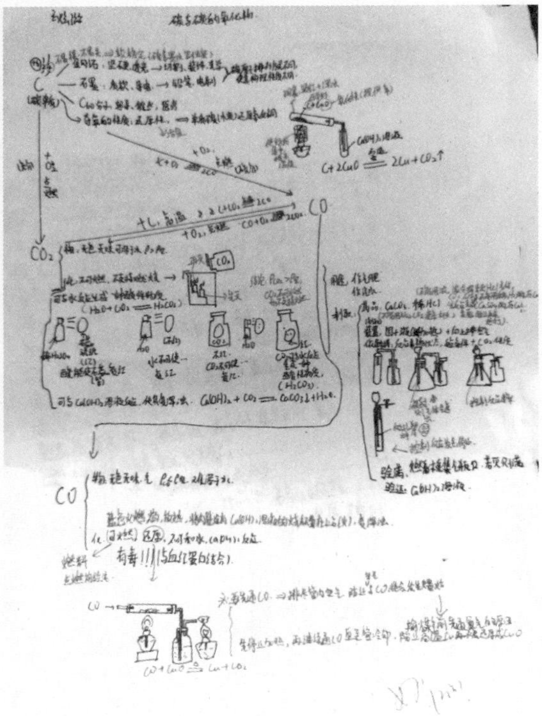

特等奖作品

作品点评

本作品以分层多元化、习题多元化、反馈多元化理念，以基础化、个性化、实践化的方式，针对学习能力不同的学生设计为三类作业，作业的设计更具“双基”，作业布置更具层次，个性化的实践活动、多元化的及时反馈不仅解决了学生存在的问题，发展了学生的思维广度和深度，激发学生完成作业的兴趣，让学生在积极主动中获取了知识，在小组合作中提升了品质，为“双减”政策的落地提供了一个有效的作业示范。

作品亮点：本作品的最大亮点在于作业的设计不仅精选试题，还设计了让学生自主命题的题目，这种开放性的作业能让所有学生都参与其中。展示自己的作业内容和思路，并与其他同学分享，发展了学生的思维广度和深度，培养了构建知识网络和知识体系的能力，使不同水平的学生都能在原有基础上得到最大限度的发展。

专家建议：化学与社会生活有着广泛而紧密的联系，课标要求的知识可让学生在实际情境中展开学习，还可将化学知识应用于实际情境中，这样有助于让学生在熟悉的生活情境中感受化学的重要性，有助于学生学会对有关的社会问题作出思考和判断，体现化学的育人价值，增强学生的社会责任感。

12. 化学与生活

太原市成成中学校　段振江

电子作品扫码下载

作品信息

<table>
<tr><td>作业类型</td><td>单元作业</td></tr>
<tr><td>适用章节</td><td>人教版九年级下册　第十二单元</td></tr>
<tr><td>设计理念</td><td>1. 根据国家“双减”政策要求，作业难度不得超过课标，书面作业平均完成时间不超过 90 分钟，因此完成化学书面作业的时间要控制在 15 分钟左右。
2. 发挥作业的诊断、巩固和学情分析等功能，根据学生学习的不同层次，将作业进行分层，设计弹性化作业。
3. 对标山西中考命题“一核六维四手段”理论，有针对性地设计书面作业。
4. 针对学生发展核心素养，设计综合实践作业，逐步帮助学生成为全面发展的人。</td></tr>
<tr><td>设计特色</td><td>1. 书面设计分层作业，将书面作业分为三个不同的难度层次，根据学生完成作业的时间决定学生完成作业的数量，学习能力较强的同学完成的题目多，学习能力较弱的同学完成的题目少，使所有学生完成作业的时间都在 15 分钟左右。
2. 设计弹性作业，书面作业和实践性作业都设计选做部分，既能满足不同层次学生的要求，也能根据学生的兴趣点选择感兴趣的实践性作业，满足了不同特点学生的需求。
3. 设计作业反馈环节，根据学生完成分层作业的情况，设计相应的补充任务。
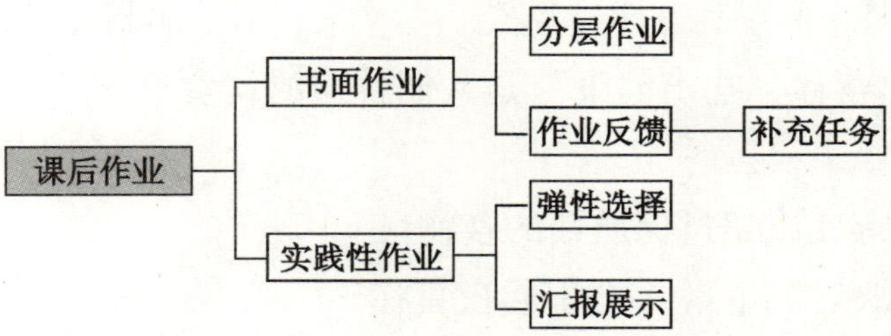
</td></tr>
</table>

（续表）

<table>
<tr><td>设计目标</td><td colspan="4">1. 通过完成书面作业：①巩固所学知识；②查漏补缺，发现学习过程中存在的问题并通过作业反馈解决问题；③对标中考，熟悉中考对相关知识的考查方式和手段。
2. 通过完成综合实践作业：①从多角度培养学生的核心素养，使学生成为全面发展的人，而不是做题考试的机器；②从立足学科素养、加大科学素养、注重阅读能力、关注表达交流、强调问题解决、落实活动建议六个维度提升学生的综合能力，让学生更好地适应山西中考改革。</td></tr>
<tr><td rowspan="4">预计时长</td><td rowspan="3">书面作业</td><td>★</td><td>2 分钟</td><td>补充内容 2 分钟</td></tr>
<tr><td>★★</td><td>5 分钟</td><td>补充内容 3 分钟</td></tr>
<tr><td>★★★</td><td>5 分钟</td><td></td></tr>
<tr><td>实践性作业</td><td colspan="3">利用 1 周的课余时间</td></tr>
</table>

作业内容

（一）书面作业

难度层级： ★

作业要求： 全部学生参与完成。核对答案，若作业出错，则完成补充作业，再对相关题目进行修改。

1. 下列生活用品中属于有机合成材料的是（　　）

A. 纯棉毛巾　　B. 塑料袋　　C. 蚕丝被　　D. 不锈钢餐具

2. 袁隆平院士研究的杂交水稻解决了中国人的吃饭问题。由稻谷加工成的大米富含的基本营养素是（　　）

A. 蛋白质　　B. 糖类　　C. 油脂　　D. 维生素

3. “吃出营养、吃出健康”是人们普遍的饮食追求。下列说法不正确的是（　　）

A. 不吃霉变或超过保质期的食物

B. 人体缺乏维生素 A 会引起夜盲症

C. 食用甲醛浸泡的食物会危害人体健康

D. 微量元素对人体十分重要，应该大量服用

4. 人体中有 50 多种元素，这些元素与人体健康紧密相关。下列说法错误的是（　　）

A. 缺铁会引起甲状腺肿大　　B. 缺氟易产生龋齿

C. 缺钙小孩易患佝偻病　　D. 缺锌会引起食欲不振，生长迟缓

难度层级： ★★

作业要求： 全部学生参与完成。根据老师的批改核对答案，若出现问题，利用第二天自习时间小组讨论解决；仍有问题，集中向老师提问。

5. “天丝”被誉为21世纪的绿色纤维，兼具天然纤维和合成纤维的优势，在高新科技方面应用广泛。以下领域一般不使用“天丝”的是　　(　　)

A. 航空航天　　B. 新型材料　　C. 纯棉制造　　D. 轨道交通

6. 国家宝藏“绢衣彩绘木俑”是“一带一路”沿线的历史遗存。她们妆容考究、彩绘飘飘、锦衣罗衫，再现了唐代的繁荣、开放和包容。以蚕丝为原料可织成绢和绫，再用它们做成襦裙和间裙。这些服饰的原材料属于________纤维，这种纤维的优点是____________（写一点）。

7. 莲是多年生水生草本，水下的莲藕富含维生素C、铁、淀粉和膳食纤维。有除烦解渴、补心生血和健脾开胃等功效。莲子中钙、磷、钾含量很高。荷叶有减肥瘦身的作用。

（1）莲藕中富含的维生素C可预防________病。

（2）患有骨质疏松症的人群，可选上述中的________进行食补。

8. 酸奶是日常生活中常见的一种食品，某品牌酸奶配料中含有水、全脂乳粉、白砂糖、脱脂乳粉和少量的食品添加剂等物质，下表是其外包装上标识的营养成分：

项目	能量	蛋白质	脂肪	糖类	钠	钙
每100 g	299 kJ	2.7 g	2.8 g	8.8 g	70 mg	80 mg

请回答下列问题：

（1）表中“钠”“钙”是指________（填“原子”“分子”“物质”或“元素”）。

（2）脂肪在人体内分解、氧化释放能量的过程，是将________能转化为热能。

（3）从均衡营养的角度分析，该酸奶中缺少的营养素是________。

（4）酸奶包装盒采用聚乙烯塑料，它属于________（填“金属材料”或“合成材料”）。

9. 近年来在塑料及合成纤维工业上，诞生了一种特殊的生产工艺，是氦气的微泡掺塑料或合成纤维，制成特别轻盈的泡沫塑料或纤维。例如，风靡一时的“太空服”轻巧，保暖性好，就是因为它的纤维中含有氦气微泡。掺入氦气微泡的泡沫塑料属于________材料；区分羊毛和制作“太空服”的合成纤维的方法是____。

难度层级： ★★★

作业要求： 选做题，符合条件的学生完成。若★题和★★题在 10 分钟以内完成，则完成★★★题，否则对★★★题不作要求。

10. 某中学九年级健康生活实践小组的同学对不吃早餐的危害产生了浓厚的兴趣，并开启了他们的项目学习之旅。

【信息检索】不吃早餐的习惯很不好，会导致糖分的摄入不足，容易出现低血糖症状，比如心慌乏力、注意力不集中等。此外，经常不吃早餐，易引起胆结石、消化道疾病等。

【提出问题】不吃早餐的危害是什么？

活动一：小组同学通过查阅资料得出，不吃早餐，胃里会分泌出 0.2%~0.4%的胃酸，该酸是________。

活动二：联系实际，填写关于早餐的问卷调查表。

项目	早餐种类	补充食物	调查人群
①	面包片、生菜、鸡胸肉	牛奶	上班族
②	牛奶、面包、牛肉	________	坏血病人
③	火腿肉片、鸡蛋汤、馒头	苹果	九年级学生

活动三：实验探究，治疗胃酸的不同方法。

实验	治疗胃酸的药物	实验步骤	现象	原理
①	氧化镁	取少量该药物的粉末，加入 5 mL 模拟胃液	固体溶解	________________（任写一个化学反应的方程式）
②	$NaHCO_3$		________	
③	________		固体溶解	

【总结反思】

（1）在生产、生活中与实验③原理相同的例子是________________________。

（2）胃溃疡患者不能服用的上述药物是____________，原因是____。

【得出结论】要关注健康、合理膳食，养成良好的生活习惯。

（二）实践性作业

选择下列项目中感兴趣的一项内容，可以个人完成，也可以小组合作完成。（利用一周的课余时间完成，一周之后课堂展示成果，展示方式不限，可以利用多媒体展示）

1. 调查与研究：调查学校食堂或自己家庭一段时间的食谱，查阅并参考食物营养表，研究这些食谱营养搭配是否合理，指出其中的问题并提出建议。

2. 调查与研究：调查市场上有哪些补钙、补锌、补铁的产品，查看它们的标签或说明书，了解它们的主要成分。

3. 调查与研究：查看家里服装的标签，了解服装面料的纤维种类，根据服装标签上的说明，研究不同纤维在洗涤、熨烫时的注意事项。

4. 调查与研究：调查你周围环境中“白色污染”的情况及形成的原因。

5. 课外实验：向3个相同的玻璃杯中注入相同体积的水，第一个玻璃杯用塑料保鲜膜包住杯口，第二个玻璃杯用报纸包住杯口，第三个玻璃杯敞口。一个星期后，观察3个玻璃杯中水的多少，并分析保鲜膜可以“保鲜”的可能原因。

6. 课外实验：各取一小块塑料、铁片和木片，埋入潮湿的土壤中，两周后取出，观察三种材料的变化情况。实验结果说明什么？

（三）补充任务

作业要求： ★题出现问题的同学需要完成补充任务，其余同学可跳过补充任务。

1. 人体重要的营养物质（阅读教科书内容完成下表）

营养素	主要功能	食物来源
蛋白质	构成________的基本物质，能为人体活动提供________	________
糖类	生命活动的主要供能物质	________
油脂	重要供能物质，维持生命活动的________能源	________
维生素	缺乏维生素A引起________，缺乏维生素C引起________	________
无机盐	调节人体新陈代谢	食物、营养补剂
水	调节体温，促进营养物质的消化和吸收	饮品和食物

2. 化学元素与人体健康（阅读教科书内容完成下表）

元素	对人体作用	食物来源
钙	幼儿及青少年缺钙会患________，成年人缺钙会引起________	________
铁	缺铁会引起________	________
锌	缺锌会引起________	________
硒	硒有防癌、抗癌作用，缺硒会引起________	
碘	缺乏或过量都会引起________	________
氟	缺氟易产生________，过量会引起________	

3. 有机合成材料（阅读教科书内容完成下表）

<table>
<tr><td rowspan="3">天然有机高分子材料</td><td rowspan="2">天然纤维</td><td>种类：______</td></tr>
<tr><td>优点：______</td></tr>
<tr><td>天然橡胶</td><td></td></tr>
<tr><td rowspan="3">合成材料</td><td>塑料</td><td></td></tr>
<tr><td>合成纤维</td><td>优点：______</td></tr>
<tr><td>______</td><td></td></tr>
</table>

设计意图

作业的内容素材都是从学生的生活实际出发，考查学生对六大营养素、化学元素与人体健康以及化学与材料的相关知识的掌握程度，有利于学生认识学习化学的重要性，同时受到健康生活和可持续发展的情感、态度与价值观方面的教育。

参考答案

（一）书面作业

1. B
2. B
3. D
4. A
5. C
6. 天然　透气性好
7. （1）坏血　（2）莲子
8. （1）元素　（2）化学　（3）维生素　（4）合成材料
9. 合成（或有机合成）　灼烧闻气味
10. 盐酸　凉拌黄瓜（合理即可）　$Al(OH)_3$　产生气泡　$NaHCO_3 + HCl = NaCl + H_2O + CO_2\uparrow$（合理即可）

在农业上用熟石灰来改良酸性土壤（合理即可）

$NaHCO_3$　碳酸氢钠能够和胃液中的盐酸反应生成二氧化碳气体，造成胃膨胀，尤其易造成胃穿孔

（二）实践性作业

［提示］实践性作业可以小组合作完成，小组合作时组长要明确组员分工，明确谁主要负责搜集资料，谁主要负责制作多媒体，谁主要负责讲解，等等。实践性作

业的展示可以使用照片、漫画、调查报告、科普小品、组内辩论等多种方式开展。

（三）补充任务

1. 细胞　能量　瘦肉、鸡蛋、大豆　小麦、玉米、马铃薯　备用　油、肥肉　夜盲症　坏血病　水果、蔬菜

2. 佝偻病　骨质疏松　奶、豆类、虾皮　贫血　肝、瘦肉、蛋　食欲不振、生长迟缓、发育不良　海产品、瘦肉、肝　表皮角质化、癌症　甲状腺肿大　海产品、加碘盐　龋齿　氟斑牙、氟骨病

3. 羊毛、棉花、蚕丝　吸水性好，透气性好　强度高、弹性好、耐磨、耐化学腐蚀　合成橡胶

作品点评

本作品关注了不同学习水平的学生，综合运用了多种作业形式（包括基础性作业、实践性作业、弹性作业等），对作业的内容、类型、难度、数量和完成时间进行了详细的设计，是一份较为优秀的作品。作品通过将题目的难度分成三个层次的方式设计作业内容，三个难度层次又分别对应三种不同学习水平的学生，体现了分层教学；不同难度层次的作业内容采用了不同的呈现形式（第一层次以选择题为主，第二层次以填空题为主，第三层次以科学探究题为主），体现了对不同层次学生学习能力的要求。除了书面作业，还设计了实践性作业，学生可以根据自己的兴趣爱好和学习水平，选择适合自己的作业内容进行学习，体现了尊重个体、以生为主的教育思想，也有助于学生开阔学习视野和提升学习能力。

作品亮点：本作业的设计中，对于学习能力较弱的学生，有针对性地设计了“补充作业”。这样的设计，既是对基础较弱的学生学习内容的有益补充，也体现了教师关爱学生、不放弃任何一个学生的教育情怀。

专家建议：本作业中，个别题目所处位置与难度预设的匹配度有误（如第 5 题应为难题），书面作业整体的开放度不够。如果能在这两个方面有所改进，效果会更好。

生物学部分

SHENGWUXUE BUFEN

第一类　模型制作

1. 人体内废物的排出

太原市第五中学校　程媛媛

电子作品扫码下载

特等奖作品

作品信息

作业类型	模型制作
适用章节	人教版七年级下册　第四单元第五章
设计理念	制作一个立体的肾单位模型教具，可以采用生活中容易获取的废旧材料，操作简单容易，成本低廉，每位师生都能制作并应用于学习活动过程中；可以克服平面图的缺陷，把微观的结构宏观化，把平面图形立体化，并将复杂图形拆解；可以模拟肾单位各结构之间的关系，可组装，可拆解，可以帮助学生直观感受、理解分析，并进行合理推理，为学生学习肾单位的结构及尿液的形成过程提供有利条件。
设计目标	1. 通过制作和使用肾单位模型，概述尿液形成和排出的大致过程。 2. 形成人体结构与生理功能相适应的基本观点。 3. 培养学生的空间想象能力和推理能力。
设计特色	1. 将学生已经掌握的基本知识综合在一起，两人一组协调配合完成，分工合作的同时，既掌握了知识，又培养了统筹规划、团体协作以及动手操作能力。 2. 把教科书上零散的知识点串起来，有利于学生对肾单位的结构和尿液的形成过程有更深刻、更清晰的认识。教学内容紧密联系现实生活，对于拓展学生的知识面、巩固学过的基础知识和运用已学的理论解决实际问题有很大的帮助。 3. 学生能在老师的引领下，借助直观而立体的肾单位模型教具，对重要概念进行深度学习，总结尿的形成过程，较好地落实了重点、突破了难点。
预计时长	1 小时。

作业内容

制作立体的肾单位模型

1. 参考人教版《生物学》七年级下册教科书p73和p75图片，利用生活中容易获取的废旧材料，制作一个立体的肾单位模型。

2. 作业要求：

（1）把肾单位的结构放大，把平面图形立体化。

（2）造型科学、准确、美观大方。

（3）肾单位模型可以模拟以下结构和过程：

①肾单位包括肾小球、肾小囊、肾小管等部分；

②肾小球两端都是小动脉：入球小动脉和出球小动脉；

③肾小囊和肾小管组成“腔相通、壁相连”的“小漏斗”结构；

④出球小动脉两端都是毛细血管网：肾小球毛细血管网、肾小管外面的毛细血管网；

⑤肾单位的两条管道系统——血路和尿路。

血路：肾动脉（动脉血）→入球小动脉（动脉血）→肾小球毛细血管网→出球小动脉（动脉血）→肾小管外面的毛细血管网→肾静脉（静脉血）

尿路：肾小囊（原尿）→肾小管（尿液）→收集管→输尿管→膀胱→尿道

3. 材料用具可选择：饮料瓶，玻璃漏斗，塑料软管，饮料管，毛线，颜料，胶带，剪刀，皮筋等。

参考答案

1. 制作材料

2 000 mL饮料瓶一个，500 mL饮料瓶一个，薄橡胶手套一只，塑料软管1 m，红、黄、蓝丙烯颜料，胶带，剪刀，细线。

2. 基本思路

制作“立体的肾单位模型”需要以下五个步骤：

（1）涂色（如图1所示）

①取1米塑料软管，分别剪成如下四段并涂色：红色10 cm、蓝色10 cm、红色15 cm、黄色65 cm；

②取一个2 000 mL饮料瓶，剪成上半部分的漏斗状和下半部分的直筒状。上半部分漏斗状涂成黄色，下半部分直筒状涂成红色；

③取一个 500 mL 饮料瓶，涂上红、蓝色相间的 1 cm 左右的宽条；

④把一只薄橡胶手套剪去手指部分，留下手掌部分，扎紧一端并涂成黄色（或直接选用黄色大号气球）。

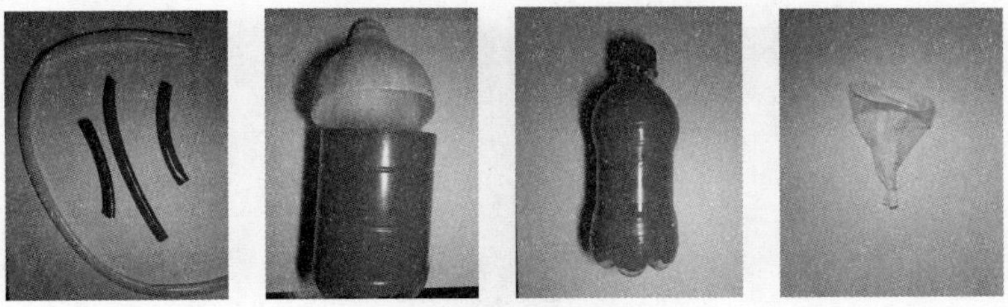

图 1

（2）把 2 000 mL 饮料瓶漏斗状部分的宽口外用胶带固定上薄橡胶手套，窄口外用胶带固定上 65 cm 的黄色塑料软管。（如图 2 所示）

图 2

（3）把 2 000 mL 饮料瓶的直筒状部分剪成 3~4 mm 宽的细条数段，细条相互缠绕成球状，球体两端分别留出数段约 10 cm 的细条，用细线绑在一起。（如图 3 所示）

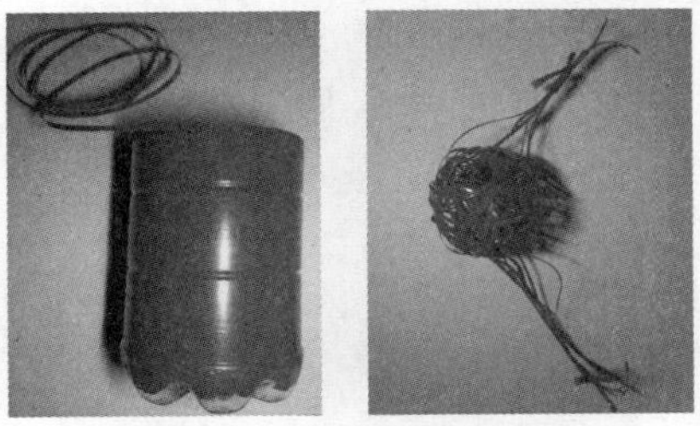

图 3

（4）把 500 mL 饮料瓶剪成 3~4 mm 宽、一半红色一半蓝色的细条数段，中间部分相互缠绕、打结，两端分别留出约 10 cm 的细条数段，用细线绑在一起。（如图 4 所示）

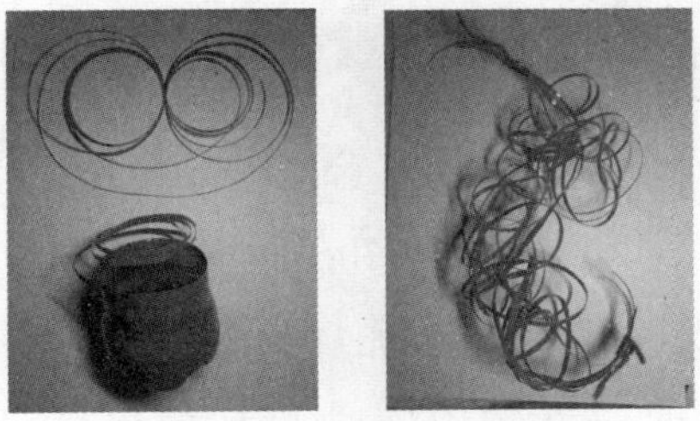

图 4

（5）把步骤（3）绑好的红色细条一端套上 10 cm 的红色塑料软管，另一端套上 15 cm 的红色塑料软管。把步骤（4）绑好的细条红色的一端套上 15 cm 的红色塑料软管的另一头，蓝色的一端套上 10 cm 的蓝色塑料软管。（如图 5 所示）

图 5

3. 模型使用方法

（1）组装模型。肾单位由肾小球、肾小囊和肾小管等部分组成。学生在观察教科书示意图的基础上组合模型，并了解各部分分别代表什么结构，理解肾单位各结构的联系。

（2）拆解模型。在学生认识肾单位结构的基础上，把模型拆解为“血路”和“尿路”两条管道系统，并能明确每一条管道的途径。

血路：肾动脉（动脉血）→入球小动脉（动脉血）→肾小球毛细血管网→出球小动脉（动脉血）→肾小管外面的毛细血管网→肾静脉（静脉血）

尿路：肾小囊（原尿）→肾小管（尿液）→收集管→输尿管→膀胱→尿道

（3）再次组装模型。根据模型总结肾单位的特点，即血液两次经过小动脉（入球小动脉和出球小动脉），有两套毛细血管网（肾小球毛细血管网和肾小管外面的毛细血管网），血路和尿路有两次接触过程（肾小球和肾小囊处的接触、肾小管及其外部毛细血管网处的接触）。

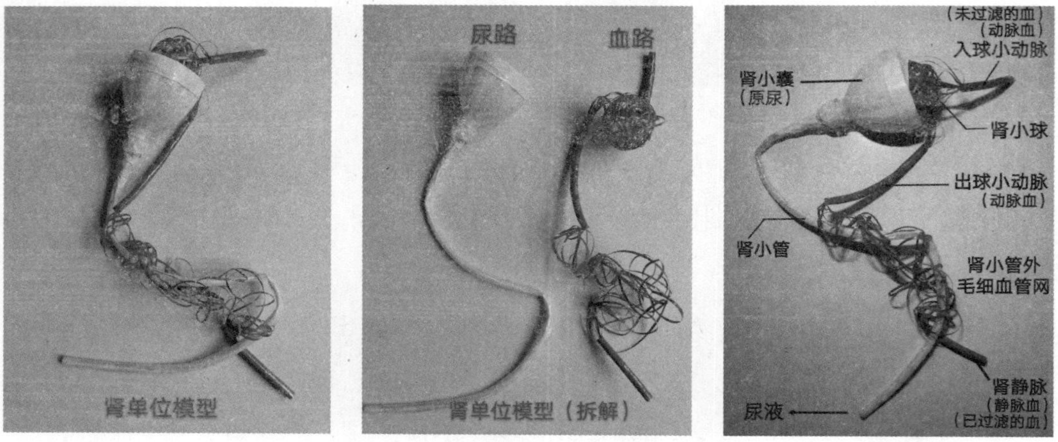

图 6

（4）总结尿的形成过程。根据血路和尿路两次接触过程中分别发生的“过滤”和“重吸收”作用，结合数据，推测出尿液是如何形成的。

作品点评

本作品精准解读了《义务教育生物学课程标准（2022年版）》（本书简称《课程标准》）的要求，目标设计科学合理，充分体现了生物学核心素养的生命观念之一：结构与功能观。根据学情精心设计了作业要求、制作材料、制作步骤等，有利于学生顺利完成模型的制作，不仅提高了学生的动手能力，而且能更好地帮助学生认识生命现象的本质，有效地检测了学习效果。巧用自制模型构建重要概念，不仅是阐明结构与功能关系的有效手段，而且使微观知识宏观化，有效地突破教学重难点。

作品亮点：该模型制作材料来源于日常生活，容易获取。例如，用废弃的饮料瓶、薄橡胶手套等，实现了废旧物品的再利用。

以图文并茂的形式详细介绍了模型的制作过程，降低了制作难度，增加了学生的主观参与度，能激发学生的积极性和创新意识，助力学生核心素养的形成。另外，两人协作完成有利于学生之间互相学习，提高团队合作的能力。

学生在制作模型时弄清了肾单位的组成以及各结构之间的关系，在组装、拆解、再组装的过程中理解了尿的形成以及尿路和血路之间的关系，真正做到了“做中学”，有助于学生将抽象、零散的知识进行系统的梳理，形成直观的知识网络，有效地帮助学生建构生命观念，发展科学思维，培养探究能力，提升学习效率。

专家建议：在展示自制的模型时，可以通过让学生分享成功或失败的体验，讲述制作过程中遇到的困难以及他们是如何克服困难的，以提升学生的表达、交流和共享能力。

2. 动物的运动依赖于一定的结构

晋城市爱物学校　胡云鹏

电子作品扫码下载

作品信息

作业类型	模型制作
适用章节	苏教版八年级上册　第6单元第十七章第二节
设计理念	通过实验包提供的相关材料，自行制作、组装人的屈肘和伸肘模型，了解脊椎动物运动系统的组成，认识肘关节的基本结构。通过探究人的屈肘和伸肘活动，说明骨、骨骼肌和关节在脊椎动物运动中的作用以及运动是如何产生的。
设计目标	1. 通过阅读实验说明和参照教科书图示，能自行地利用现有材料正确地制作、组装模型，了解脊椎动物运动系统的组成。 2. 通过操作人的屈肘和伸肘模型，探究屈肘和伸肘过程中骨、骨骼肌和关节是如何起作用的。 3. 通过探究活动，思考骨与骨之间是如何连接的，认识关节的功能，了解脱臼是如何发生的；根据关节结构图示，改进模型。 4. 针对模型的不足之处，能提出自己的改进方案，能动脑解决探究活动中遇到的困难。
设计特色	1. 设计了趣味实验包（内含探究指导和材料），学生使用起来直观又方便。 2. 学生在动手探索制作模型的过程中，可感知屈（伸）肘过程中各结构的位置关系及作用。 3. 引导学生观察、思考，发现问题并尝试改进装置，变“要我做”为“我要做”。
预计时长	30分钟。

作业内容

一、前期思路与准备

1. 生物学课程是一门以观察、实验为基础的自然科学，受到幼儿园小小实验包的启发，预想我们的学生也能利用所提供的材料，亲历探索过程。既体验了手工制作的快乐，又在制作中观察和探究人的屈肘和伸肘动作是如何完成的。

2. 为保证人的屈肘和伸肘动作模型制作的科学性和严谨性，将原有立体图示进行平面化处理，勾勒出肱骨、桡骨和尺骨的平面图示，尤其是肘关节部位，保证伸肘过程中桡骨和尺骨在正常范围，不会翻转。

二、制作过程及成果

1. 绘制骨骼模板，A4 纸上打印。（如图 1 所示）

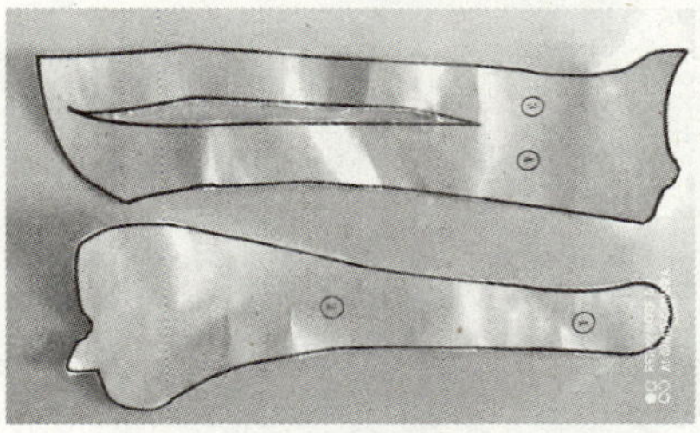

图 1

2. 准备实验包中的各种材料。（如图 2 所示）

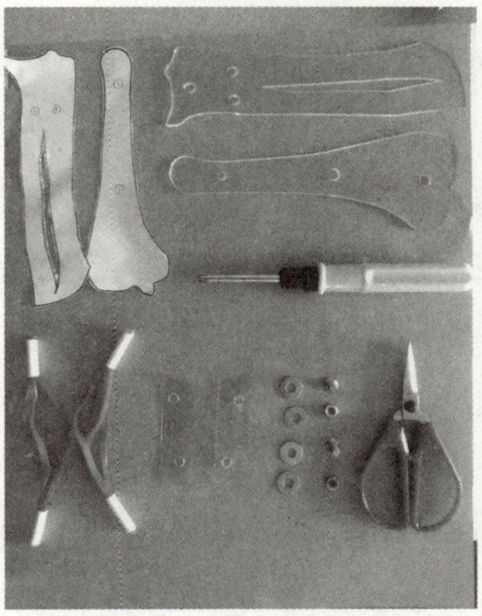

图 2

3. 反复尝试，改进材料。

特等奖作品

三、分享点滴感受

1. 在制作过程中，认识到人体结构的科学性与严谨性，肘关节结构复杂又可以灵活运动。

2. 在组装环节中，常常会出现“脱臼”现象，了解到关节中关节囊的作用。

3. 在反复的屈肘（伸肘）过程中，体会骨骼肌和骨的连接，感知到骨骼肌的收缩与舒张时肌腹的变化。

优秀作品展示

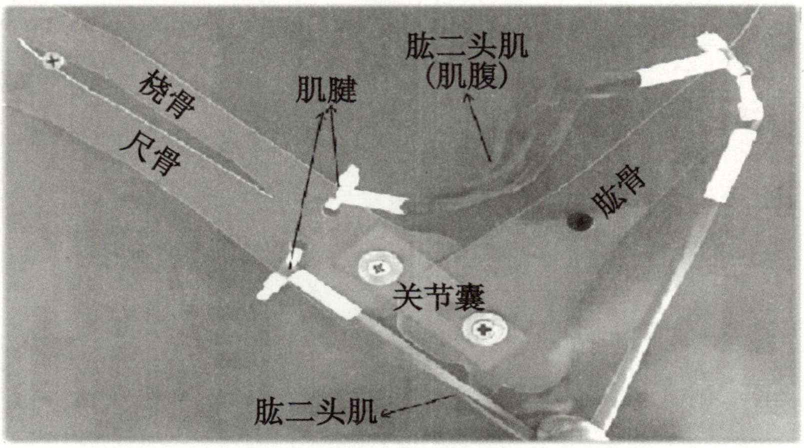

作品点评

该作品以《课程标准》为纲，以相应教学基本要求为依据，渗透了生物体结构和功能相适应的生命观念。作业目标设计准确、有针对性，与作品相符，使作业成为学生深化对概念理解的有效辅助手段，有助于学生理解运动系统的组成和功能及其如何相互配合完成运动。设计了趣味实验包，不仅提供实验材料，而且以图文并茂的形式详细说明制作过程，激发了学习兴趣，降低了制作难度，便于学生在亲历探索的过程中，顺利完成模型制作。

作品亮点： 学生在观察视频和实物的基础上进行模型制作，这样的作业设计不仅是丰富教学的“点缀”，而且是实现学生学习过程的“原动力”。丰富的学习机会使得知识的获得不再是被动地接受，而是循序渐进的探索过程，学生可以像科学家一样获取知识。同时，这种作业设计还注重了把相关知识点连成知识链，注重其前后联系与衔接，同时又保留了适当的拓展空间。

设计了“分享讨论”环节，让学生边制作模型边思考相关问题，能更好地促进学生探索生命活动的规律，帮助学生理解和掌握生物科学知识，解释生命现象，探索生命奥秘，促成生命观念之结构与功能观的形成。

“骨、骨骼肌和关节的相互配合完成运动”，对学生来说是抽象的、难以理解的，学生通过动手制作模型，获得直观感知，形象地理解屈肘和伸肘运动，有助于培养学生对关节结构的立体感和形象记忆能力，更好地掌握认知对象的本质。

学生在制作过程中尝试对模型进行改进，有助于培养学生的科学精神和创新能力。

专家建议：学生在作品展示时进行自我评价和小组互评，最后由教师对作业进行综合评价，尤其对学生改进的模型，教师要给予肯定和表扬。这有助于学生取长补短、共同进步，有利于提升学生批判质疑和理性思维的素养。

第二类 实践作业设计

特等奖作品

3. 设计一份营养合理的午餐食谱

孝义市第六中学校 马丽平 张俊其 付小燕 王雪萍 赵海珍

电子作品扫码下载

作品信息

作业类型	实践作业
适用章节	人教版七年级下册 第四单元第二章第三节
设计理念	1. 设计一份营养合理的午餐食谱。 2. 运用有关合理营养的知识指导日常生活。 3. 关心长辈的饮食。
设计目标	通过运用所学到的关于合理营养的基本知识让学生尝试为家长设计一份营养合理的午餐食谱，帮助学生在学以致用中更好地理解合理营养的基本要求，引导学生去关注长辈，从而渗透情感教育；也让家长知道孩子们对他们的关心，增进孩子与家长的情感。
设计特色	注重实践性和探究性。
预计时长	周六（周日）上午5个小时。

作业内容

一、基础作业

1. 合理营养是指　（　　）

A. 全面的营养　B. 平衡的营养

C. 全面而平衡的营养　D. 摄入含有各种营养素的食物

2. 在每日摄入的总能量中，早、中、晚餐的能量的合理比例是　（　　）

A. 30%、20%、50%　B. 40%、30%、30%

C. 30%、30%、40%　D. 30%、40%、30%

3. 以下实例中，不符合合理营养的是　（　　）

A. 一日三餐，每餐合理搭配，零食适当

B. 足量饮水，合理选择饮料，限量饮酒

C. 食不过量，天天运动，保持健康体重

D. 参加宴席时，少吃菜，多吃鸡鸭鱼肉

4. 下列选项中不符合《中国居民膳食指南》（2007）基本原则的是　（　　）

A. 食物多样，谷类为主

B. 多吃蔬菜、水果和薯类

C. 油和盐的摄入要依据个人口味

D. 常吃适量鱼、禽、蛋和瘦肉

5. 小明的爷爷得了肝炎，请你为爷爷设计一份营养合理的午餐　（　　）

A. 米饭、红烧肉　B. 米饭、糖醋排骨

C. 鱼、鸡蛋、炸鸡腿　D. 米饭、鱼、青菜、苹果

二、实践作业

（一）温馨提示

1. 设计的午餐食谱只要求含有五类食物并且比例合适，不要求计算其中能量的多少以及各类营养物质的量。

2. 设计时应考虑当地常吃的食物种类、营养成分、价格，以及中老年人的健康状况和饮食习惯等。

3. 所设计的午餐食谱基本能做到营养合理、经济实惠。

4. 根据自己设计的食谱，亲自在家中烹调，请家长品尝，并给家长讲明你设计的食谱中的科学道理，听取家长对食谱的意见。

（二）方法步骤

1. 调查家庭饮食与健康情况

"家庭饮食与健康"调查问卷	
调查时间：	调查地点：
年龄：	性别：
文化程度：	职业：

1. 您家餐桌上的荤素搭配情况是：
A. 素多荤少　B. 荤多素少　C. 荤素搭配基本平衡
2. 您在意食物的新鲜程度吗？
A. 很在意　B. 一般　C. 只要看不出变质就行
3. 您有不吃早餐的情况吗？
A. 从来没有　B. 偶尔有　C. 经常不吃
4. 您一般在用餐以后感觉：
A. 胃部饱胀　B. 舒适　C. 无饱胀感
5. 您一般喝什么解渴？
A. 茶水或者白开水　B. 果汁类饮料　C. 碳酸饮料
6. 您经常吃新鲜水果吗？
A. 经常吃　B. 偶尔吃　C. 从来不吃
7. 您觉得您的身体状况和平时的饮食状况有关吗？
A. 有关　B. 无关
8. 您家的饮食内容经常变换吗？
A. 经常变换　B. 基本不变
9. 您家里有在饮食上需要特殊照顾的人群吗？（如高血压、高血脂、高血糖、冠心病等）
A. 有　B. 没有

2. 搜集食物营养成分的资料

（1）利用网络资源搜集食物营养成分。

（2）参考教科书 p38~p39"常见的食物成分表"。

（3）按下表格式对搜集的资料进行整理。

食物名称	基本特征	营养价值

3. 家庭饮食评价

我家在饮食方面的优点是：________________________________。

我家在饮食方面的不足是：________________________________。

完成下表。

饮食结构调整表						
	爸爸		妈妈		我	
	适量多吃	少吃	适量多吃	少吃	适量多吃	少吃
午餐						

* 设计意图

将所调查家庭的饮食结构与搜集的资料进行对照，找出需要改进的地方，列出饮食结构调整表。

4. 完成午餐食谱的设计并选购食材

午餐食谱（参考）：

参考食谱 1

食物名称		数量（克/人）
纯米饭	粳米	200
茄子炖肉	茄子	100
	猪肉	20
香菇白菜	小白菜	80
	香菇	5
红烧带鱼	带鱼	50
食用油		25
水果		100~150

参考食谱 2

食物名称		数量（克/人）
面条	面粉	150
什锦炒肉	芹菜	80
	猪肉	20
	木耳	20
青椒鸡块	青椒	10
	鸡块	140
金玉满堂	黄瓜	80
	胡萝卜	20
	玉米	20
食用油		25
水果		100~150

根据“平衡膳食宝塔”比例标准要求、父母的健康状况及父母所缺乏的营养成分设计食谱。设计食谱时也要考虑到季节性，尽可能地选择当地当季容易买到的食材。选购食材时应考虑家庭常吃的食物种类、营养成分、价格、饮食习惯等，力求既经济又实惠，避免只购买昂贵食物给家庭造成经济负担。注意对辅料如料酒、葱、蒜、姜等的采购。

将自己所购食材的相关信息填入下表，检查是否符合“平衡膳食宝塔”的要求。

序号	食材名称	数量/克	单价/元	总价/元	营养成分	所占比例
1						
…						

5. 实践操作

食谱设计完成以后，可以利用周末时间亲自为家长做一次午餐。按照设计的食谱，从买菜开始，接着洗菜、烧菜。同时，要负责地向家长介绍设计一餐食谱所依据的科学道理等，听取家长对午餐的意见和看法。

6. 成果展示

将自己的设计方案以及有关的图片、视频资料向全班同学进行展示交流。

参考答案

一、基础作业

1. C
2. D
3. D
4. C
5. D

作品点评

该作品深度解读了《课程标准》的活动建议，目标设计渗透情感教育，学生通过问卷调查搜集相关数据、利用合理营养的知识进行科学分析，并设计出有利于增进家人健康、科学合理的午餐食谱，体现了立德树人、素养立意的核心，有助于学生健康意识的形成。该作业在问卷调查、设计食谱、购买食材并制作菜品方面具有一定的开放性，同时也具有自主性强、实践性强等优点，这对转变学习观念、改善学习方式和提升学生的生物学核心素养有着重要的意义。

作品亮点：以学生现实生活和社会实践为基础，强调学生亲身经历，在活动中发现问题和解决问题，并体验生活，有利于提升学生的实践能力和创新能力，有助于培养学生热爱劳动的品质，提升学生健康生活的理念。

作业分层设计，既有基础性作业，考查学生对所学知识的掌握情况，又有实践性作业，培养学生参与社会生活并能作出科学决策的能力，同时锻炼学生的动手能力，学会终身生活必备的知识。

专家建议：让家人适当参与学生的实践作业，如可以在学生选购食材、制作菜品等方面进行指导，和学生一起动手制作等，以便于学生成功实现运用有关合理营养的知识帮助家人健康地生活，从而培养学生与家人的情感。还可以让家人在学生设计的食谱上签名、写上几句话，或在学生拍摄的视频中发表感言，说一些鼓励或表扬的话语，让学生感受到家人的爱和关注，有助于学生在生活中能正确形成自己的情感态度价值观。

4. 游太原植物园

太原市通宝育杰学校　尚秀英

电子作品扫码下载

作品信息

作业类型	实践作业
适用章节	人教版八年级上册　第六单元
设计理念	作业设计以促进学生生物学核心素养达成为目标，侧重观察记录，从知识与实践的联系出发，关注知识与现实生活的关联，强化学生知识的迁移与应用能力；同时有助于学生在观察过程中感受趣味性，激发出学习的积极性和学习生物的高涨热情。 作业的设计在真实的情境中体现作业的递进性和扩展性，注重整合知识、发散思维，培养学生能应用生物学知识解决实际问题并参与社会管理的意识，实现立德树人的根本任务。
设计目标	1. 通过参观太原植物园，拓展学生的视野，感受植物世界的神奇，培养学生对生物学的兴趣。 2. 通过现场观察植物，使学生更好地了解植物的多样性，并学会运用分类学知识尝试对植物进行分类。 3. 通过对某一种植物的演化、奥秘、生态等几方面进行专项探究，进一步理解生物与环境的关系，形成保护生态环境的意识。 4. 通过研学活动，培养学生能应用生物学知识解决实际问题和参与公共事务管理的意识和能力。
设计特色	充分关注学生不同群体特点与个体差异，分层设计，注重实践性和探究性。在作业设计中，有个性化作业设计，给学生更多的选择、探究空间，注重培养学生的生物学核心素养。
预计时长	观察调查时间：50~60 分钟。 书面作业完成时间：基础性作业：10~15 分钟；探究性作业：20~30 分钟；拓展性作业：30~40 分钟。

作业内容

本学期，我们已经学习了生物的多样性及其保护。让我们在假期中，走出教科书，走出校园，走进太原植物园。在欣赏美丽的植物、感受神奇植物世界的同时，加深我们对植物多样性的了解。将我们所学的知识应用于生活实际，并积极参与到保护生物多样性的行动中。

请同学们结合自己所学的知识，利用植物园中的各种实物、文字及影像资源，完成下列作业。

一、基础性作业（必做★★）

在热带雨林馆、沙生植物馆分别选取六种珍稀的植物，仔细观察它们的生活环境及主要特征，完成下表，并结合教科书所学的方法将这些植物至少用两种方法进行分类（写出分类依据）。

<table>
<tr><th>场馆</th><th>中文名称</th><th>学名</th><th>主要特征</th><th>生活环境</th><th>分类（写出分类依据）</th></tr>
<tr><td rowspan="6">热带雨林馆</td><td></td><td></td><td></td><td rowspan="6"></td><td rowspan="12"></td></tr>
<tr><td></td><td></td><td></td></tr>
<tr><td></td><td></td><td></td></tr>
<tr><td></td><td></td><td></td></tr>
<tr><td></td><td></td><td></td></tr>
<tr><td></td><td></td><td></td></tr>
<tr><td rowspan="6">沙生植物馆</td><td></td><td></td><td></td><td rowspan="6"></td></tr>
<tr><td></td><td></td><td></td></tr>
<tr><td></td><td></td><td></td></tr>
<tr><td></td><td></td><td></td></tr>
<tr><td></td><td></td><td></td></tr>
<tr><td></td><td></td><td></td></tr>
</table>

二、探究性作业（选做★★★）

在珍稀植物馆里找一种你最想深入了解的珍稀植物，利用植物园中的影像、文字资源，从植物·演化、植物·奥秘、植物·生态、植物·文化等几方面中，选择一方面进行探究。思考：生物是如何适应生活环境的？想一想它对其生活环境会产生什么影响？

请将你的探究结果，通过文字、思维导图或绘画等形式向大家展示，并写出你获得这些探究结果的依据和途径。

三、拓展性作业（选做★★★★）

通过本次研学活动，相信你有许许多多的收获和感悟，同时也了解了生物与环境的关系，以及生物多样性面临的严重威胁，认识到了保护生物多样性的重要意义。请你积极参与到保护生物多样性的活动中来，为保护生物的多样性出一份力。请你为宣传保护生物多样性设计一张海报。

海报制作要求：

1. 海报要围绕生物多样性，以“提高全民生物多样性保护意识”为主题，内容要求积极向上。

2. 作品可以为手绘版，也可以为电子版。

参考答案

一、基础性作业（必做★★）

答题建议：

1. 生物的“主要特征”一栏，在填写时，选取该植物最有代表性的一个特征即可。

2. 给植物分类时，依据可以是有无种子、根、茎、花或果实的形态结构等。

二、探究性作业（选做★★★）

答题建议：

1. 在探究结果的展示中，一定要体现出选择的是从演化、奥秘、生态、文化哪一方面进行探究的。

2. 在探究结果的展示中，要体现出在该项专题探究中，生物与环境是如何相互影响的。

3. 在探究结果的展示中，要体现出获得该结果的依据是什么，通过什么途径获得的。

三、拓展性作业（选做★★★★）

答题建议：

1. 海报的设计要有充分的视觉冲击力。
2. 海报表达的内容要精炼，抓住主要表达点。
3. 海报内容不可过多。
4. 海报内容一般以图片为主，文案为辅。
5. 海报内容主题字体醒目。

作品点评

本作业结合地域资源，带领学生走进植物园，开展参观、调查等实践活动，让学生在真实情境中，感受生命科学价值的同时，提升自身的社会责任意识。从初中学生年龄特征来看，这种形式能大大提高学生学习的兴趣和积极性；从适应经济和社会发展的需要来看，更有利于人才的培养。

作品亮点：作业设计既有层次性、个性化，又具有一定的梯度。基础性作业侧重于培养学生细心观察身边事物的科学素养，这种形式作为日常生活中亲近自然的一种方式，让学生受益终身，并唤起学生保护生态的意识和责任感。探究性作业侧重于关注学生的阅读能力、搜集资料并获取信息的能力；通过探究，使理论知识与具体实践对接起来，使书本知识得到延伸，这是学生对重要概念进行深化学习的过程。拓展性作业侧重于考查学生的创新意识、创新能力，以及树立学生保护生物多样性的态度责任，具有较强的开放性，体现在每位学生的想法都能得到充分的展示。学生收获的不仅是知识，更是一种成功的体验，大大提升了学生在真实情境中运用生物学知识解决实际问题的能力。

专家建议：可以展示交流学生已完成的基础性作业、探究性作业和拓展性作业，并加上学生自评、小组互评和教师的综合评价，作业将会更加完美，学生可以在提升表达共享能力的同时，丰富自己学习的内容、形式和途径。

一等奖作品

5. 植物的生殖与发育

电子作品扫码下载

晋城市爱物学校　赵翠焱　邹燕

作品信息

作业类型	实践作业
适用章节	苏教版八年级下册　第8单元第二十一章第二节
设计理念	学生常见的植物生殖和发育的现象有土豆发芽、落地生根、开花结果等，本次实践作业旨在引导学生： 1. 亲自动手尝试种植，参与种植的全过程，观察植物不同的生殖方式、不同的发育阶段。 2. 在这个过程中提高动手实践、解决问题等能力。 3. 在与家人合作的过程中加强交流沟通，培养亲密关系。 4. 切实感受生命的美好与神奇，培养热爱生活、热爱生命，勇于承担责任、敢于面对挫折的良好品质。
设计目标	通过亲自动手尝试种植，不仅可以激发学生的兴趣，而且可以加深学生对植物生殖和发育相关知识的理解，同时也培养了学生的动手能力以及学生合理地将学到的科学知识运用到社会及个人生活中的生物学科素养。
设计特色	1. 满足个性化需求：每位同学可根据自身兴趣和家庭实际资源自由选择植物种类、种植方式及所用器材；可根据自身特长选择记录和展示的方式；可自由选择想要表达交流的内容，分享感受。 2. 实践性、合作性强：学生与家人亲自动手进行种植、观察、培育，在培养一个生命的同时，感受心与心的陪伴、互动。 3. 有利于身心健康：种植实践是劳动教育，也是生命教育，学生在实践中学会种植一种植物，呵护一个生命，也学会积极面对问题。
预计时长	书面表达内容很少，需要5~10分钟；实践过程根据种植方式和植物种类不同有所差异，以两周为周期进行第一次集中总结展示，生长周期更长的视情况进行多次总结展示。

作业内容

种植希望　收获成长

“双减”背景下《植物的生殖与发育》实践作业设计

<table>
<tr><td>班级</td><td></td><td>姓名</td><td></td></tr>
<tr><td>所属章节</td><td colspan="3">苏教版八年级下册第二十一章　生物的生殖与发育</td></tr>
<tr><td>时间</td><td>2022.02 中旬~2022.03 上旬</td><td>指导教师</td><td>赵翠焱　邹燕</td></tr>
<tr><td>前期思路与准备</td><td colspan="3">同学们，奥运会开幕式上的“二十四节气”倒计时一定令你印象深刻吧？这是中国式浪漫，是我们的文化自信。春天是希望的季节，你想种植什么植物呢？
________________________。你计划选用什么方式种植呢？
__________（填“无性生殖”或“有性生殖”）。
为了这个蕴含美好希望的生命，你要做好一些准备：
一、材料准备：
1. 容器：闲置花盆或废物改造自制的花盆。
2. 工具：小铲子、浇水壶（可自制）。
3. 土壤：什么质地的土壤最适合你要种植的植物呢？
4. 要种植的植物种子或植物材料。
你准备好了吗？那就可以开心地种植了，在种植过程中，可能还需要营养液、杀虫剂……
二、心理准备：
也许你对种植没有经验，会遇到小困难，请家中长辈做你坚强的后盾吧！也许这次种植没有成功，不要灰心，这就是生命的经历，有期待与收获，但也会遇到挫折和失望，结局是什么不重要，每种经历都能教会我们一些东西，让我们成长！
三、记录方式：
图片、描述、图片+描述、表格等方式均可。</td></tr>
<tr><td>种植过程及成果（照片可直接复制到表格中）</td><td colspan="3"></td></tr>
<tr><td>分享点滴感受</td><td colspan="3"></td></tr>
</table>

作业展示

一、种植菜豆，用有性生殖方式种植。

二、种植多肉，用无性生殖方式种植。

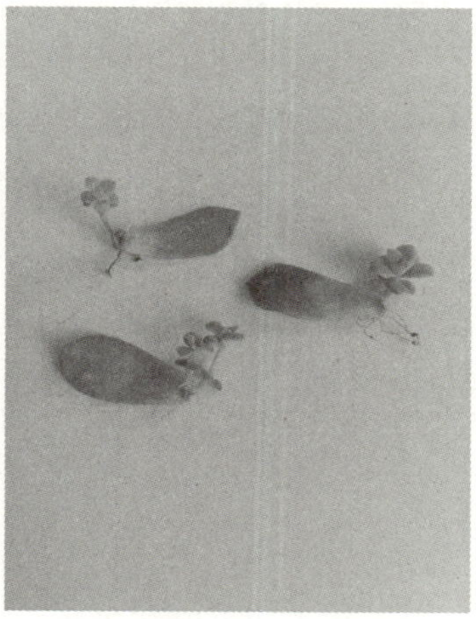

作品点评

该作品设计有效落实了《课程标准》的活动建议，使书本知识与解决实际问题结合起来，实现了重要概念与现实生活应用之间的高度关联，是切实改变作业中重知识考查、轻实践能力的有力抓手。学生通过对种植所需种子或材料、土壤、器具、营养液等的考虑和选择，自然而然就理解了种子萌发以及植株生长需要的条件，实现了在实践活动中培养生物学科核心素养的目的，这也是构建未来生物学“理解课堂”的一种模式。

作品亮点： 让学生亲自动手实践，在有趣的生命现象中发现问题、思考问题，经历从现象到本质的过程，逐步建构重要概念，真正实现了让学生在探索中成长，在实践中培养理性思维，在体验中实现“科学可触及”，真正找到了培养并提高综合实践能力的有效途径。

专家建议： 让学生以日记或小报的形式记录所种植的植物种子或材料的生长发育过程，以及自己是如何呵护一个生命的，并将日记或小报进行展示交流，以提升学生的表达、共享能力，有利于培养全体学生热爱劳动、热爱生活、热爱生命的优良品质。

一等奖作品

6. 人的性状和遗传

运城市临猗县东康新教育学校　南　锦

电子作品扫码下载

作品信息

作业类型	实践作业
适用章节	苏教版八年级下册　第 8 单元第二十二章第二节
设计理念	调查是科学探究的一种基本方法。通过调查家族遗传性状，识别人体常见的遗传性状及其不同的表现类型，初步了解其遗传方式；尝试制作遗传分析图谱，理解亲代的性状能够在子代出现是亲代将基因传给子代的缘故，从而深化对重要概念“遗传性状是由基因控制的”的学习。
设计目标	初步学会调查、分析人类遗传性状的基本方法。
设计特色	紧密贴合生活实际，具有个性化设计，注重学科的探究性与实践性。
预计时长	20 分钟。

作业内容

家族遗传性状调查报告

留心观察我们周围的人，不难发现，凡是有血缘关系的人，一般都具有明显相似的形态特征。例如，父母是单眼皮，子女一般情况下也是单眼皮；父母是双眼皮，子女有双眼皮，也有单眼皮；父母都不能卷舌，其子女通常也不能卷舌。像这样，生物体可以遗传的特征叫做遗传性状。为此，我们以家族为单位，展开一次家族遗传性状调查。

一、实验目的

1. 识别人体常见的遗传性状及其不同的表现类型。

2. 通过对遗传性状的调查，了解其遗传方式。

3. 初步学会调查和分析人类遗传性状的基本方法。

二、实验原理

人类的遗传性状有许多是单基因性状，易于观察并且有典型的显隐性关系，在一定群体中调查可了解其遗传方式。

三、实验要求

1. 结合教科书第二十二章第二节的内容，完成家族遗传性状调查表。

2. 家族遗传性状调查表中，调查范围结合各家庭实际情况，尽可能地调查搜集每一位家庭成员的遗传性状的表现类型，填写时在相应遗传性状处打“√”。

四、调查准备：熟悉所要调查的几个性状

1. 红绿色盲：不能区分红色和绿色的为红绿色盲，能区分的为正常，可用红绿色盲图谱进行检测。

2. 发式：分为直发和卷发两种，现在所描述的卷发应为自然卷，是天生的，并不受外界环境的影响。卷发主要是由于生在头皮上的毛囊呈卷曲状，所以头发从毛囊里生长出来的时候就是卷曲的。无卷曲特征的为直发。

3. 前发线：前额中央发际线的形状，若额前中央发际有一个三角形突出，为“有美人尖”，若较为平齐，则属“无美人尖”。

五、调查结果及遗传性状分析

1. 填写家庭遗传性状调查表。

2. 请从所调查的遗传性状中选择一种，尝试绘制遗传分析图谱。

家庭遗传性状调查表

遗传性状			家庭成员									
眼睛	眼睑	单眼睑										
		双眼睑										
	近视	高度近视（遗传性）										
		一般近视（环境影响）										
	红绿色盲	色盲										
		正常										
耳朵	耳垂	有										
		无										
舌	卷舌	能卷舌										
		不能卷舌										
发	发际线	“一”字形（无美人尖）										
		“V”字形（有美人尖）										
	发旋	左旋										
		右旋										
	发式	直发										
		卷发										

（续表）

遗传性状			家庭成员									
手	手的惯用	左手										
		右手										
	大拇指向外弯曲	能										
		不能										
	手指嵌合	左手在上										
		右手在上										
	食指与中指长度	食指长										
		食指短										
	食指与无名指长度	食指长										
		食指短										
其他	酒窝	有酒窝										
		无酒窝										
	足形	扁平足										
		非扁平足										

例：

遗传性状	家庭成员				
	爷爷	奶奶	爸爸	妈妈	自己
耳垂	有耳垂	无耳垂	有耳垂	无耳垂	有耳垂

请根据自己调查的家庭遗传性状现象，从中选择一种，制作遗传分析图谱，填写在下列方框内。

图例：

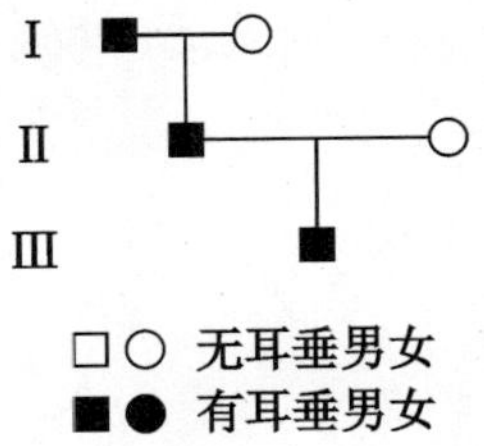

参考答案

指导意见：做好调查前的准备工作，充分熟悉各遗传性状的不同表现类型，在搜集家庭成员的各种表现型时，尽可能包含更多成员，选择其中一种性状进行遗传图谱的绘制，并初步判断其显隐性，到校后可将数据进行汇总分析。

作品点评

该作品设计以《课程标准》基本要求为依据，结合教科书的相关内容，让学生通过实际调查、亲身体验，掌握调查的基本步骤，培养学生接触社会生活，从生活中获取资料或数据的能力；让学生通过尝试绘制遗传图谱，思考与所调查性状相关的问题，并能根据调查结果作出合理的推测，发展学生的理性思维、实践能力；培养学生运用生物学的知识和方法，对身边的社会议题展开讨论、研究并作出科学决策的能力，同时也有助于良好公民意识的养成。

作品亮点：挖掘家庭、社会等课外学习资源，让学生体验调查的基本过程和必要环节，让真实结果“说话”，有效地调动了学生学习的积极性，且能满足学生的个性发展要求。

适当拓展所调查遗传性状的种类，丰富学生的学习内容，加深学生对重要概念的理解。

以图例的形式指导学生绘制遗传图谱，这是一种学习方式的创新，也是教师引导学生对所调查结果进行分析的一种科学方法，有助于培养学生的科学精神和创新意识。

专家建议：组织学生进行作业展示交流，尤其要展示学生绘制的不同性状的遗传图谱，并以小组合作的形式尝试分析遗传图谱所隐含的生物学概念，以实现对教科书内容、重要概念的深度学习。

第三类　课时作业设计

一等奖作品

7. 人的生殖

太原市杏花岭区第一中学校　王　琰　李雅婷　范志玲　杜艳霞　杨文静

电子作品扫码下载

作品信息

作业类型	课时作业
适用章节	人教版七年级下册　第四单元第一章第二节
设计理念	作业中通过比较男性和女性生殖系统的组成和功能，可以帮助学生建立结构与功能相适应的生物学观点。在建立此观点的基础上，学生动手制作立体模型，可以增加学习的体验性，突出学生的主体地位，同时也能够激发学生的学习兴趣。 在了解生殖过程的每个环节上，学生自然而然地产生对生命的敬畏之情，从而体会到父母的养育之恩，培养正确的人生观和价值观。
设计目标	1.“日清周结”设计目标：理解男性和女性生殖系统的结构和功能。理解受精过程以及胚胎发育过程。 2.“制作模型”设计目标：通过制作立体模型，加深对生殖系统结构和功能的理解。 3.“感恩教育”设计目标：通过感恩活动，深刻体会妈妈的辛苦，理解妈妈不易，并表达对妈妈的感激之情。
设计特色	1. 有设计分层作业：“日清周结”的“基础演练”部分所有学生都有能力完成，“强化巩固”部分有能力的学生完成。 2. 有个性化作业且有学科综合，有探究性：每个学生的模型作品都各具特色，既具备科学性还很美观，都融合了学生自己对美的理解。 3. 注重实践性：学生帮妈妈做家务这项作业既注重了实践性还进行了感恩教育，使学生理解妈妈的不易，更加感恩父母。
预计时长	日清周结：当堂完成，约 25 分钟。 制作模型：约 40 分钟。 感恩教育：10~30 分钟。

作业内容

一、日清周结

学习目标

1. 描述受精过程和胚胎发育过程。
2. 强化感恩父母、珍爱生命的情感。

基础演练

1. 请完成下列男、女性生殖系统的结构框架图：

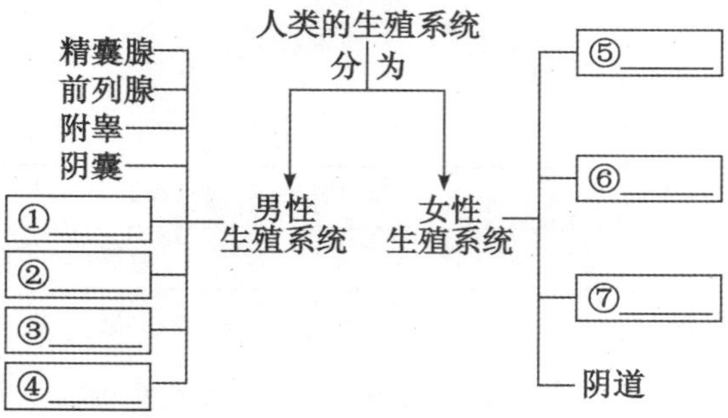

2. 在男性生殖系统中，产生生殖细胞的器官是________，________具有贮存和输送精子的功能，________是输送精子的结构。

3. 在女性生殖系统中，产生生殖细胞的器官是________，输送卵细胞的是________。胚胎发育的场所是________，精子进入和胎儿产出的通道是_______________。

4. 受精指________与________结合，形成________的过程。

5. 受精的过程：精子通过________、________进入________，在这里遇到卵细胞，精子与卵细胞相结合形成________。

6. 受精的部位在________。

7. ________植入________是怀孕（又叫妊娠）的开始。

8. 发育的过程：受精卵→________→________→胎儿。

9. 胚胎与母体通过________进行物质交换。

强化巩固

1. 如图是女性生殖系统的概念图，请补充完整。

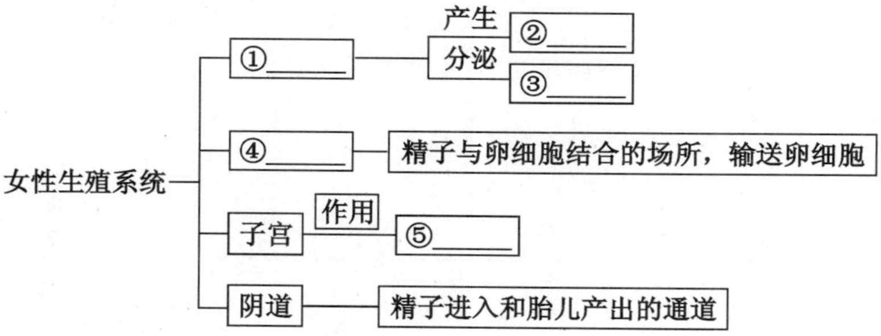

2. 睾丸是男性的主要生殖器官，表现在（　　）

A. 其后侧上方有附睾

B. 能产生精子，分泌雄性激素

C. 存储并输送精子

D. 分泌黏液

3. 在人体的生殖系统中，产生性激素和生殖细胞的一组是（　　）

A. 睾丸和卵巢　　B. 卵巢和输精管

C. 睾丸和子宫　　D. 睾丸和输卵管

4. 在女性生殖系统中，产生卵细胞、胚胎发育、胎儿产出的器官分别是（　　）

A. 卵巢、子宫、阴道　　B. 子宫、卵巢、胎盘

C. 输卵管、子宫、卵巢　　D. 卵巢、输卵管、子宫

5. 某一男子两侧输精管被结扎后，会出现的现象是（　　）

①产生精子　②不产生精子　③第二性征改变　④第二性征不改变

A. ①③　　B. ②③

C. ①④　　D. ②④

6. 人类新生命的诞生跟其他大多数生物相似，是由一个细胞开始的，这个细胞是（　　）

A. 上皮细胞　　B. 精子

C. 卵细胞　　D. 受精卵

7. 从一个细胞到婴儿的出生，母亲历经艰辛孕育着生命，这奇妙的生命历程是（　　）

A. 受精卵→胚泡→胚胎→胎儿

B. 受精卵→胚泡→胎儿→胚胎

C. 卵细胞→胚胎→胚泡→胎儿

D. 受精卵→胎儿→胚胎→胚泡

8. 新生命的孕育要经过复杂的过程，下列叙述不正确的是（　　）

A. 卵巢能产生卵细胞并分泌雌性激素

B. 精子在输卵管中与卵细胞结合成受精卵

C. 生命在母体内的发育阶段依次是受精卵→胚胎→胚泡→胎儿

D. 胎儿通过胎盘和脐带与母体进行物质交换

9. 如图是有关人的生殖发育过程，请据图回答：

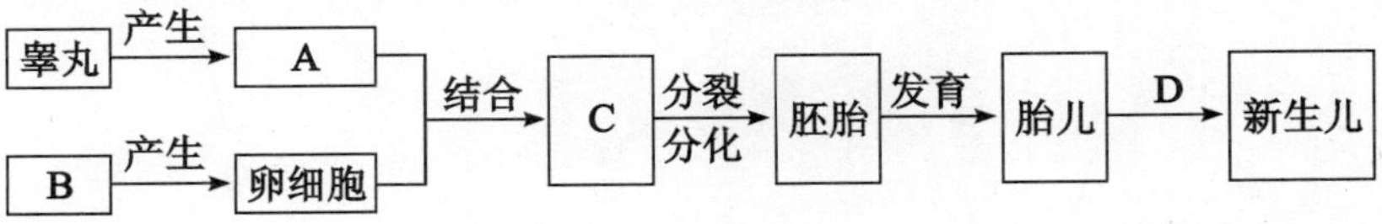

（1）图中产生卵细胞的结构 B 是________，此外它还具有的功能是____________。

（2）图中 C 是________，它是在________中形成的。

（3）从受精卵开始，胎儿发育到 266 天左右时会通过母体的阴道产出，这一过程叫做________。

二、制作模型

学生在课余时间利用超轻黏土动手制作男性与女性的生殖系统模型，利用不同颜色黏土捏出生殖系统的不同结构。可以做平面模型，并在白纸上标出各个结构的名称与功能；也可以做立体模型。

三、感恩教育

通过对胎儿的形成、发育和产出的过程的学习，学生已经知道了母亲孕育和养育孩子成长的不易。请学生利用回家闲暇时间在腰上绑 5~10 斤大米或其他东西，帮妈妈完成一些心愿或者做几件家务，表达自己的感悟并对妈妈表示感谢。

参考答案

一、日清周结

基础演练

1. ①睾丸　②输精管　③阴茎　④尿道　⑤子宫　⑥卵巢　⑦输卵管
2. 睾丸　附睾　输精管
3. 卵巢　输卵管　子宫　阴道
4. 精子　卵细胞　受精卵
5. 阴道　子宫　输卵管　受精卵
6. 输卵管
7. 胚泡　子宫内膜
8. 胚泡　胚胎
9. 胎盘

强化巩固

1. ①卵巢　②卵细胞　③雌性激素　④输卵管　⑤胚胎发育的场所
2. B
3. A
4. A
5. C

6. D
7. A
8. C
9. （1）卵巢　分泌雌性激素　（2）受精卵　输卵管　分娩

二、制作模型

提示：利用不同颜色黏土捏出男女性生殖系统中的结构，需与书上所示大小比例接近，有些同学在制作的过程中没有考虑比例，导致最后成品与原结构相差甚远。最好在图中能加以文字说明，这样能使知识和结构更加清晰。

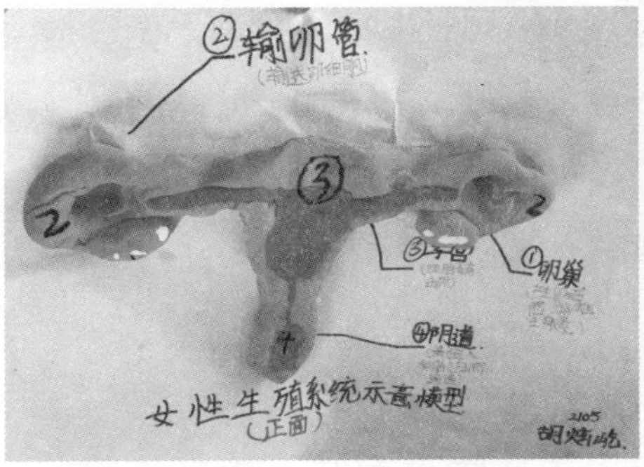

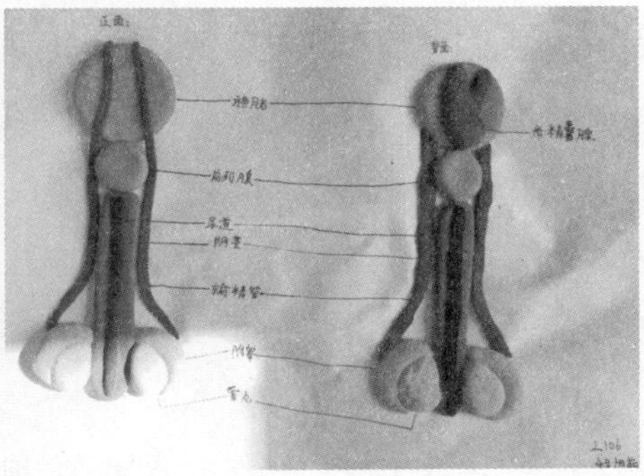

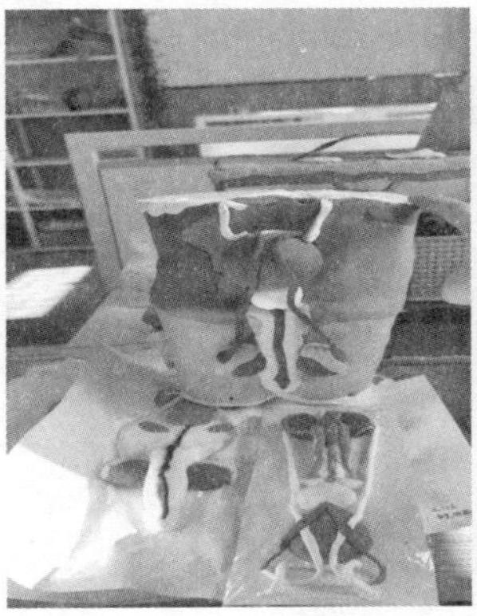

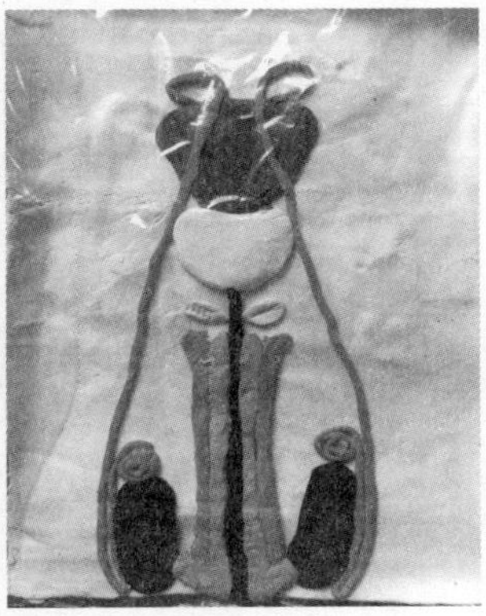

三、感恩教育

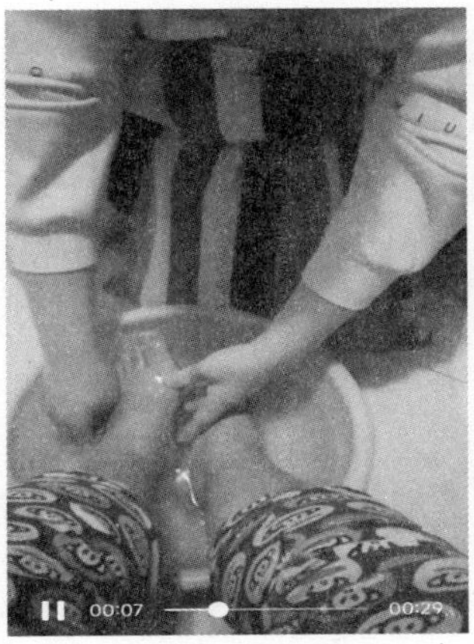

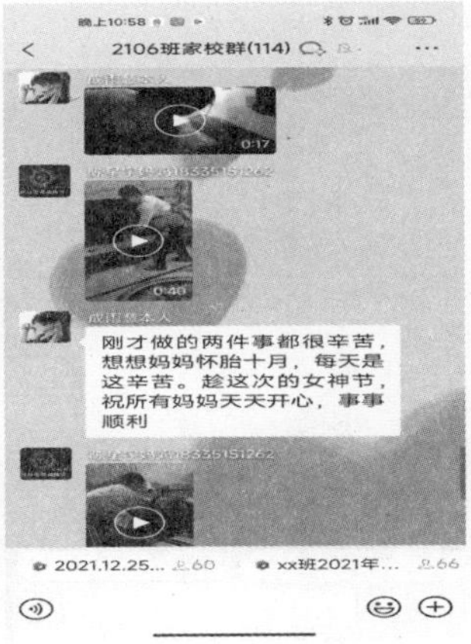

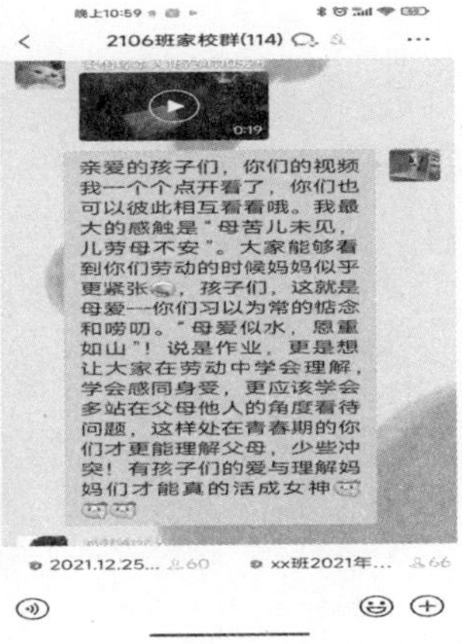

作品点评

该作品体现了“结构与功能相统一”的生命观念，目标具体明确，既有分层的作业，小组合作完成的作业，也有学生动手制作、体验的作业，还有体现感恩教育的实践类作业。在作业的完成中，使学生敬畏生命，树立正确的人生观。在制作模型的过程中，不仅培养学生实事求是的科学探究态度，而且对重要概念进行了深度学习。

作品亮点：制作了立体模型，弥补了实际教学中平面图形的不足，提高了初中生物学教学的有效性，以及课堂效率，且效果比较显著。同时也能快速地突破教学难点，培养学生的生物学核心素养。

以视频的方式来呈现学生真实的、生活化的感恩实践，有利于学生表达和展示自我，培养亲情，培养他们的社会责任感。

专家建议：以小组合作的形式提前规划、完成模型制作，既可以培养学生的团队协作能力，又可以让动手能力差的学生顺利完成制作，搞清各结构的特点与联系，体会到学习的乐趣和成就感。另外，如果在作业题设计上再精细些就会更加完美。

8. 人体的消化与吸收

运城市第二实验中学　张　静

电子作品扫码下载

特等奖作品

作品信息

作业类型	课时作业
适用章节	苏教版七年级下册　第4单元第九章第二节
设计目标	体现学科特性、基础性和学习目标的达成情况。
设计特色	1. 围绕《课程标准》设计作业，知识面覆盖广，涵盖了本课重点内容，具有一定的灵活性、开放性、趣味性和实践性。 2. 创设的情境真实，让学生在情境中表现自己的真实水平，反映出学生的核心素养水平。 3. 注重了生物学知识的实际运用，并将生物学知识与生活实践紧密结合，充分体现了学科知识的渗透。 4. 注重学科关键能力的培养和核心素养的提升，生物学中重要能力，如科学探究能力、科学思维能力都有体现，注重了试题的育人价值。分层设计作业，创新作业灵活多样，既贴近学生现实，又体现创新化和差异化。
预计时长	总时长40分钟，其中基础类作业5分钟，技能类作业10分钟，拓展类作业25分钟。

特等奖作品

作业内容

第一部分　基础类作业

一、想一想　议一议

观看图片中一家三口的对话，母亲说的话有道理吗？为什么？

★设计意图

情境创设，运用生活中常见的情境，引起学生的注意，引导学生认识生活中不健康的生活方式，会给自身健康带来危害，明确树立健康生活理念的重要性。

二、视频：《荔枝核历险记》

观看视频，说一说：

1. 荔枝核在人体内都经历了哪些器官？
2. “岔路口”“高空隧道”“酸雨”“迷宫”这些都分别指代什么？

★设计意图

学生带着问题观看视频，通过“用眼看”“用耳听”“动脑思”，帮助学生形成正确的知识体系。

三、课中练习

1. 下列不含消化酶的消化液是　　（　　）

A. 胃液　　B. 胰液　　C. 肠液　　D. 胆汁

2. 人体内最大的消化腺是　　（　　）

A. 唾液腺　　B. 胃腺　　C. 肝脏　　D. 肠腺

3. 消化系统中不与食物接触的消化器官是　　（　　）

A. 胃　　B. 咽　　C. 大肠　　D. 肝脏

4. 我们咀嚼馒头时会觉得馒头有甜味，这是因为　　　　　　　　　（　　）
A. 馒头在口腔中被分解成了葡萄糖
B. 馒头在口腔内被分解成了麦芽糖
C. 馒头中有白糖
D. 馒头和唾液混合产生了葡萄糖

★设计意图

通过练习，及时巩固新知。

第二部分　技能类作业

一、互动游戏

随机给学生发放卡片（卡片内容：消化系统的各器官、消化腺、消化液）并按下列要求排列：

1. 按照消化系统各器官的次序排队。
2. 消化腺与消化道的关系，以手搭肩的方式示意。
3. 消化腺与消化液的关系，以手拉手的方式示意。

★设计意图

通过游戏表演的方式，增加学生学习兴趣，更轻松更深刻地掌握知识，实现寓教于乐。

二、品尝美食

课前学生自带食物（水果、饼干、馍片等），说一说，食物在口腔中发生了什么变化，与哪些器官有关？

★设计意图

通过学生自身体验食物在口腔中的变化，帮助学生理解口腔中牙齿和舌的功能，为学生之后学习食物口腔内的化学性消化打基础。

三、课中练习

1. 当体内胆汁分泌不足时，将主要影响以下哪种食物的消化　　　　（　　）
A. 豆腐　　B. 米饭　　C. 肥肉　　D. 瘦肉

2. 下列器官与消化无直接关系的是　　　　　　　　　　　　　　　（　　）
A. 肾上腺　　B. 唾液腺　　C. 胰腺　　D. 肝脏

3. 在人体所必需的营养成分中，可以由小肠直接吸收的物质是　　（　　）

A. 淀粉　　B. 脂肪　　C. 蛋白质　　D. 无机盐

4. 下图中的曲线分别是淀粉、脂肪和蛋白质在消化道各部位（各部位依次用A，B，C，D，E表示）被消化的程度。

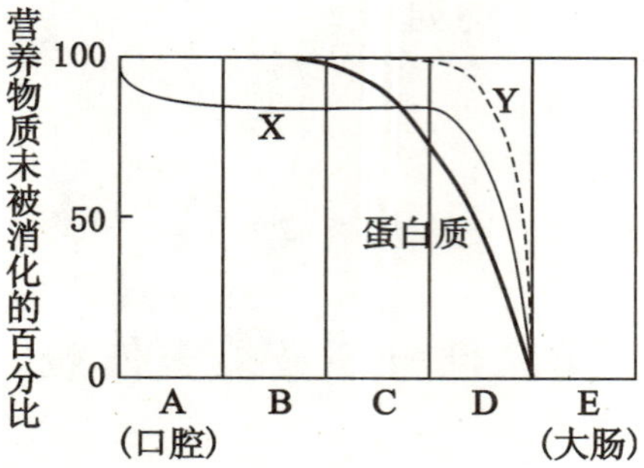

(1) 图中哪一条曲线表示脂肪的消化过程？

(2) 淀粉、脂肪和蛋白质各在消化道的哪个部位开始被消化？

(3) D中有哪些消化液？含有哪些消化酶？

设计意图

通过练习，及时巩固新知。

第三部分　拓展类作业

一、调查：龋齿发生率

课前发放调查问卷，学生根据收回的问卷，完成调查报告。

根据调查报告，合作完成一份关于保护牙齿的手抄报。

设计意图

通过学生自己发放调查问卷，收集、分析调查结果，了解龋齿形成的原因，并完成调查结果分析。

二、探究实验

生物实验小组的同学在完成“食物在口腔内的化学性消化”实验的基础上，探究牙齿和舌在食物消化过程中的作用。

小组讨论、合作设计、实施实验，并完成实验报告。

设计意图

科学探究是学习科学知识、发展理性思维、形成科学态度和精神的一种过程，本题是教科书中探究“食物在口腔内的化学性消化”内容的拓展，通过本实验考查学生

特等奖作品

设计探究实验的能力,培养学生动手、归纳和分析处理数据的能力。

参考答案

第一部分 基础类作业

一、想一想 议一议

母亲说的话有道理。细嚼慢咽使食物与消化液充分混合，有利于食物的消化和营养的吸收，同时还能减轻其他消化器官的负担。

二、视频:《荔枝核历险记》

1. 口腔、咽、食道、胃、小肠、大肠、肛门。

2. “岔路口”——咽，“高空隧道”——食道，“酸雨”——胃中胃液，“迷宫”——小肠

三、课中练习

1. D

2. C

3. D

4. B

第二部分 技能类作业

二、品尝美食

食物在口腔中变成小碎块，变湿了，变软了。

食物的变化与口腔中的牙齿、舌、唾液腺分泌的唾液有关。

三、课中练习

1. C

2. A

3. D

4. (1) Y 曲线。

(2) 淀粉在 A（口腔）开始被消化；

脂肪在 D（小肠）开始被消化；

蛋白质在 C（胃）开始被消化。

(3) D 是小肠，其中含有肠液、胰液和胆汁；含有消化糖类、脂肪和蛋白质的酶。

作业展示

实验器材准备好了
用脱脂棉采集唾液
全班齐上阵

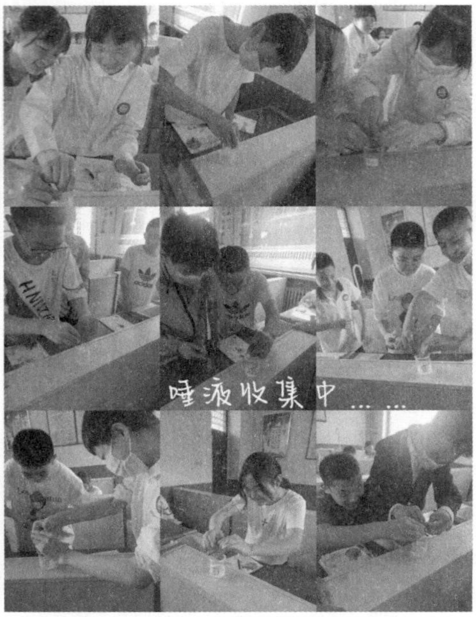
唾液收集中……

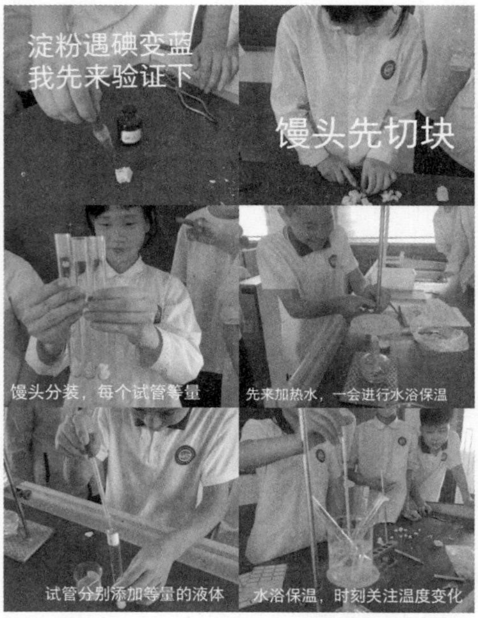
淀粉遇碘变蓝
我先来验证下
馒头先切块
馒头分装，每个试管等量
先来加热水，一会进行水浴保温
试管分别添加等量的液体
水浴保温，时刻关注温度变化

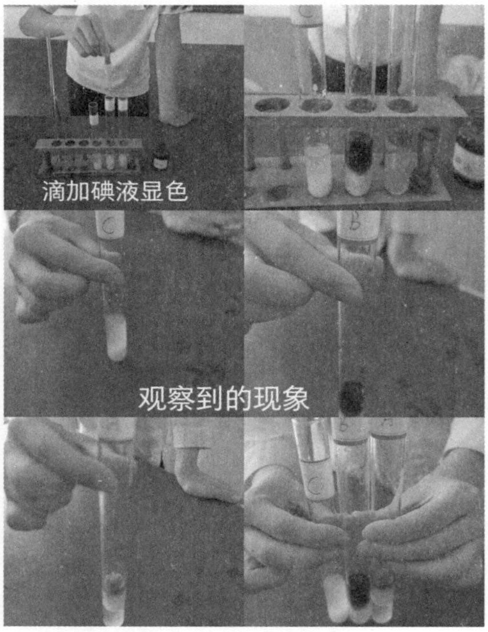
滴加碘液显色
观察到的现象

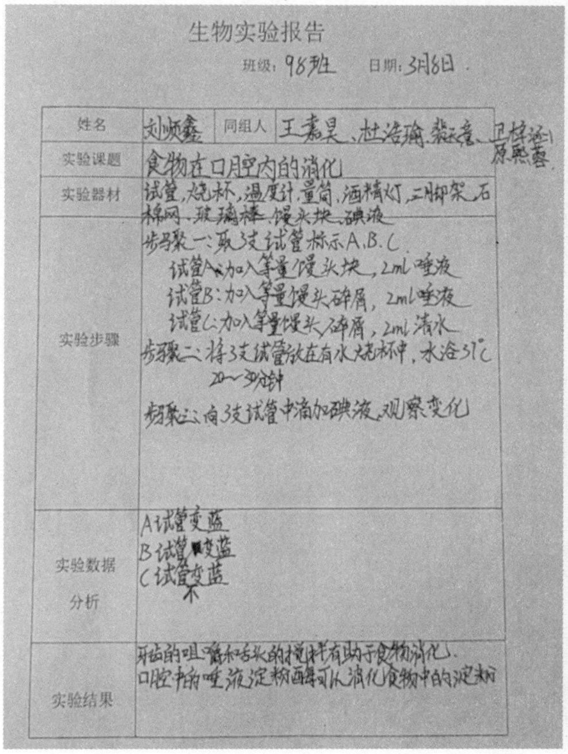

生物实验报告

班级：98班　日期：3月8日

姓名	刘烦鑫	同组人	王嘉昊、杜浩瑜、蔡鑫、卫梓涵、原熙蓉
实验课题	食物在口腔内的消化		
实验器材	试管、烧杯、温度计、量筒、酒精灯、三脚架、石棉网、玻璃棒、馒头块、碘液		
实验步骤	步骤一：取3支试管标示A、B、C 试管A：加入等量馒头块，2ml唾液 试管B：加入等量馒头碎屑，2ml唾液 试管C：加入等量馒头碎屑，2ml清水 步骤二：将3支试管放在有水烧杯中，水浴37℃ 20～30分钟 步骤三：向3支试管中滴加碘液，观察变化		
实验数据分析	A试管变蓝 B试管不变蓝 C试管变蓝		
实验结果	牙齿的咀嚼和舌头的搅拌有助于食物消化。 口腔中的唾液淀粉酶可以消化食物中的淀粉		

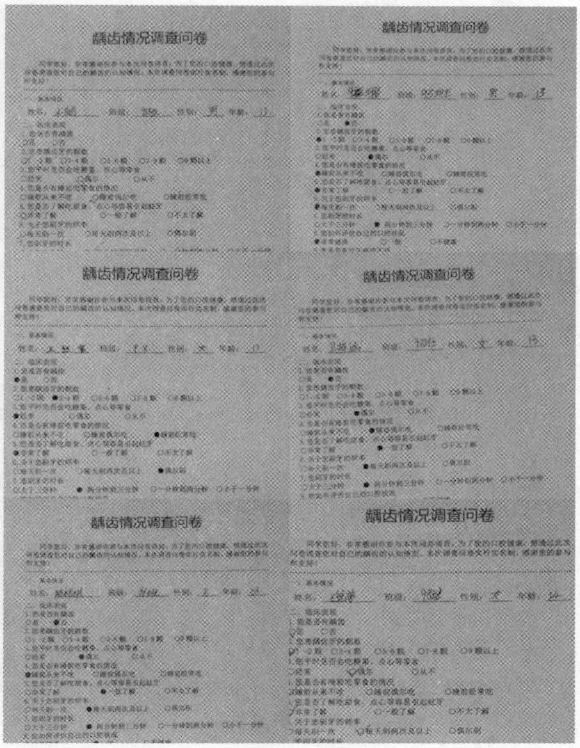

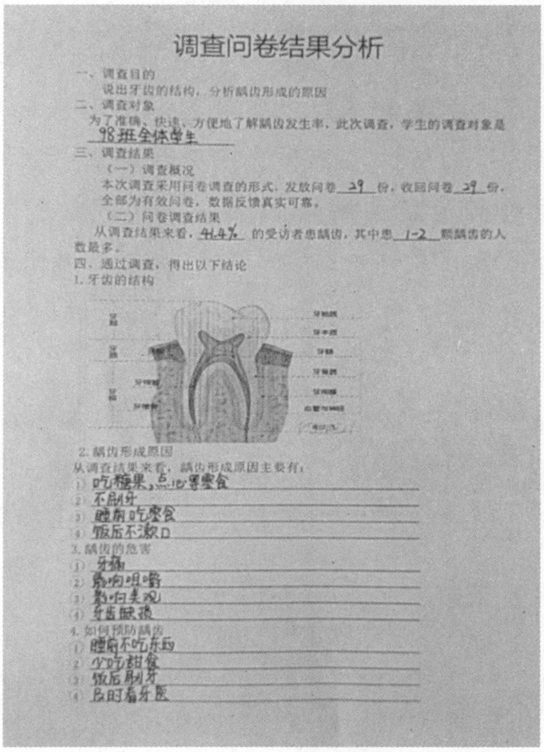

调查问卷结果分析

一、调查目的

说出牙齿的结构，分析龋齿形成的原因

二、调查对象

为了准确、快速、方便地了解龋齿发生率，此次调查，学生的调查对象是 98班全体学生

三、调查结果

（一）调查概况

本次调查采用问卷调查的形式，发放问卷 29 份，收回问卷 29 份，全部为有效问卷，数据反馈真实可靠。

（二）问卷调查结果

从调查结果来看，41.4% 的受访者患龋齿，其中患 1-2 颗龋齿的人数最多。

四、通过调查，得出以下结论

1. 牙齿的结构

2. 龋齿形成原因

从调查结果来看，龋齿形成原因主要有：

① 吃糖果、点心等零食
② 不刷牙
③ 睡前吃零食
④ 饭后不漱口

3. 龋齿的危害

① 牙痛
② 影响咀嚼
③ 影响美观
④ 牙齿缺损

4. 如何预防龋齿

① 睡前不吃东西
② 少吃甜食
③ 饭后刷牙
④ 及时看牙医

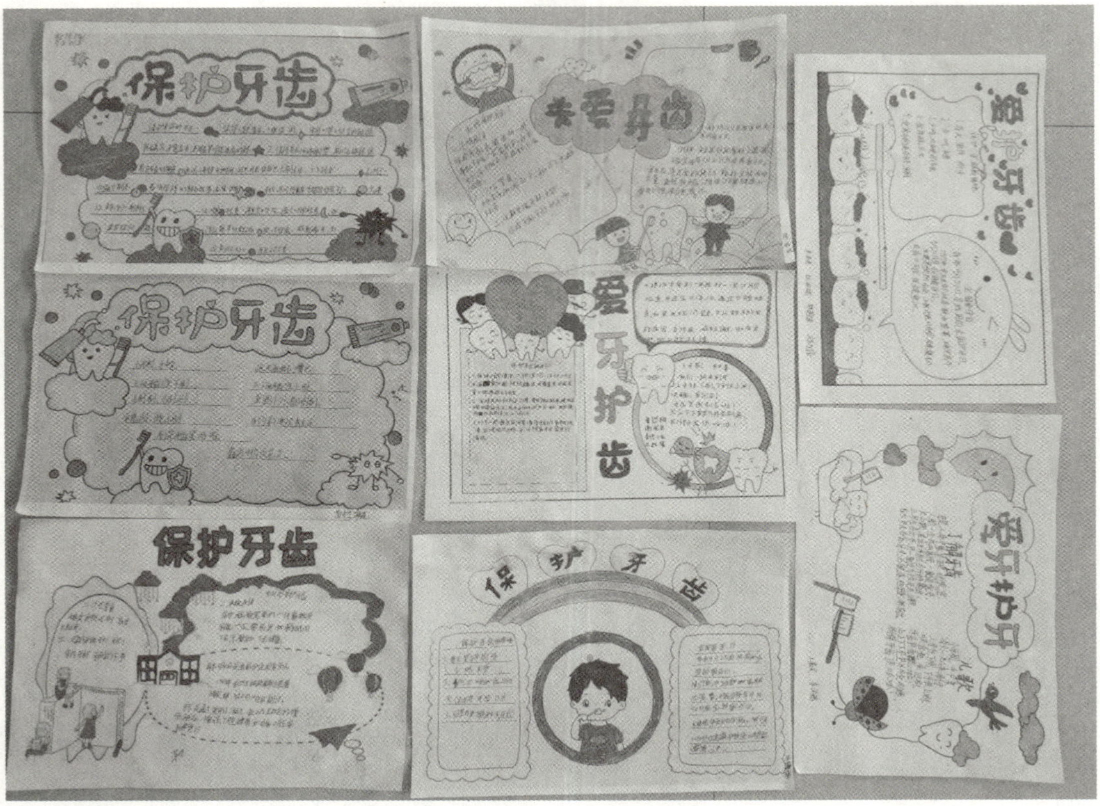

作品点评

该作品基于《课程标准》、学习目标和学情进行设计。紧扣学生日常生活中看到的现象和遇到的问题，通过观察和分析来解释现象和解决问题，建构“活的”知识体系。在此过程中进行思维训练，培养和提高分析问题、解决问题的能力及归纳总结能力，认同生物体结构与功能相适应的生命观念，欣赏“和而不同”的生命之美，激发学习生物学的兴趣。最终使学生习得“活的”生物学学科知识体系，并在此过程中进一步发展生命观念、科学思维和态度责任等核心素养。

作品亮点：针对教学活动中师生思维互动少，学生深度学习少和所学知识不“活”等问题，本节的作业设计突出以学生的体验活动为主，穿插观察活动、自主学习和小组讨论等多种学习活动样式，在学生已习得的生物学知识和生活经验的基础上学习新知。

专家建议：基于《课程标准》中的“活动建议”（制作小肠壁结构的模型），结合学情，进一步突出“小肠是消化和吸收的主要器官的结构特点”的主题。

第四类　项目化作业设计

9. 制作生态瓶

晋中市榆次区第九中学校　郑保英

电子作品扫码下载

一等奖作品

作品信息

作业类型	项目化作业
适用章节	人教版七年级上册　第一单元
设计理念	初步形成生态文明观念，践行“绿水青山就是金山银山”的理念。我们同在一个“地球村”，生物圈是目前被发现的唯一适合我们生存的家园。作为新时代的中学生，应责无旁贷地树立起生态意识，并以实际行动共同保护好我们人类共同的家园——地球母亲。
设计目标	1. 初步学会设计并制作生态瓶。 2. 初步学会观察生态系统的稳定性。 3. 进一步了解影响生态系统稳定性的各种因素，更好地理解生态系统的脆弱性和保护地球生态系统的重要性。 4. 学会用生物学知识解决生活中的实际问题。
设计特色	“生态瓶”项目化的学习引领学生探寻真实问题解决的真过程、真思路，不仅能掌握基本的科学方法，实现跨学科的整合，还能激发学生主动学习，提升高阶思维能力，是核心素养培养的有效途径。
预计时长	预计1~4周内完成。

作业内容

制作一个生态瓶

一、“制作生态瓶”项目规划

课时	项目内容	项目进度	评价方式
第1~2节	子项目一：了解生物与环境的关系。(个体水平——探讨生物与环境的整体性)	了解生物与环境相互依赖、相互影响的关系。	
第3节	子项目二：生物与环境组成生态系统。(生态系统水平——探讨生物与环境的整体性、平衡性)	理解掌握生态系统的概念、组成、结构和特性。	
第4节	子项目三：生物圈是最大的生态系统。(生物圈水平——探讨生物与环境的整体性、平衡性)	认识生物圈是一个统一的整体，是地球上最大的生态系统。	
第5节	子项目四：展示生态瓶。(微景观水平——探讨生物与环境的整体性、平衡性)	学会设计、制作生态瓶。	生态瓶设计方案评价量规、生态瓶制作评价量规。

二、“制作生态瓶”项目拆解

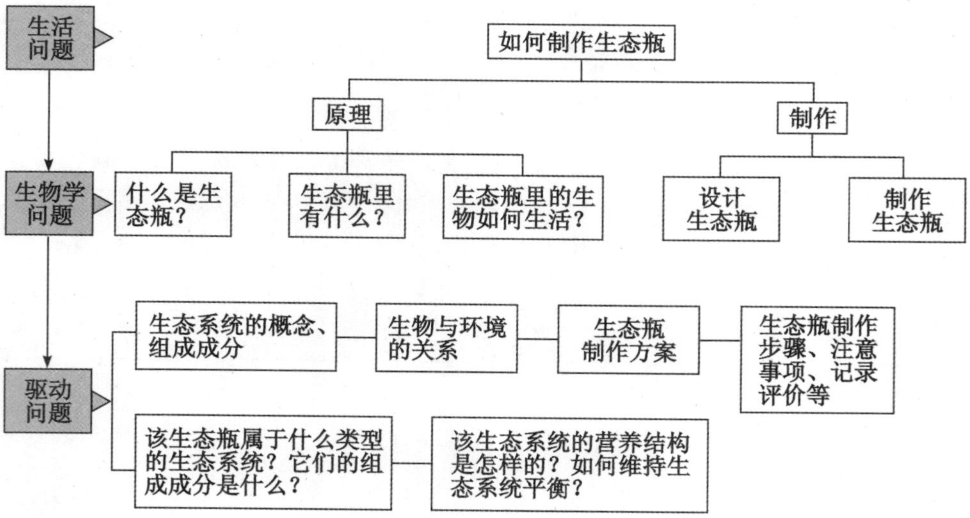

三、“制作一个生态瓶”评价量规

“生态瓶设计方案”评价量规

序号	评分标准	分值	得分	扣分原因
1	确定生态瓶模拟的生态系统种类。（如：池塘生态系统、陆地生态系统、苔藓生态系统等）	1		
2	调查该种生态系统的主要植物、动物等生物种类及其生存环境，记录其基本情况。	2		
3	选择典型且容易存活的动物、植物等，确定它们的数量关系，使它们能连接成为一条或数条食物链。	3		
4	能简单描述该生态系统食物链内的物质与能量的流动（即生态瓶内生物是如何生活的）。	3		
5	初步确定制作生态瓶的方法步骤（科学、具体、可操作）。	3		
6	绘制生态瓶草图（成分完整）。	1		

“制作生态瓶”评价量规

序号	评分标准	分值	得分	扣分原因
1	能选择合适的材料模拟生态瓶的无机环境，为动植物提供必要的生存条件。	2		
2	能根据“能量金字塔”选择典型且容易存活的动物、植物且数量比例合理。	2		
3	能按照方案“科学合理”制作生态瓶，使其内动物、植物等正常生存，并能及时发现问题排除干扰。	3		
4	能采用合适的方法将生态瓶“完全封闭”。	1		
5	能“较长时间”维持生态瓶的“平衡性”，让生物更好地存活下来。	3		
6	能持续观察并记录生态瓶内生物的活动情况，发现问题及时解决。	2		
7	制作失败后，能分析原因、修正方案并重新制作直至成功。	2		

四、“制作生态瓶”项目成果及评价

1. 学生小组的设计方案。
2. 学生小组的生态瓶。
3. 学生小组制作生态瓶的过程视频。
4. 学生小组的图文记录过程及视频。
5. 学生小组的活动总结及 PPT 汇报。

教师根据以上五个方面评定学生小组的完成情况。小组内采用组长负责制的组员互评的方式评价。

在进行班级作品展示时，应将生态瓶拿到班上进行展示交流，跟其他小组交流经验。对于能够长久维持运转的生态瓶，放置在“生物作品展览馆”展示。

样例一：

生态瓶设计制作方案记录表

（________班　第________组　）

生态瓶类型：________		设计制作方案
准备哪些材料？如何密封？（模拟无机环境）		
选择哪些生物在生态瓶中生活？它们的数量比例是多少？	动物	
	植物	
制作生态瓶的方法与步骤		
制作生态瓶的原理（概述生态系统内的物质循环与能量流动）		
生态瓶设计草图		

生态瓶的标签样本：（________班　第________组）

生态瓶类型	
瓶内生物	
制作小组	
维持时间	
生物死亡可能原因	

样例二：

生态瓶观察记录表

（________班　第________组）

日期（一周）	植物的生长情况	动物的活动情况	其他情况

参考答案

制作生态瓶指导意见：

①选择模拟生态瓶的容器应该：薄而透明，便于观察（如透明饮料瓶、玻璃瓶等）；越大越容易维持平衡。

②选择动物的种类时，除典型、易成活外，考虑“能量金字塔”的因素，应尽量选体型小的动物。

③生态瓶必须密闭，但要注意最好让动植物成活后再密闭。

④我们模仿的是光合生态系统，所以制作好的微型生态瓶必须放置在一个有阳光的地方。

⑤由于生态瓶必须密闭的原因，微型生态瓶内外的空气不能通过对流换热。因此为了避免由于温室效应导致的温度过高，致使生物体温太高而死亡的情况发生，应该放置在一个有较强散光（如较强的墙面反射）或一天中早晚有 2 小时直射光的地方观察。

⑥连续进行观察，记录每日生态瓶内生物（主要是动物）的生存、死亡情况。如果其中生物短时间内大量死亡，最终导致生态瓶的微生态系统崩溃，应分析其中的原因，并重新修改方案，再次制作生态瓶。如果生态瓶能够实现长期运转，要总结成功的原因，并记录其中植物的兴衰枯荣变化。

作品点评

该作品深度解读了《课程标准》的要求，对教科书内容进行了一次实践探索。其具备项目学习的三个要点：任务驱动、主体体验和成果表达。确定项目任务、提出问题、学生根据兴趣自主选择、教师提出指导意见帮助学生完成选择等，都在该作品中得以体现。有“制作生态瓶”项目规划、“制作生态瓶”项目拆解、生态瓶设计制作方案记录表以及生态瓶观察记录表、活动总结、互相评价等，整个项目的安排，是对学生获取知识、掌握技能、锻炼技巧、提升素养的规划。该作品设计“制作生态瓶”项目成果及评价，是学生解决项目任务问题的成果呈现，也是项目学习区别于一般活动教学的重要特征。

作品亮点： 制订了“生态瓶设计方案”评价量规以及“制作生态瓶”评价量规，能激发学生兴趣、使学生具有探究性高阶思维。将项目式学习融入平时的初中生物学课堂教学中，研究的主题更明确、探究活动更深入，且能轻松地突破教学重难点。更重要的是，每位学生的想法都得到充分的展示，学生收获的不仅是知识，更是一种成功的体验，是利用学科知识解决实际问题的能力和学科关键能力的提升。

专家建议： 我们要让学生对人类面临的真实问题有“切肤之痛”，产生“关联之感”，使学生主动地、持续地进入项目探索。这样的项目历程更加开阔和深邃，对学生的价值观引导、情感和思维培养会有更大帮助。最好有一个驱动或引发性的问题，这个问题是用来组织和激发学习活动的，学习活动则是基于项目学习的有意义的主体。

10. 如何酿制果酒和果醋

山西大学附属中学晋中学校　李明明

电子作品扫码下载

作品信息

作业类型	项目化作业
适用章节	人教版八年级上册　第五单元第四章
设计理念	作业内容是课堂的延伸，是教学的重要环节，要与课堂教学内容相结合，需要进行系统性的设计。在作业设计时，应遵循以下原则： 1. 指向育人：素养导向，全面发展。 2. 遵循规律：依据学生发展规律，体现适切性。 3. 目标意识：作业目标与《课程标准》的一致性。 4. 进阶发展：体现梯度，发展创造。 5. 尊重差异：分层（扶弱、强中、培优）。 6. 个性特色：弹性、选择性。 7. 知行合一：结合现实生活，在真实情境中解决问题，学以致用。 8. 系统整合：学科内在关联，跨学科关联，不同章节整合。 9. 与时俱进：结合社会热点、时代气息、技术前沿等相关内容。
设计目标	1. 通过小组讨论，能够说出酵母菌和醋酸菌的主要特征、生活方式并举例说出发酵技术在食品制作中的作用，从而夯实生物学的基本事实与原理。 2. 通过资料分析，根据生物学、物理、化学等相关知识，学会使用常见的发酵装置。 3. 通过小组合作的方式动手酿制果酒和果醋，提升实验操作基本技能，以及科学思维、科学实践、表达交流等能力，做到知行统一，形成对山西酒文化、醋文化的认同和对家乡文化的自豪感。
设计特色	采用系统性设计，将生物学、物理、化学等学科整合，在理论结合实际的动手实践中，完成复习任务。作业内容包括：“你的资源超市”“你的任务清单”“你的成果分享”“作业评价量规”。 “你的资源超市”提供教科书知识的适当延伸，包含学生解决任务清单问题的相关信息，是学生自主学习的“脚手架”。资料以问题形式呈现，激发学生兴趣，引导学生获取相关信息。“资料1：你了解山西的酒文化和醋文化吗？”旨在弘扬家乡文化；“资料2：酵母菌和醋酸菌是如何工作的呢？”目的是让学生从中

（续表）

设计特色	提取酿酒和酿醋的生物学原理；“资料3：如何使用常见的果酒果醋发酵装置？”介绍与生物学知识相关的物理知识，探讨不同发酵装置的使用，使学生能完成跨学科知识的融合；“资料4：应如何酿制果酒和果醋呢？”介绍酿酒和酿醋的具体步骤，帮助学生完成实验操作。 “你的任务清单”一共包括5个问题，问题难度层层递进。问题1通过问题引导，让学生自主构建知识体系；问题2通过表格引导的方式，锻炼学生的阅读、信息提取、知识拓展迁移等能力，从而在实践前理解操作原理；问题3用连通器原理探讨发酵装置的使用，达到跨学科知识整合、能力提升的目标；问题4通过问题引导，做到知其然还要知其所以然，达到从知识原理到实践探究的知行合一；问题5旨在锻炼学生的表达能力，形成对山西酒文化和醋文化的认同和对家乡文化的自豪感。本作业承载以下功能：知识巩固是作业的初心；能力拓展是作业的追求；交流合作是作业的灵魂；意义建构是作业的理想；教育公平是作业的升华。 “你的成果分享”部分采取果酒展及比赛的形式，激发学生的实践动力。 “作业评价量规”包含过程性评价、总结性评价、多方位评价等，不仅为学生、教师提供评价量规，同时也可指导学生进行正确地操作。
预计时长	课前作业：“你的任务清单”中，问题1需要学生课前独立完成，作业时间在20分钟左右，用于诊断学生本主题知识体系的构建情况，回忆并巩固所学知识。 课堂合作环节：“你的任务清单”中问题2、问题3、问题4、问题5作为课堂内容，是课堂教学的一个环节，需小组合作完成，教师注意课堂评价。 课后作业：实验操作、成果分享及评价环节是课后实践作业，学生可预约实验室，在每周的课后服务时间进行完成，为长期作业，一周内完成即可。

作业内容

一、你的资源超市

资料 1：你了解山西的酒文化和醋文化吗?

山西拥有悠久的酒文化。杏花村汾酒是清香型白酒的典范，堪称中国白酒的始祖。中国许多名酒都曾借鉴过汾酒的酿造技术。杏花村汾酒酿制技艺以晋中平原的“一把抓高粱”为原料，结合大麦、豌豆制成的糖化发酵剂，采用“清蒸二次清”的独特酿造工艺。所酿成的酒，酒液莹澈透明，清香馥郁，入口香绵、甜润、醇厚、爽洌。微生物和发酵专家方心芳先生把汾酒酿造的工艺归结为“七大秘诀”，即：“人必得其精，水必得其甘，曲必得其时，高粱必得其真实，陶具必得其洁，缸必得其湿，火必得其缓”。杏花村汾酒是留存下来的品质独特罕见的白酒类型，在整个酒文明及人类历史的发展沉浮中，它始终具有无法取代的意义和价值，尤其是其工艺价值，具有不可取代性、民族性、独特性和稀有性，是我们民族文化的瑰宝。

山西老陈醋是中国四大名醋之一，以色、香、醇、浓、酸五大特征著称于世，素有“天下第一醋”的盛誉。山西老陈醋已有 3 000 余年的历史，其中含有丰富的氨基酸、有机酸、糖类、维生素和盐等。以老陈醋为基质的保健醋有软化血管、降低甘油三酯等独特功效。在山西流传着“家有二两醋，不用去药铺”的民谚。全山西大大小小的醋生产企业已有 1 000 多家。2012 年，美和居老陈醋酿制技艺荣获“国家级非物质文化遗产生产性保护示范基地”这一殊荣。

资料 2：酵母菌和醋酸菌是如何工作的呢?

果酒风味独特，制作相对简单，酿酒过程离不开酵母菌（如图 1），它是一种神奇的生物。在有氧条件下，酵母菌分解葡萄糖等有机物并释放大量能量，用于快速繁殖，反应式如下：葡萄糖+氧气→二氧化碳+水+能量。在无氧条件下，酵母菌能进行酒精发酵，反应式如下：葡萄糖→酒精+二氧化碳+能量。

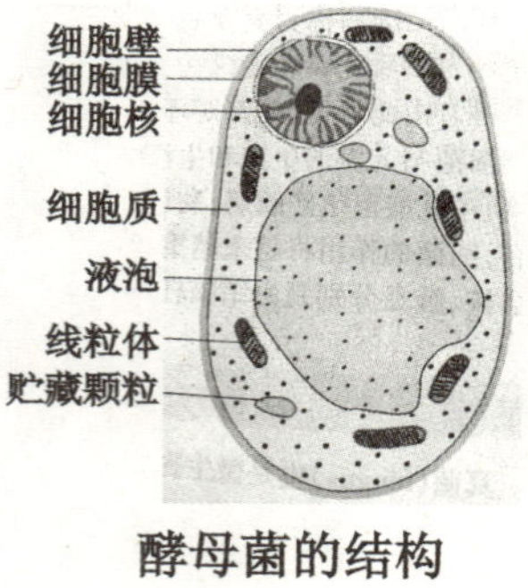

酵母菌的结构

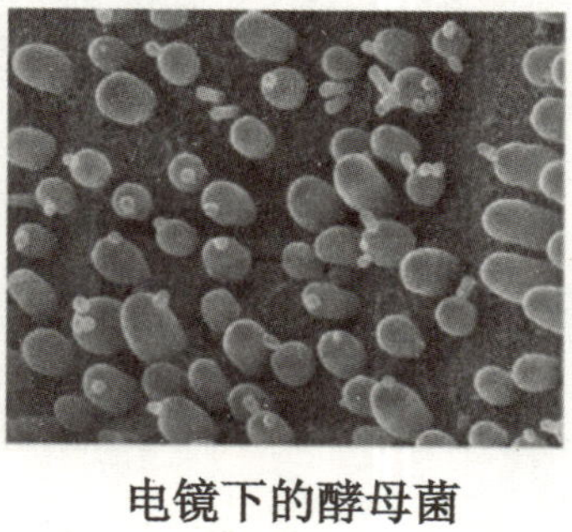

电镜下的酵母菌

图 1　酵母菌

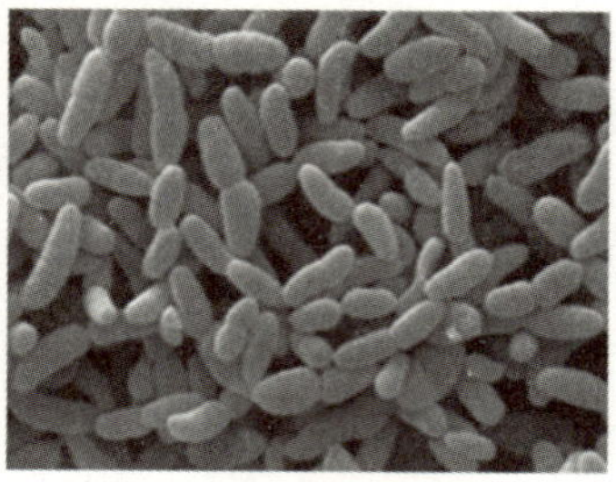

图 2　电镜下的醋酸杆菌

醋酸杆菌又叫醋酸菌（如图 2），果醋的酿制离不开醋酸菌。它只有在有氧气的条件下才能生存，即使氧气短时间中断，也会引起醋酸菌的死亡。当氧气和糖充足时，醋酸菌可将葡萄糖分解为醋酸；当缺少葡萄糖时，醋酸菌可将酒精氧化成醋酸。

资料 3：如何使用常见的果酒果醋发酵装置？

果酒果醋的发酵装置很多，我们实验室有 2 种。

第 1 种是如图 3 所示的发酵装置。请同学们根据酵母菌和醋酸菌的发酵原理，以小组的形式讨论解决装置使用问题：（1）充气口、排气口、出料口分别有哪些作用？（2）酿酒酿醋的过程中应如何操作此装置：①葡萄汁应添加在装置的什么位置？②酿酒过程中，充气口应如何处理？③酿醋过程中，充气口又将如何处理？④为什么排气口要通过长而弯曲的胶管与瓶身连接？（3）我们怎样知道酒精产生与否呢？（我们可以利用化学反应中的颜色变化进行观察。从出料口取出一定量的发酵液，再加入实验室配制好的酸性条件下的重铬酸钾。如果观察到发酵液由橙红色变成灰绿色，即证明有酒精产生。）

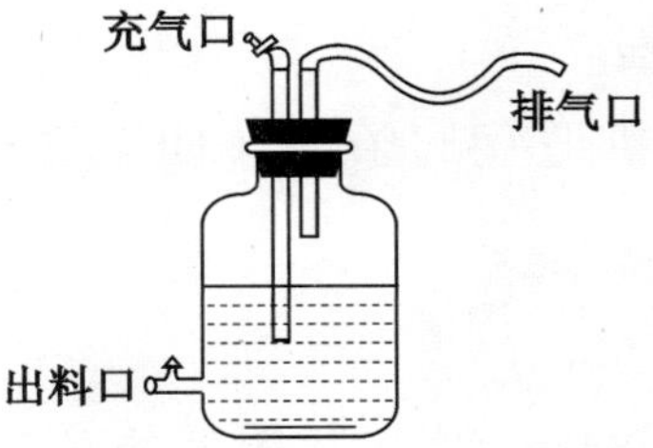

图 3　果酒果醋发酵装置示意图

图 4　果酒果醋发酵装置示意图

第 2 种是如图 4 所示的发酵装置。它的玄机在于盖子上的连通器装置。使用如图 4 所示的装置时，当我们在无氧条件下酿酒时，在弯管 A 侧注水进行密封。瓶内酒精发酵产生的气体可以由 B→A 方向排出，减少瓶内压力；而外界气体不能由 A→B 进入瓶内，从而保证了瓶内的无氧环境。

资料 4：应如何酿制果酒和果醋呢？

流程见图 5：

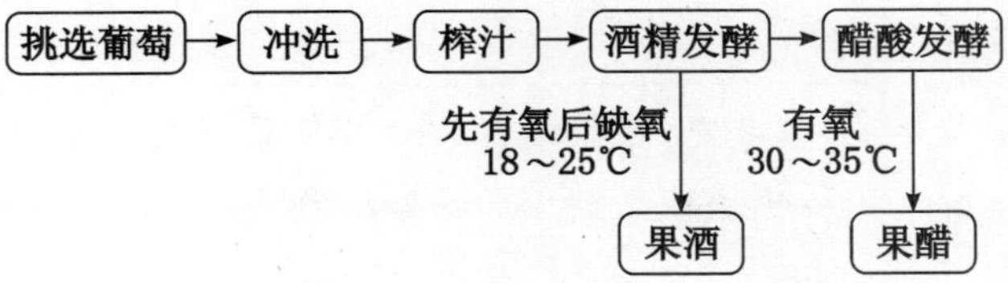

图 5

制作果酒

1. 实验材料：水果、未开封纯净水、70%酒精、白糖、一次性手套、口罩、电磁炉、锅、烧杯、发酵罐、酿酒酵母等。

2. 操作步骤（全程佩戴手套、口罩）

（1）水果清洗，控干。

（2）用电磁炉将锅内的纯净水煮开，煮烫烧杯、发酵装置等（或用70%酒精消毒）。

（3）将适量白糖溶解在纯净水中，烧开后，冷却至20 ℃左右。

（4）用冷却至20 ℃左右的含糖温水活化适量酵母菌约30分钟（或利用葡萄皮上的自然菌种）。

（5）在消毒后的烧杯中，将控干水分的水果碾碎（确保无菌操作）。

（6）将活化好的酵母菌水倒入烧杯中和果汁混匀，尽快倒入发酵装置。

（7）将发酵装置置于18~25 ℃的环境中，贴好标签，包含果酒名称、姓名、日期等。10~12天左右即可成功。

制作果醋

方法一：在氧气和糖充足的条件下，利用醋酸菌将葡萄糖分解为醋酸。请同学们参考果酒酿制过程，自行设计果醋制作过程。

方法二：可利用酒精发酵，为醋酸菌提供适宜的条件（如氧气充足、温度适宜等），可将酒精转变为醋酸。

二、你的任务清单

问题1：结合八年级上册生物学教科书p66~p88，介绍酵母菌和醋酸菌等相关知识。

酵母菌	醋酸菌
（1）属于细菌还是真菌？ （2）结构是怎样的？（画图介绍）	（1）属于细菌还是真菌？ （2）结构是怎样的？（画图介绍）
根据细胞结构： （3）请推测它的营养方式。 （4）它是真核生物还是原核生物？	根据细胞结构： （3）请推测它的营养方式。 （4）它是真核生物还是原核生物？
（5）它是如何进行生殖的？	（5）它是如何进行生殖的？
（6）你还能回忆起哪些真菌的相关知识？请以思维导图形式呈现。（比一比谁联系到的知识点多）	（6）你还能回忆起哪些细菌的相关知识？请以思维导图形式呈现。（比一比谁联系到的知识点多）
（7）细菌和真菌在生物圈中的作用是什么？	

（续表）

（8）人类对细菌和真菌有哪些利用？ ★细菌、真菌与食品制作 ①制作酸奶和泡菜需要的微生物是________，它含有的酶能将________转化为__________。 ②制作馒头和面包需要的微生物是________，它能将________转化为________和________，产生的________气体，使面食变得松软多孔。 ③制作米酒需要的微生物是________。它能将________转化为________和________。 ④制醋要用________；制酱要用________。 ★细菌、真菌与食品的保存 ①食品腐败的原因：主要由________和________引起。它们从食品中获得________，并在食品中生长和繁殖，导致食品________。防止食品腐败的原理是把食品内的细菌和真菌________或________它们的________和________。 ②食品保存的方法：________法，如干蘑菇；________法，如咸菜；________法，如牛奶等；________法，如袋装肉肠；________法，如水果罐头。 ★细菌、真菌与疾病防治 ①抗生素：有些________可以产生杀死或抑制某些________的物质，这些物质称为抗生素。如青霉素是由真菌中的________产生的，可以治疗多种细菌性疾病，如肺炎、脑膜炎、淋病等。 ②转基因药品：利用现代技术手段，把其他生物的________转入一些细菌内部，使这些细菌能生产药品，如科学家把控制合成__________的基因转入________内，对大肠杆菌进行大规模培养，使之大量生产治疗糖尿病的药物。 ★细菌与清洁能源和环境保护 ①沼气池：在________氧的环境中，________利用这些有机物分解产生的氢，和二氧化碳结合生成________，可以用于照明、取暖或发电。 ②污水处理：有些细菌可将污水中的________进一步分解，使污水得到净化。

问题2：阅读资料2，小组合作解决：

1. 酵母菌发面与酵母菌酿酒原理分别是什么？有何不同？	
（1）酵母菌发面原理	
（2）酵母菌酿酒原理	
（3）发面与酿酒原理的本质不同	
（4）酵母菌酿酒温度	
2. 酵母菌酿酒与醋酸菌酿醋的原理分别是什么？有何不同？	
（1）酵母菌酿酒原理	
（2）醋酸菌酿醋原理	
（3）两者的本质不同	
（4）醋酸菌酿醋的适宜温度	

问题3：阅读资料3，小组合作解决：

如何使用如图3、图4中的发酵装置酿酒和酿醋呢？

问题4：阅读资料4，小组合作完成下表。

酵母菌酿酒操作过程及原理探讨		
步骤	思考问题	探讨结果
（1）	①应选择的水果在甜度、水分等方面有什么要求？	
	②水果清洗时应注意什么？	
（2）	③步骤（2）的目的是什么？	
（3）	④纯净水烧开后为什么又要冷却至20 ℃左右？	
	⑤加糖的目的是什么？	
（4）	⑥温水活化酵母菌的目的是什么？	
（5）	⑦水果制成果汁后，对于发酵有什么好处？	
（6）	⑧“将活化好的酵母菌水倒入烧杯中和果汁混匀”，为什么混匀？	
	⑨为什么要尽快装入发酵装置？	
	⑩为什么不在发酵装置内混匀？	
（7）	⑪什么装置放在18~25 ℃的环境中发酵？	
	⑫你觉得本实验成功的关键是什么？	
	⑬通过操作本实验，你有哪些心得体会？	

问题5：阅读资料1，结合自身储备知识，说一说你对山西酒文化和醋文化的感悟。

三、你的成果分享

请同学们小组合作，动手酿制你们的私人订制酒并参加比赛。

四、作业评价量规

组间互评及师评					
我眼中的他们组：评价组＿＿＿＿ 被评组＿＿＿＿					
小组合作	类型	“一盘散沙”型小组：他们小组互不认识吗？（2分）	“得过且过”型小组：他们小组就很普通啊！（4分）	“品学兼优”型小组：他们小组还挺不错的！（8分）	“YYDS”型小组：他们小组简直神了！（10分）
	和谐程度	基本无太多交流。	小组内部有合作，但总体不够好。	小组内部积极参与，大家相互协作，通力完成任务。	小组内部积极协作，大家头脑风暴，群策群力，完成任务。
	行动效率	办事效率低，知识落实和成果不能按时完成。	知识落实和成果基本能按时完成，但质量不高。	知识落实和成果能按时完成，大家分工明确且成果优秀。	知识落实和成果能按时完成，分工明确，高效协作，成果优秀，具有创新性。
资料研究	任务单完成率	D级：（2分） 无任何原因，未完成或抄袭。	C级：（4分） 潦草应付，空白率50%左右。	B级：（8分） 基本完成，正确率一般，字迹欠工整。	A级：（10分） 全部完成且正确率很高，字迹清晰。
	原理正确率	D级：（2分） 知识、原理错误率高。	C级：（4分） 知识原理出现个别错误。	B级：（8分） 知识原理无误。	A级：（10分） 知识原理无误且与生活实际联系，理解透彻。
	表达清晰度	D级：（2分） 知识原理表达有误。	C级：（4分） 知识原理表达出现个别错误。	B级：（8分） 知识原理表达无误。	A级：（10分） 知识原理表达无误且逻辑清晰，讲解透彻。
成果评价	操作步骤	D级：（2分） 步骤粗糙且有误，存在潦草应付嫌疑。	C级：（4分） 步骤存在个别错误。	B级：（8分） 步骤正确。	A级：（10分） 步骤正确且每一步原理和注意事项均应用到位，细致准确。
	酒的品质	D级：（2分） 酒变质，颜色浑浊，气味儿怪异，入口有怪味儿，让人无法描述。	C级：（4分） 酿酒基本成功：气味儿正常；颜色不够清澈；入口味道不够好。	B级：（8分） 酿酒基本成功：气味儿正常；颜色清澈；入口味道一般。	A级：（10分） 酿酒成功：气味儿正常；颜色清澈；入口味道极佳。

参考答案

二、你的任务清单

问题 1：

（8）★细菌、真菌与食品制作

①乳酸菌 葡萄糖 乳酸

②酵母菌 葡萄糖 二氧化碳 水 二氧化碳

③酵母菌 葡萄糖 酒精 二氧化碳

④醋酸菌 霉菌

★细菌、真菌与食品的保存

①细菌 真菌 有机物 腐败 杀死 抑制 生长 繁殖

②脱水 腌制 巴氏消毒 真空包装 罐藏

★细菌、真菌与疾病防治

①真菌 致病细菌 青霉

②某种基因 胰岛素 大肠杆菌

★细菌与清洁能源和环境保护

①无 甲烷菌 甲烷

②有机物

问题 4：

①新鲜且无伤口的水果；除葡萄外，甜度较高、水分较足、有特殊风味的水果皆可。

②用剪刀剪下葡萄蒂，确保清洗时水果外皮完好。

③将材料消毒，确保发酵时无杂菌干扰。

④烧开是为了杀死水中的细菌等；冷却至 20 ℃左右是酵母菌繁殖和发酵的最佳温度。

⑤促进酵母菌发酵；使口感更好。

⑥促进酵母菌的快速繁殖。

⑦果汁流出，充分接触酵母菌，加快发酵速度。

⑧使材料和菌种充分接触，有利于发酵的进行。

⑨避免空气中的杂菌落入。

⑩发酵装置内混匀，易将发酵液粘到瓶口，引起杂菌进入，影响发酵。

⑪18～25 ℃是酵母菌发酵的适宜温度。

⑫确保无菌环境；确保发酵所需条件等。

⑬实验马虎不得，每个步骤都要严谨；实验的每个步骤都要理解其原理，要知其然，更要知其所以然等。（合理即可）

作品点评

该作品很好地落实了《课程标准》中的活动建议，设计理念直指任务的情境化、跨学科并强调问题解决。该作品从真实世界的问题出发，围绕真实情境，在精心设计任务、活动的基础上，以小组合作方式进行长时间的实践探究，并将学习结果以食物的形式表现出来，是一次成功的项目化学习。学生通过实践探究获得学科知识的核心概念和原理，从而掌握一定的技能。作品设计由易到难，遵循学生的认知规律，体现分层设计的理念。以传统发酵技术为载体，可以帮助学生深刻理解发酵的原理和应用，使其真切体会劳动人民的伟大智慧，从而内化为热爱传统劳动、传承优秀劳动文化的动力。

作品亮点：该作品尝试了一种新型的探究性学习模式。取材于生活，学生对真实的项目进行实践，产生成果，在这个过程中做到理论与现实的结合。该作品让学生了解酒文化和醋文化，关注了文化情感教育。以图文并茂的形式详细介绍酿酒和制醋的工艺，并与物理知识、化学知识进行跨学科整合，不同于在书本上和网络上的“随便找找”，整个作品设计是有一定深度和广度的，学生的实践探索是逐层深入的。

专家建议：在描述酵母菌发面的原理时，应指出酵母菌还能在无氧的条件下将葡萄糖转化成酒精和二氧化碳，酒精在蒸烤的过程中挥发了。该作品适用于复习课，所以介绍酵母菌、醋酸菌等相关知识时，不要局限于用思维导图的形式分别回顾细菌和真菌的知识，而要把二者整合到一个思维导图中，帮助学生构建系统的、完整的知识结构。

附录一：

山西省义务教育阶段中小学教师作业设计大赛
初中物理组获奖名单

特等奖

作者	作品名称	单位名称
任青燕	八年级上册预习	太原市成成中学校
李金仙　任青燕 余梅	摩擦力	太原市成成中学校
杨辉霞	电功率	太原市杏花岭区教育局
冯素涛　李林儒 刘泽宇	磁现象　磁场	大同市第二中学校
刘丽蓉　顾　炜 肖增英　王凤英 畅建保	物体的浮沉条件及应用	太原市第十八中学校
贾熹戎　徐宇明 武秀萍　元春艳 蒋美蓉	物态变化	太原市第三十九中学校
任爱梅	质量	太原市迎泽区朝阳初级中学校
成肖生	质量	阳泉市第十二中学校
李　倩	测量物质的密度	太原市迎泽区郝庄初级中学
郝兵兵　李　倩 员金霞　任爱梅 曲　毅	质量与密度	太原市迎泽区朝阳初级中学校
胡俊青	透镜	太原市第四十五中学校
常栩源	机械运动	太原市第三十六中学校
秦娟娟　刘晓宇 董贝贝	“‘星际战车’投石车竞技赛” 项目学习	山西省实验中学 太原市令德中学校
侯锦媛　梁慧慧	大气压强	太原市晋阳学堂实验学校
侯文雨　王　萍	凸透镜成像的规律	阳泉市盂县第四中学校
蒋美蓉	物体的浮沉条件及应用	太原市第三十九中学校

一等奖

作者	作品名称	单位名称
史晋龙	运动的快慢	太原市小店区第三中学校
任彩红　郑培宏 赵小芳　程艳艳	质量	吕梁市交口县第三中学校
王晶	声音的特性	运城市河津市实验中学
李衍荣	机械运动	阳泉市平定县第四中学校
李春花　任志秀	声音的特性	吕梁市孝义市胜溪新村学校
陈丽琴	物态变化	晋中市榆次区第五中学校
任张伟　邢小青 杨来生　左秀萍 高怀群	探究火箭升空原理	吕梁市孝义市第六中学校
冯俞敏　王玉卿	相约冬奥，跟着物理动起来	吕梁市交口县第二中学校
杨秀娟　李学梅 任　华　王艳枢	电压　电阻	阳泉市第十二中学校
史秀梅	测量小灯泡的电功率	阳泉市盂县第二中学校
刘英　杨万峰 杜献华	长度和时间的测量	大同市第二中学校
吴国旗	物理科幻小短文	运城市垣曲县教育局
秦　冰　李会清	杠杆	阳泉市第十一中学校
王会珍	光的直线传播	太原市小店区刘家堡乡第一中学
史莉蓉	简单机械	太原市第十八中学校
李芳梅　贺丽平 贾晓丽　王继华	弹力	运城市万荣县示范初级中学校
张春卫	流体压强与流速的关系	忻州市繁峙中学初中部
武金芝	运动和力	太原市志达中学校
张扁琴	重力	晋城市沁水县城镇初级中学校
秦　啸　乔雅娜	光现象	太原市南海中学校
王　建　任云萍 王　莉　田和锦 武妙云	冬奥会项目中的物理知识	吕梁市孝义市第九中学校

（续表）

作者	作品名称	单位名称
陈舒敏	电能 电功	大同市第十三中学校
王建梅 赵艺萍	神奇的压强	长治市黎城县第一中学校
葛美宏	电学部分“活动建议”类作业	阳泉市平定县第三中学校
宋爱琴 张扁琴	运动和力	晋城市沁水县城镇初级中学
樊艳红 张 强 齐 恺 李雅琼 任志斌	声现象	太原市三立中学校
牛春香	声现象	太原市第三十七中学校
冀小英 刘玉英 杨娟娟 胡俊青 李 强	透镜及其应用	太原市第四十五中学校
杨娟娟	眼睛和眼镜	太原市第四十五中学校
员金霞	密度	太原市迎泽区郝庄初级中学校
郭美娟 王睿军 董建军	关于电动自行车的项目学习	运城市临猗县东康新教育学校
陈喜平	桶装水的力学基础知识	晋中市介休市义安镇第一初级中学校
平鑫鑫	流体压强与流速的关系	太原市成成中学校

二等奖

作者	作品名称	单位名称
李利军　董玉玖 薛文倩　李　荣	力学部分	晋中市榆次区第九中学校
田杰君	重力	晋城市沁水县龙港初级中学校
秦俊美	从闪电谈起	晋城市高平市寺庄镇中学校
赵永红	摩擦力	阳泉市平定县张庄初级中学校
武建加	内能的利用	太原市第六十一中学校
郭海清　刘俞秀 张力婧	测量小灯泡的电功率	吕梁市交口县第三中学校
杨晓琴	中考热学内容复习	临汾市翼城县第五中学校
曹小青　安霁栋	重力	山西省实验中学
姬雪魁	走进物理世界	晋城市高平市石末乡初级中学校
王普鑫	电功率	晋中市太谷区明星中学校
任毅锋	探究平面镜成像特点	晋城市泽州县大箕镇初级中学校
高亮靓	我们周围的物质	晋城市沁水县示范初级中学校
李　玮	光的直线传播	太原市第十二中学校
郑彦青　李文军	力和机械	晋城市陵川县第二中学校
夏丽峰　董泓利	声现象	运城市盐湖区大禹学校
魏　成	运动的快慢	朔州市怀仁市峪宏中学
武志福　李文俊 蔚仁谦　赵兴宏 樊玉彬	摩擦力	吕梁市孝义市第六中学校
尉玉洁　任金娟 武江丽　李润霞	重力	运城市芮城县第四中学校
张志红	电压	阳泉市第六中学校
薛婷婷　陈靖芳 原苗苗	怎样比较运动的快慢	晋城市实验中学
孙秀梅	力	吕梁市柳林县第二初级中学校
刘瑞春　张月琴 张亚男	温度　温度计	太原市通宝育杰学校

（续表）

作者	作品名称	单位名称
韩毅	摩擦力	太原市志达中学校
陈艳男	电能与电功率	晋城市第五中学校
崔婷婷	力	太原市第三十七中学校
王洪亮　郅会东 宋燕丽	物体的浮沉条件及应用	晋中市大唐现代双语学校
王德厚	测量物质的密度	吕梁市汾阳市峪道河初级中学校
雷曼玉　张亚男 李俊鹏	弹力	太原市通宝育杰学校
段聪敏　李环娥 张文香　王炯　李洁	牛顿第一定律	吕梁市汾阳市西关中学
杜海龙	质量	晋中市太谷区实验中学
李鹏亮　蔚春花 陈志婷　张艳明	测量物质的密度	吕梁市离石区江阴初级中学校
郝兵兵	质量与密度	太原市迎泽区朝阳初级中学校
田黄金	测量澄泥砚的密度	运城市盐化中学
万丹丹	眼睛和眼镜	忻州市宁武县第二初级中学
陈明	测量长度和时间	长治市潞州中学
雒利梅	压强	吕梁市交口县第二中学校
刘明霞　刘艳霞	北京冬奥会中的物理元素	太原市阳曲县第二中学校
岳丽霞	力	吕梁市中阳县府南学校
杜瑞英　刘晓波 周慧萍　石俊梅 郜云瑞	平面镜成像	晋中市和顺县第三中学校
杨艳丽	力	太原市娄烦县尖山学校
耿　娜　李国玲 张文香	变阻器	运城市临猗县银星学校
于英丽	摩擦力	太原市第五中学校

三等奖

作者	作品名称	单位名称
李向前	电能与电功率	晋城市泽州县大东沟镇初级中学校
张　娇	认识电功率	晋城市沁水县龙港初级中学校
郭　颖	比热容	忻州市忻府区东方红学校
沈俊飞	力	忻州市第七中学校
杜妙玲	凸透镜成像的规律	吕梁市汾阳市肖家庄初级中学校
闫强强	透镜及凸透镜成像的规律	晋城市泽州县犁川镇初级中学校
王淑芳	透镜	忻州市代县第五中学校
张海凤	比热容	忻州市代县中学
孟月兰	摩擦力	忻州市五台县门限石中学
王树平	“让线圈转起来”	太原师范学院附属中学
郝海平	家庭电路	阳泉市平定县谷头学校
董会青	欧姆定律	忻州市忻府区旭来街学校
杨　云	生活中的物理	太原市第十二中学校
吕怀宇	内能	太原市第十二中学校
邢艳芳	平面镜成像	忻州市岢岚县第二中学校
安俊华	重力	吕梁市交城县东关初级中学校
赵　莉	自制温度计	晋中市榆社县北城学校
赵泽清	弹力	运城市永济市城北街道初级中学校
陈福平	磁现象　磁场	忻州市五寨县第三中学校
罗月生	温度的认识	晋中市榆次区什贴中学
焦彦章	牛顿第一定律	临汾市侯马市第二中学校
康　健	家庭电路	忻州市五台县第二中学校
胡俊婵	焦耳定律	忻州市五台县第二中学校
尤美玲	内能	忻州市五寨县第三中学校
王　芳	电路的组成和连接方式	晋城市沁水县嘉峰初级中学校
王　萍　吴建光 陈凤莲	重力	运城市河东一中
刘保岩	声现象	忻州师范学院附属中学

（续表）

作者	作品名称	单位名称
赵妍荣	比热容	朔州市怀仁市峪宏中学
焦世林	力和机械	晋城市沁水县胡底乡初级中学校
王文波	力	太原市杏花岭区第六中学校
史文卿　白晓明 史秀琴　芦彩霞 李海燕	寒假特色作业	阳泉市第二中学校
薛丽红　高　波 李晓华	牛顿第一定律	运城市万荣县城镇中学
王志明	杠杆	晋中市榆次区东赵中学
张科峰	探究杠杆的平衡条件	长治市襄垣县五阳矿中学
白　毅　张亚清 王一萍　赵亮生 王彦鹏	电流和电路	太原市娄烦县第二中学校
梅春苗	力　重力	运城市力行中学西校
张成杰	串联和并联	吕梁市汾阳市海洪初级中学校
李智丽	重力	太原市第二十三中学校
郅俊丽	压强	忻州市定襄县一波中学
李晓彤	声音的特性	运城市平陆县部官九年制学校
焦　丽	牛顿第一定律	运城市运康中学校
梁晓青	电阻的测量	吕梁市孝义市中阳楼初级中学校
娄晓晶	运动和力	运城市万荣县示范初级中学校
唐婉中	压强	阳泉市第十八中学校
薛　娜	压强	运城市东康中学校
李　飞	升华和凝华	长治市第七中学校
梁春燕	运动和力	吕梁市汾阳市东关初级中学校

附录二：

山西省义务教育阶段中小学教师作业设计大赛
初中化学组获奖名单

特等奖

作者	作品名称	单位名称
申艳燕	认识化学变化	长治市第十六中学校
赵良彦	燃料的合理利用与开发	太原市小店区九一实验学校
孙国斌　赵雅明 白　伟	碳和碳的氧化物	太原市令德中学校 山西省实验中学
王涛涛	生活中常见的盐	清徐县徐沟镇初级中学校
武丽娜　李秀萍 张　珺　申燕波 徐珊珊	生活中常见的盐	太原市第三十六中学校
康燕芝	冬奥会中化学知识的应用	太原市第五十九中学校
杨娇荣	化学与生活	太原市师苑中学校
侯永杰	“空气和氧气”复习课	太原市第二十七中学校

一等奖

作者	作品名称	单位名称
裴　超	冬奥中的化学	高平市第六中学
付云娟	碳和碳的氧化物	太原市成成中学校
宋春燕	铁的生锈、防锈	太原市第四十五中
李燕玲　秦玉蕾	二氧化碳的性质和用途	高平市第四中学
薛　浩　孔繁保 贾娟娟　耿庆华 张　蕊	二氧化碳的释放和吸收	孝义市第六中学
史学慧	常见的碱	太原市第三十九中学校
李红灯	人类重要的营养物质	太原市第五十五中学校
张　珺	DIY：自制烟花	太原市第三十六中学校
吕书静	酸和碱	太原市第五中学校
周　颖　李碧云	参观河东池盐博物馆	运城市实验中学
段振江	化学与生活	太原市成成中学校
杜　宇	寒假实践作业——博物馆中的化学	太原市第十二中学校
刘　漪	开启项目式实践性学习	太原市第四十八中学校
陈志宏	燃烧和灭火	太原市第五中学校
苏晓娟	课外实践作业	太原市小店区第三中学校

二等奖

作者	作品名称	单位名称
王燕云	化学元素与人体健康	大同市煤矿第二中学校
赵宇佳	总复习之化学热点问题—— 2022 北京冬奥会与化学	阳泉市第十二中学校
冯　玮	金属资源的利用和保护	太原市第二外国语中学校
张军峰	碳中和，我们在行动	平定县张庄初级中学校
许永花	生活中常见的盐	孝义市第十一中学
郝艳君	二氧化碳制取的研究	五台县第二中学
李新建	常见的酸和碱	左权县第三中学校
柴泽民	空气——测定空气中氧气的含量	怀仁市同仁学校南校区
樊　媛	分子和原子	太原市晋源区实验中学校
李贵平	常见的酸和碱	忻州市忻府区九原街初级中学
刘芳蓉　王　强	燃料及及其利用	忻州师范学院附属外国语中学
贾建峰　张丽丽 韩玲艳　郑　慧 郭继东	浓度知识知多少	交城县东关初级中学
崔红娟	酸和碱的中和反应	万荣县城镇中学
呼　伟　周保娟	鸡蛋放进白醋中会发生什么？	侯马市平阳中学
史学慧　任淑芳 原　宇　周　戎	酸和碱	太原市第三十九中学校
安文平	制取氧气	太原市三立中学校
赵娟娟	穿越千年的探寻——堆堆儿喊你来计算	山西通宝育杰学校
张水芬	物质的性质与变化	长治市第四中学校
杨艺颖　王青春	二氧化碳制取的研究	运城市实验中学
常　燕	微眼看世界——微观粒子的应用专项复习	太原市第三十八中学校
梁晓雲	二氧化碳和一氧化碳	寿阳县平头镇中学
张国艳	常见的酸和碱	临猗县嵋阳镇嵋阳初中
王晓玮　沈得高	一定溶质质量分数的氯化钠溶液的配制	临猗县创新学校

三等奖

作者	作品名称	单位名称
王宇琦	化学是一门以实验为基础的科学	忻州市第七中学校
宋莲花	溶液的浓度	晋中市榆次区第八中学
李玉仙　左　静 杨永信	酸、碱、盐化学性质 及其相互之间的关系	平定县城关中学
高　敏	酸和碱的中和反应	阳泉市第二中学校
李丽芳	我们周围的空气	泽州县高都镇泊南中学
李志勇　任　力 王雪青　王丽霞 杜晋艳	低碳行动作业设计	晋中市榆次区第五中学
李冬梅	燃烧和灭火	忻州市忻府区奇村初级中学校
田雷亮	酸和碱的中和反应	高平市永禄中学
卫春蕾	自制汽水作业设计	平陆县实验初中
郭晓玲	燃烧和灭火	定襄县河边初级中学校
王学君　孟兰君 张金枝　张　玲 史国斌	常见的酸	怀仁市峪宏中学
薛向珍	饱和溶液和不饱和溶液	北京师范大学大同附属中学校
马志强	二氧化碳和一氧化碳	大同市第五中学校
杨红霞	酸和碱的中和反应	阳城县第五中学
张　媛	溶液酸碱度的表示法——pH	夏县实验初级中学
马慧敏	水的净化	晋中师范高等专科学校附属学校
李国平　马丽青 张秀玲	家庭小实验	孝义市第九中学
梁小宇	常见的酸和碱	芮城县风陵渡第三中学
吴渊洁	水的净化	平陆县张店初中
高慧青	酸和碱的中和反应	盂县第二中学
苗丽英	中考总复习：项目式学习之二氧化碳	大同市第二中学
程思洁	溶液的酸碱性	长治市第七中学校
周小丽	化学式与化合价	石楼县第一中学

（续表）

作者	作品名称	单位名称
李会聪	金属材料	寿阳县第二中学校
谢美宏	氧气的实验室制取与性质	大同市第二中学
李冰清　李玉秀	家庭小实验“水漫火焰山”	运城市实验中学
王丽敏　黄海风　李虎亲	常见的酸和碱	稷山县实验初中
李靖萍　栗向阳　吴晓梦	二氧化碳的性质和用途	晋城市实验中学
赵晓芳	化学肥料	盂县仙人乡中学校

附录三：

山西省义务教育阶段中小学教师作业设计大赛
初中生物组获奖名单

特等奖

作者	作品名称	单位名称
明星中学生物组	食物中的营养物质	晋中市太谷区明星中学校
马丽平　张俊其 付小燕　王雪萍 赵海珍	设计一份营养合理的午餐食谱	吕梁市孝义市第六中学校
张　静	人体的消化与吸收	运城市第二实验中学校
胡云鹏	动物的运动依赖于一定的结构	晋城市爱物学校
于　芳	膳食指南与食品安全	晋城市凤台中学
李明明	如何酿制果酒和果醋	山西大学附属中学晋中学校
程媛媛	人体内废物的排出	太原市第五中学校

一等奖

作者	作品名称	单位名称
李重慧	为家人做午餐	晋中市榆次区第九中学
郑保英	制作生态瓶	晋中市榆次区第九中学校
赵翠焱　邹　燕	植物的生殖与发育	晋城市爱物学校
曹艳玲	人体内废物的排出	朔州市怀仁市峪宏中学
武淑鹏	人的生殖	晋中师范高等专科学校附属学校
张　艳	植物的开花和结果	晋城市爱物学校
许馨云	种子的萌发	晋中市榆次区第五中学校
翟晓静	生物的无性生殖	晋城市沁水县示范初中
王　琰　李雅婷 范志玲　杜艳霞 杨文静	人的生殖	太原市杏花岭区第一中学校
郭　伟	源远流长的发酵技术	运城市夏县泗交镇初级中学校
袁冠卿	被子植物的一生	晋中市和顺县第二中学校
尚秀英	游太原植物园	太原市通宝育杰学校
南　锦	人的性状和遗传	运城市临猗县东康新教育学校

二等奖

作者	作品名称	单位名称
裴思慧	探究被子植物的种子萌发及植株生长过程	太原市杏岭实验学校
刘　源	生物的特征	吕梁市教育局
吴慧芳	种子植物的一生	太原市小店区第三中学校
任怡帆	人体内废物的排出	吕梁市第四中学校
焦丽玲	绿色植物的光合作用和呼吸作用	晋城市高平市马村镇中学校
刘敏莹　王　达	被子植物的一生	太原市令德中学校
沈　洁	生物的分类	晋中市大唐现代双语学校
袁艳琴	植物种子的萌发	长治市实验中学北校区
陈丽华	合理营养与食品安全	晋中市榆次区使赵中学
王文华　郑潇婷	人体内物质的运输	阳泉市平定县城关中学
程　茜	传染病	长治市第九中学校
徐琳凯　刘太花 王利华	动物的运动和行为	长治市潞州中学
陈　红	本章复习——舌尖上的冬奥会	运城市力行中学东校
王丽娟	传染病	运城市力行中学东校
王瑞芳　张　迪 杨彩妮　王丽萍	昆虫的生殖与发育	运城市芮城县风陵渡第二中学
张　静　魏　军 武华锋　姜　娟	生物的多样性及其保护	太原市第三十九中学校
闫彦云　胡红艳 李明明　廉恒宇	生物圈中的人	山西大学附属中学晋中学校
王忠丹　张凤舞 薛冰冰	被子植物的一生	太原市成成中学校
赵　娜	细菌和真菌	太原市第三十七中学校
段建芳	生物圈中的绿色植物	长治市潞州中学体育北路学校
高亚琼	神经调节的基本方式	大同市北岳中学

三等奖

作者	作品名称	单位名称
杜　星	藻类、苔藓和蕨类植物	太原市小店区小店街道第二初级中学校
岳　竹　岳　娟	动手实践，助力创城	太原市第十六中学校
赵海珍　王未芳 武俊莲　王　斌 马丽平	生物的生殖和发育	吕梁市孝义市第六中学校
张　琦	食物中的营养物质	临汾市侯马市第二中学校
鹿翠萍	血流的管道——血管	太原市第三十二中学校
樊亚楠	人的性状和遗传	运城市平陆县常乐初中
丁迎春	尝试对生物进行分类	朔州市怀仁市峪宏中学
丁　茹	被子植物的一生	太原市杏花岭区第二中学校
霍秀花	病毒	朔州市和丽中学校
成青青	眼中有生物，心中有世界	长治市第十六中学校
魏玉华　郭慧霞 王　洋	植物种子的萌发	山西省晋城市实验中学校
马耀波	初二生物学寒暑假作业设计	运城市芮城县第五中学
潘建琴	鸟类的生殖与发育	运城市力行中学西校
陈　媛	鸟类的生殖与发育	运城市东康中学
程刘廷	两栖类的生殖与发育	晋城市沁水县中村镇初级中学校
王朝扑	植物的开花和结果	长治市青鸟智源学校
王　敏　刘宇星	人体的营养	晋中市榆次区第二中学校
刘佳兰　张黎静 王晓云	生物圈中的绿色植物	太原市第三十七中学校
张　慧	膳食指南与食品安全	运城市运康中学校
薛美姣　韩　茹 王会茹　裴菊霞	两栖类的生殖与发育	运城市芮城县风陵渡第二中学
刘　婷	人的生殖实践作业——关爱母亲	晋中市和顺县第二中学校
邢珊珊	动手实践，究其真知	晋城市凤台中学
刘珂辛	人体的营养	晋中市榆次区第一中学校
侯德贤	种子的萌发	晋中市榆次区第五中学校
李国琴　李小凤 张晓琴	传染病	运城市临猗县东明学校

大赛获奖名单

后记一

2021 年 7 月，中共中央办公厅、国务院办公厅印发了《关于进一步减轻义务教育阶段学生作业负担和校外培训负担的意见》。2022 年 1 月，山西省教育厅教育科学研究院与山西教育出版社联合举办了山西省首届义务教育阶段中小学教师作业设计大赛，广大初中物理教师踊跃参加，纷纷希望展示自己在作业设计探索中的成果。至 2022 年 3 月中旬，大赛组委会收到众多初中物理作业设计作品，为进一步推广优秀作品及其作业设计经验，决定从特等奖作品中精选若干作业设计作品，对每个作品进行作品点评并出版成书，供广大教师参考借鉴。

在审稿中，能够明显感受到教师对作业设计的实践、探索和创新，这些作品都是作者基于经验和情怀的劳动结晶，都有各自的亮点。教师们在“双减”政策的影响下，都在努力减轻着学生负担。作品中无论是课时作业、单元作业还是综合实践作业，每个作品都注重预估作业时间，符合“双减”政策要求；运用分层作业方式，层次差异明显，体现因材施教特色，促进各层次学生知识掌握度的巩固提升；作品凸显了作业的育人功能，评价角色多元；学生作品展示更印证了这些特点，提升了作业的功效；一些作品中加入动手操作、综合实践、广闻博览、调查统计等活动，使作业成为学生乐于参与的课堂学习的延伸，极大地调动了学生学习物理的兴趣，体现了物理的应用价值，发挥了作业的育人功能。

在“双减”政策出台的短短半年时间内，已经能看到教师们对作业设计的探索尝试，并取得不小的成绩，感谢参赛老师的努力付出。在短暂的时间内完成作品的审稿点评工作，不仅需要编委们加班加点，而且对其专业水平也是一个全方位的挑战。感谢编委们的倾心付出，使得每一个入选作品都亮点频出，精彩纷呈。

最后，衷心希望《山西省首届中小学教师作业设计大赛获奖作品选》初中物理部分能受到广大教师的认可，能为促进“双减”政策的进一步落实，为作业设计的进一步探索提供有价值的借鉴。

初中物理编委

2022 年 6 月

后记二

2021年7月，中共中央办公厅、国务院办公厅印发了《关于进一步减轻义务教育阶段学生作业负担和校外培训负担的意见》，文件要求减轻学生过重学业负担，提高作业设计质量。此后，各级各类学校、各年级各科教师掀起了以“作业改革”为突破口的一系列课堂教学改革的热潮，有关作业设计的原则、策略、方法等具有创新价值的理论与实践也随着一线教师的各种探索应运而生，呈现出百花齐放的局面。

2022年1月，山西省教育科学研究院与山西教育出版社联合举办了山西省义务教育阶段中小学教师作业设计大赛，全省各地初中化学教师积极准备，踊跃参赛。本次作业设计大赛共收到初中化学参赛作品698件，经过公平、公正、公开的初评和复评，最终产生8个特等奖，15个一等奖，23个二等奖，29个三等奖，若干优秀奖。

从本次作业设计大赛的参赛作品看，教师们在对学生发展核心素养等理论内涵的理解上有了新认识，在对新时代、新任务下的课堂教学改革操作方法上有了新突破。从形式上看，参赛的作品既有课时作业，也有单元作业；既有基础性作业，也有实践性作业，更加可喜的是，作品中出现了弹性作业和跨学科作业。从内容上看，单元作业体现出了整体性、多样性和选择性；课时作业体现出了针对性、层次性和进阶性。所有的作品都是以真实任务为背景，在引导学生分析、解释、解决实际问题的过程中，关注了学生在家国情怀、安全健康等方面的渗透，体现对学生正确价值观、必备品格和关键能力的培养。

当然，作业设计与课堂设计一样，往往也是一种略带缺憾的艺术品。从众多的参赛作品中可以看出，有些作业设计的内容、类型、难度、数量和完成时间还需进一步推敲，力求符合单元或课时学习目标的要求，符合学生的实际情况。多数作业的内容还应适当增加迁移创新水平的任务，增加跨学科问题、社会热点等内容，增加科普阅读、动手实践、实验探究等综合实践型作业。通过优化作业的整体设计与实施，从而充分发挥作业的复习巩固、拓展延伸、素养提升等功能。

虽然大赛的举办距离“双减”政策的出台只有半年多的时间，但是经过众多教师和教育工作者的不断探索，我们已经看到了有关作业设计的很多成绩，在此，对各位参赛教师和评委们的努力付出表示感谢。为使作业设计大赛的成果能够最大化地发挥其功能价值，我们挑选了一部分优秀作品将其汇编成册，并在其中加入了专家点评，以期能对一线教师的教学工作起到一定的借鉴作用，并在此基础上，进一步促进“双减”工作向纵深发展，取得更大的成绩。

初中化学编委

2022 年 6 月

后记三

2021年7月，中共中央办公厅、国务院办公厅印发了《关于进一步减轻义务教育阶段学生作业负担和校外培训负担的意见》，文件要求减轻学生过重学业负担，提高作业设计质量，这就要求教师进一步提升作业设计水平。

2022年1月，山西省教育厅教育科学研究院与山西教育出版社联合举办了山西省首届义务教育阶段中小学教师作业设计大赛，广大初中生物学教师踊跃参加，纷纷希望展示自己在作业设计探索中的成果。为进一步推广优秀作品及其作业设计经验，大赛组委会决定从获奖作品中精选若干作业设计作品，对每个作品进行作品点评并出版成书，供广大教师参考借鉴。

为保证《山西省首届中小学教师作业设计大赛获奖作品选》确有价值，初中生物学编委在审稿、点评中格外用心。在审稿中，能够明显感受到教师对作业设计的实践、探索和创新，这些作品都是作者基于经验和情怀的智慧劳动结晶，有各自的亮点。他们在“双减”政策的影响下，努力减轻着学生负担。作品中无论是课时作业、模型作业还是实践作业，都注重预估作业时间，注重对基础知识、基本技能的练习，符合“双减”政策要求；运用分层作业方式，体现因材施教特色，促进各层次学生知识掌握度的巩固提升；一些作品凸显了作业的育人功能，在作业中设计“思维导图”引导学生养成及时复习的良好习惯，并从生命现象本质、研究方法等角度认识知识的联系；一些作品的评价与批改方式亮点频出，评价角度多元、跨学科整合，方法多样，措施得当，学生作品展示更印证了这些特点，教师点评量身订制，提升了作业的功效；一些作品中，作业设计富有活力，在纸笔作业外加入动手操作、综合实践、广闻博览、调查统计等活动，使作业成为学生乐于参与的课堂学习的延伸，极大地调动了学生学习生物学的兴趣，发挥了作业的育人功能。审稿也是一个不断完善自我的学习过程，编委们在审稿中学习、欣赏、思考、提升，为优秀作品点赞，为作者的教育情怀而感叹！

然而，作业设计对广大生物学教师而言是一个“熟悉的陌生人”，生物学作业的不良现状依然存在，随意布置、马虎批改、针对性差、题海战术、难度偏高、点拨不够、评价不足等问题均存在，其深层次的原因是学校和教师的教育观念中没能形成正确的、与时俱进的作业观。即使是特等奖作品，在审稿和对作品进行点评的过程中，仍然能发现很多的不足，一些作品尚不能作为经典案例广泛传播。为此，本书编委会领导决定，在选稿审稿中对作品进行必要的改编、提升，进一步提高作品的质量，以使其能在“双减”政策背景下，引导学校和教师站在立德树人的高度，树立与时俱进的作业观，充分发挥作业的教学功能和育人功能，落实“教学评”一体化的评价理念。

在“双减”政策出台的短短半年时间内，已经能看到教师们对作业设计的探索尝试，并取得不小的成绩，感谢参赛老师的努力付出。在短暂的时间内完成作品的审稿点评工作，不仅需要编委们加班加点，而且对其专业水平也是一个全方位的挑战。感谢编委们的倾心付出，使得每一个入选作品都亮点频出，精彩纷呈。

最后，衷心希望《山西省首届中小学教师作业设计大赛获奖作品选》初中生物学部分能受到广大教师的认可，能为促进“双减”政策的进一步落实，为作业设计的进一步探索提供有价值的借鉴。

初中生物学编委

2022 年 6 月